あなたの成功を阻む
すべての難問を解決する

THINK WILD

シンク・ワイルド

Endeavor共同創業者兼CEO
リンダ・ロッテンバーグ
Linda Rottenberg

江口泰子 訳

ダイヤモンド社

わたしのどんなクレイジーな夢も信じてくれる夫ブルースと、
家へ帰ろうと思わせてくれるふたりの娘タイビーとイーデンへ

CRAZY IS A COMPLIMENT
by Linda Rottenberg

This edition published by arrangement with Portfolio, an imprint of Penguin Publishing Group,
a division of Penguin Random House LLC
through Tuttle-Mori Agency, Inc., Tokyo

はじめに――600社、1000人の起業家《アントレプレナー》から学んだこと

レイラの話をしよう。

レイラ・ベレーズはリオデジャネイロのスラム街で育った。母親はメイド。父親は用務員。1990年代初め、レイラはマクドナルドでハンバーガーを売っていた。だが、彼女には夢があった。

自分のようなアフリカ系ブラジル人に合う、くせ毛用のヘアケア製品がないこと――レイラはそれを不満に思っていた。「貧しい女性だって、自分を美しく見せて誇りに思う権利があるはずだわ」。美容師で、義理の妹のジーカにレイラは言った。

こうして1993年、商売もヘアケア製品についてもまったくの素人であるふたりは、レイラの家の地下室を〝マッド・サイエンティストの実験室〟に変えてしまった。そして、縮れたくせ毛を、美しいカーリーヘアに仕上げるシャンプーやトリートメントをつくり上げ、夫の髪を使って実験したのである。ところが、ふたりの夫の髪の毛は抜け落ちてしまった。

レイラとジーカは実験室に戻り、試行錯誤を重ねてヘアケア製品を完成させ、ヘアサロンを開いた。薄暗い廊下の先にある30平方メートルにも満たない、お世辞にもお洒落とは言えない店である。「こんなみすぼらしい店に、客が来るわけないよ」。友だちは口々に言った。だが、ふたりは信念を貫いた。やがて、店は4時間から6時間待ちの女性客で溢れかえった。しかも、

ふたりのヘアケア製品は客の髪質を変えただけではない。女性客は、レイラのおかげで自尊心が高まったと喜んだのである。

わたしがこの話をすると、友人は決まってこう言う。「巷《ちまた》でよく聞く、マイクロファイナンスで成功した女性の話だね」。マイクロファイナンスとは、貧しい人が零細事業を立ち上げて運営するために、小口（マイクロ）の融資や保険などを提供する金融（ファイナンス）サービスを指す。

だがレイラの場合、マイクロという言葉は似合わない。彼女の会社ベレーザ・ナチュラルは数年のあいだに、あちこちの〝ヘア・クリニック〟でいろいろなヘアケア製品を販売していた。そして2013年には、毎月10万人の顧客にサービスを提供し、2300人の従業員を抱え、毎年8000万ドルもの収益をあげていたのである。

それでは、レイラはどうやってそのとてつもない成功をつかんだのか。時給で働くマクドナルドのアルバイト店員から、数千万ドルを稼ぐフランチャイズ店のリーダーにどうやって上りつめたのか。さらに重要な点がある。あと1歩前へ踏み出し、もっと大胆に行動するためには、レイラの物語からどんなことが学べるだろうか。

元マクドナルドのアルバイトから、数千万ドルを稼ぐ起業家となったレイラに学ぶ3つの教訓

そう、レイラの成功物語からはたくさんの教訓が学べる。

第1に、「世界を新鮮な目で見直すことの大切さ」である。ウォルマートを創業したサム・

ウォルトンは、こう述べた。「みなが同じ方向に進んでいるときに、正反対の方向に進めば、ニッチ市場が見つかる可能性が高い」と。みながヘアケア製品を販売していたときに、レイラは〝女性の自尊心〟を売ったのである。レイラは、自分が開拓したニッチ市場を「リップスティック心理学」と呼んだ。リップスティックを塗ったり、くせ毛を直したりするようなちょっとした手間で自分に自信を持てる、という女性の心理をレイラは見抜いたのである。

優れたアイデアとはたいてい、まだ誰も気づいていないニーズを満たすものである。

1920年、28歳のアール・ディクソンは、ジョンソン・エンド・ジョンソンの購買部でコットンを買いつけていた。彼には、ジョセフィンという名前の、ちょっとそそっかしい妻がいた。料理をするたびに包丁で指を切ってしまうのだ。そして、傷口に布を当てて糸で縛るという、よくある方法で血を止めていた。だが料理の途中で、布がすぐに取れてしまう。そこで夫のアールが工夫を凝らし、医療用テープの内側にガーゼを貼りつけた粘着式の絆創膏をこしらえた。そしてそれを上司にも見せて、製品化の道を探った。

最初、その製品は人気が出なかったものの、食肉処理業者やボーイスカウトに無料サンプルを配ったところ、たちまち売上げが伸びた。それ以来、ジョンソン・エンド・ジョンソンでは、1000億枚以上もの「バンドエイド」を売上げてきたのである。

レイラの物語から学べる第2の教訓は、「リスクに立ち向かうときの障害には、心理的な要素が大きい」という点である。成功を阻む最大の要因は、構造的な障壁や文化的な障壁ではない。それは精神的、感情的な障壁である。行く先々で誰かが、いや、誰もが、あなたとあなたのアイデアを「クレイジー」と呼ぶ。だがイノベーターの仕事とは、そのような悲観論者の意見をものともせずに前へ進みつづけることだ。レイラは消え入りそうな声で話す、引っ込み思案な女性だった。大胆な行動にも、誰かと議論することにも、自分の考えをはっきり述べることにも慣れていなかった。だから、おおぜいの女性客に自信を与える前に、まずは自分のなかに自信を見つけ出す必要があった。

そして第3の教訓は、「リスクを負う者は、めったにひとりでは行動しない」という点である。現状打破を目論む者には支援が必要だ。金銭的な支援に限らない。もちろん、金銭的支援はどんなときにも大切だが、それ以上に重要なのはアドバイスである。恐怖を克服し、難しい決断を下し、気が遠くなりそうに思える大きな仕事を、何とかひとつずつ手をつけられそうな小さな作業に分けるためのアドバイスである。

マイクロチップの共同開発者であり、インテルの共同創業者でもあるロバート・ノイスは、〝シリコンバレーの主《あるじ》〟の異名を取る人物である。スティーブ・ジョブズは事業を立ち上げたとき、ノイスに相談を持ちかけた。いかにもジョブズらしい逸話だが、彼は極端な行動に出た。招かれてもいないのに、バイクに乗ってしょっちゅうノイスの自宅に押しかけ、深夜にもかかわらず電話をかけつづけた。我慢も限界に達したノイスは、とうとう妻にこう洩らしたという。「今度、ヤツが電話をかけてきたら、もう絶対に受話器は取らないぞ！」

もちろん、ノイスはいつでも電話に出た。アントレプレナー（起業家）はどんなときでも、必ず何らかの方法を見つけ出すものなのだ。

世界中のありとあらゆる場所で、起業家を支援してきたエンデバーという組織

さて、レイラの話に戻ろう。自分が必要とする支援を、彼女はどうやって見つけたのだろうか。

そこで、わたしとレイラの物語が交差する。１９９７年にわたしは「エンデバー」という組織を共同で立ち上げ、レイラのような夢を追う人びとを支援しはじめた。それから約20年にわたって、４万人もの候補者を審査してふるいにかけ、成長著しい６００社以上の約１０００人のアントレプレナーを選び出して、エンデバーのネットワークに加えてきた。

彼らのようなイノベーターは、思わぬ場所に隠れている。南アフリカ共和国のサイバーカフェに。メキシコのサンドイッチショップやトルコの女性専用ジムに。インドネシアのゲーマーのたまり場やアメリカの南米料理店に。

そしてエンデバーでは、生体認証からカタツムリの養殖、薬局のフランチャイズから風力タービンの製造まで、驚くほど幅広い分野の創業者を支援してきた。通貨危機に苦しむアテネや「アラブの春」に揺れるカイロ、はたまた景気後退から脱出しはじめたマイアミなど、難しい環境にあっても大胆に挑戦するアントレプレナーたちである。

彼らのようなビジネスリーダーを、エンデバーでは「ハイ・インパクト・アントレプレナー」と呼ぶ。これは、わたしたちが２００４年につくった言葉である。

ハイ・インパクトとは、英語で「影響力が強い」「衝撃が大きい」というほどの意味だが、ハイ・インパクト・アントレプレナーとは、「とてつもなく大きなアイデアを持ち、重要なビジネスを築く可能性に溢れ、周囲に大きな影響をもたらす起業家」を指す。彼らのようなリーダーに、わたしたちはありとあらゆる支援を惜しまない。アドバイザリーボードの設置から資金の調達まで、優秀な人材の雇用からリーダーシップに磨きをかける方法まで、エンデバーは彼らを成功に導くために全力でサポートする。そして、彼らが次世代のアントレプレナーを育成して、そのメンターになる段階まで励ます。

現在、エンデバーは世界の45都市にオフィスを構え、350人の職員を雇い、5000人を超えるボランティアのメンターを抱えている。支援した事業のなかには、一時の勢いを失った例もあるにしろ、大半は目覚ましい成長を維持している。2013年、エンデバーが支援するアントレプレナーは70億ドル近い収益をあげ、40万人以上を雇用していた（訳注：2015年にはそれぞれ約81億ドル、60万人にものぼった）。

大きな夢を持つ能力は、国や性別や年齢とは関係がない。イニシアチブを取りたい、事業を立ち上げたい、人生を前へ進めたい、世界をもっとよくしたいという欲求は、誰にでも共通する願いだからだ。

そして、それを阻む障壁もまた共通である。

夢を叶えたいイノベーターを阻む失敗や障害を、わたしは20年をかけて見つけ出した。アイデアをもう1歩前へ進めるために必要となる、具体的ステップや戦略的支援、精神的励ましも理解しようとしてきた。彼らのようなチェンジメーカーが、泣くための肩をいつ必要とし、叱咤激励をいつ必要とするのかについても学んだ。

事業の拡大を強く望んでいたレイラも、当初は需要を満たすことに追われ、重圧に押しつぶされそうになっていた。そこでエンデバーでは、レイラを支援するためにメンターを紹介した。夫の家族とのあいだで問題が持ち上がったときには、株主間契約を結ぶようにアドバイスした。離婚したあと、レイラは新しい夫をエンデバーのネットワークのなかで見つけている（わたしたちの〝包括的サービス〟を利用したのだ！）。

だが何よりも大切なことに、わたしたちは「レイラがひとりではない」と伝えた。「あなたは、世界を取り巻く大きなムーブメントの一部だ」とも伝えた。それは止めようもない、確固たるムーブメントである。「自分の人生をよりよくし、周囲の人たちの人生をもよりよくしたい」と願う者は、ますます増えている。

レイラは、アントレプレナーなのである。

起業家精神は、シリコンバレーやアントレプレナーだけのものではない

わたしが本書を執筆した理由は、誰のなかにも〝小さなレイラ〟がいると、強く確信するからだ。わたしは、夢を抱く人に毎日のように出会う。彼らはみなレイラのようだ——つまり、あなたのような人たちである。あなたはカフェで働きながら、地ビールの醸造ビジネスを夢見ているかもしれない。大学を休学して、デザイン事務所を開こうと考えているかもしれない。それともデスクの前に座って、会社の売上げアップを図るアイデアをブレーンストーミングしているところだろうか。環境保護の計画を温めているところだろうか。あるいは、新しいモバイルアプリのアイデアを思いついた専業主婦か、B&B（ベッド・アンド・ブレックファスト、宿泊と朝食のみの宿泊施設）開業の可能性を探る定年退職者かもしれない。

あなたには夢がある。だが、その夢の叶え方がよくわからない。もしくはすでに夢を実現させたものの、どうやって次のステップに発展させればいいのか悩んでいる。

本書では、その方法をお教えしたい。

レイラをはじめとする1000人に及ぶアントレプレナーを支援して学んだ教訓を、本書ではたっぷりと紹介する。ベイン・アンド・カンパニー（戦略コンサルティング会社）とともに、数年をかけて追跡した詳細な調査結果も明らかにしよう。フォーチュン500に選ばれた会社に提供した知識や発見についても、詳しく披露したい。フォーチュン500に選ばれるような会社といえども、起業家精神をもっと発揮したがっているのだ。そして、営利型と非営利型とのハイブリッドであるエンデバーを立ち上げて（時には立て直して）急成長させた、わたし個人の波瀾に満ちた物語についても触れるつもりだ。

何よりもこう伝えたい。あなたが今何をしていようとも、どんな事業を始めたい、または成長させたいと願っていようとも、あなたにはこの本で伝える教訓が必要だ、と。

あなたには、アントレプレナーのように考えて行動する必要があるのだから。

1997年にエンデバーを立ち上げた当時、アントレプレナーという言葉はあまり知られていなかった。会社を創業した人たちでさえ、あまり使わなかった。「（仕事を）引き受ける」という意味のフランス語から派生した起業家精神《アントレプレナーシップ》という言葉は——そして同じような意味を持つ他の言葉も——、アカデミックな概念としては存在しても、ほとんどの国であまり使われていなかった。アメリカ人でさえ、起業家精神を、急成長を遂げた（そしてまたたく間に破綻に追い込まれた）、〝ごく一部の企業の創業者〟だけに当てはまる特殊な概念と捉えていたのである。つまり〝技術系の若い男性創業者〟という意味である。

だが、このステレオタイプはもはや当てはまらない。今日、起業家精神とは「テック系の企業を立ち上げる」という狭い意味ではなく、「大胆な事業を立ち上げる」という意味で使われる。地域社会をよくするプロジェクトも、自宅の地下室でつくった手芸品を売り出すことも、家族経営の店を近代化する試みも、企業内で新事業を提案する動きも、すべて起業家精神である。アイデアを練り、批判をものともせず、支持者をプロジェクトに引き込んで、挫折を乗り越える術《すべ》は、どんな種類の仕事にも必要になる。

起業家精神とは「迅速に動いて創造的破壊をもたらす、楽観的な原動力」を指し、21世紀の頼れる問題解決テクニックになった。外交官や資本家、軍人、あるいは政治家が活躍しやすい時代があったならば、現代はアントレプレナーの時代である。

そう聞いても、ぴんと来ないかもしれない。だが、オンライン画面をスクロールするか、企業の年次報告書を斜め読みするか、大学に足を踏み入れるか、学校に子どもを送り迎えするママ友の会話を聞いてみればいい。誰もがみな、破壊をもたらす原動力になる方法について話し、新しいアプローチを試し、変化を起こす行為者になろうとしている。

ソーシャルニュースサイト「レディット」を創業したアレクシス・オヘイニアンは、最近の現象をこんなうまい言葉で捉えた。「今日、『スタートアップを立ち上げたんだよ』という言葉は、『ロックバンドをやってるんだよ』に代わる表現である」。今日のボーイスカウトにはアントレプレナーという技能の分野があり、マテル社ではアントレプレナーのバービー人形を発売している！

こうした変化の裏にはいろいろな理由が複雑に絡みあっているが、結局はひとつの事実に集約される。つまり、「現代は不確実な時代だ」という事実である。経済も企業も仕事も、不安定で不確実である。「変化する」ということ以外に、確実なものはない。自分を改革しつづけるスキルなしには、もはや生き残れない。ある程度のリスクを負わなければ、どんな人でも取り残されてしまう。

だが、朗報もある。人は誰でも変化をもたらす行為者になれることだ。資格は必要ない。ドレスコードも必要ない。無記名投票も行われない。

誰でも、起業家精神を発揮することができるのだ。

アントレプレナーを4つのタイプに分けてみる

その一方で、あまりよくない報せもある。起業家精神を発揮している幅広い人びとを言い表す言葉がないのだ。

これまであまり用いられてこなかった「アントレプレナー」という言葉は、一転して濫用の危機に陥った。その結果、わたしを含めておおぜいの人が、この魅力を失った言葉にいろいろな修飾語句をつけ足して、語呂の悪い言葉を次々につくり出してきた。

たとえば、世間には突如として「ソーシャル・アントレプレナー」が登場した。人権や環境などの社会問題に、ビジネス手法を用いてアプローチする社会起業家である。ライフスタイルビジネスを立ち上げた人は、「マイクロ・アントレプレナー」。大企業の内部で変化を起こす人は「イントラプレナー」。新規事業を立ち上げた夫婦は「コプレナーズ」。その他にも「マムプレナーズ」や「ダッドプレナーズ」「キッドプレナーズ」など……。造語が増えすぎて収拾がつかないために、ツイッターではアントレプレナーを縮めて単に「#treps」と表記されている。

ああ、何てことだ！

だからこそ、「起業家精神の未来」と銘打ったトークショーのゲスト同様、わたしも新しい言葉の必要性を感じている。

そこで、本書では新しいアプローチを提案して、もっとわかりやすく、しかも楽しい呼び方を提案する。アントレプレナーを4つのタイプに分けて、それぞれに新しい名前をつけるのだ。シンプルで、わかりやすく、それぞれの「活躍分野」をうまく言い表す言葉である。どのタイプも、夢を実現するための支援を必要とする。あなたもきっと、どれかのタイプに当てはまるはずだ。

タイプ1：ガゼル——営利組織

イメージにおいても現実の世界においても、伝統的なアントレプレナーのタイプ。新規事業を立ち上げて、爆発的な社会現象を巻き起こそうとする。ホーム・デポ（住宅リフォーム小売チェーン）、フェイスブック、ジェニー・クレイグ（ダイエットサポートプログラム）、アンダーアーマー（スポーツ用品メーカー）、インスタグラムなどがその代表例だろう。彼らにとっては、急成長こそが目標である。エンデバーのアントレプレナーは、「ガゼル」に当てはまる。少なくとも、彼らはこのタイプを目指している（訳注：ガゼルは、アフリカからモンゴルにかけての草原や砂漠地帯に住む、足の速い哺乳類）。

１９９４年、このタイプをガゼル企業と呼んだのは、経済学者のデイヴィッド・バーチだった。「４年ごとに売上高が倍加する成長率の高い企業」と定義される。アメリカ企業のうち、このタイプに当てはまるのはたったの２～４％にすぎないが、民間部門の雇用の多くを創出する。政治家が「新規雇用の大半をつくり出すのは小さな企業だ」と言うとき、それは若くて成長著しい企業を、つまりガゼル企業を指している。バーチがこの言葉を選んだのは、ガゼルは足が速く、高く跳び上がるからだ。

ガゼルは、アントレプレナーとして成功する術を熟知しているように見える。しかしわたしの経験で言えば、それは間違いだ。確かに、スタートアップを立ち上げる方法は知っているかもしれない。だが残念ながら、彼らは何度も同じ間違いを繰り返す。事業拡大を急ぐ。すぐに本業から逸れる。共同創業者と衝突する。何でも自分たちだけでコントロールしようとする（もちろん、わたしも同じような失敗を重ねた。詳しくは本書のあちこちで述べていく）。彼らは、決まって同じ落とし穴に陥る。だからわたしは、ガゼルが犯しやすい失敗とその過ちを避ける方法とをリストアップした。そのリストがなければ、スタートアップを一人前の企業に育て上げることは難しい。

タイプ2：スカンク——企業内

「イントラプレナー」、すなわち社内起業家。この言葉は1970年代に登場して、1992年に『アメリカン・ヘリテージ英語辞典』に記載された。「大きな企業のなかで、積極的にリスクを負い、イノベーションを重ねて、アイデアを利益の出る完成品に仕上げる責任を負う者」と定義される。今日、この言葉にあまり魅力はないが、アイデアは広く受け入れられている。自主性と創造性をもっと発揮するよう従業員を励ますことは、ますます重要になってきた。

2013年、わたしは「デルワールド」に招かれ、「破壊」をテーマとするディスカッションのパネリストを務めた。創業者のマイケル・デルはその頃、ようやく株主との長い戦いに終止符を打ち、デルの株式をすべて買い取って株式非公開化を果たしたばかりだった。彼は「アントレプレナーのDNAを取り戻すつもりだ」と言い、「テキサス大学のドービーセンター住居ビル2713号室で起業した頃のデルに戻すのだ」と述べた。そして、6000人を前にこう高らかに宣言して、デルワールドの開幕を告げたのである。「ようこそ、世界最大のスタートアップへ！」

だが、リスクを負うよう従業員を励ますことは簡単でも、実行させるとなると難しい。「変化を恐れる者もいるからね」。マイケル・デルは言う。「目まぐるしく変わるビジネスの世界で変化に抗えば、破滅への道は免れない」。そして「迅速に動かなければ、死が待っている」ともつけ加えた。

起業家精神という魔力を取り戻そうとするリーダーは、マイケル・デルだけではない。世界でもトップクラスのCEO（最高経営責任者）の大半は、みずからの企業を破壊する必要性を痛感している。さもなければ、他の企業に破壊されてしまうからだ。ところがなぜか、このメッセージは従業員には伝わらない。あなたが現在、大企業で働き、福利厚生も退職金制度も充実しているなら、自分は安泰だと思うだろう。起業家精神の話は、自分には関係ないと思うかもしれない。だが、それは大きな間違いだ。

新しいことを始めるときには危険を伴う。ところが、新しいことを避けるときにも――避けないときほどではないにしろ――、同じくらい危険を伴う。自分の仕事は安泰で、会社は安定していると思い込んでいると、とんでもない危険に見舞われる。リスクを負うことを危険と思うならば、リスクを避けることはそれ以上に危険である。

第1に、あなたの会社は安全ではない。大企業が没落する割合――企業が業界リーダーの座から転げ落ちる頻度――は、1965年から2008年のあいだに倍増した。1920年代、スタンダード&プアーズ500銘柄に新しく加わった企業は、そのリストに平均65年間とどまった。ところが2012年には、その年数は平均18年に短縮してしまった。過去5年間だけを見ても、S&P500銘柄から転落した老舗企業は多い。ハインツ（ケチャップメーカー）、スプリント（携帯電話事業者）、サラ・リー（アパレルメーカー）、ラジオシャック（家電量販店チェーン）、コダック、オフィス・デポ（文具・オフィス関連ディスカウントストアチェーン）、ニューヨーク・タイムズなどである。

たとえ企業が成長しつづけたとしても、組織内で生き残れるかどうかは、あなたのイノベーション能力と積極性にかかっている。優れたアントレプレナーと同じく、「迅速性」「想像力」「粘り強さ」「実行力」の4つを備えていなければ、今日の従業員は生き残れない。言い方を換えれば、自分から変わらなければ、外から変化を迫られる。

「スカンク」になろう。スカンクという言葉はロッキード社から拝借した。第2次世界大戦中、ロッキードは戦闘機を設計・開発するために、社内に少数精鋭の極秘開発部門「スカンクワークス」を設置した（訳注：スカンクとはもちろん、外敵を撃退するために強烈な悪臭を放つ、あの哺乳類である）。

一説によれば、ロッキードの開発者は衛生状態の悪い工場でくたくたになるまで働き、作業場にはいつも異臭が立ちこめていたという。そこでスカンクという名前がつけられたというが、実際は、新聞の連載漫画「リル・アブナー」に由来するらしい。漫画のなかで、登場人物が人里離れた場所で、スカンクの死骸を使って密造酒をこしらえていたという設定である。きっと、周囲には強烈な異臭が漂っていたに違いにない。

いずれにしろ、メッセージは明白だ。大企業で働くアントレプレナーは、異臭を放つほど開発やプロジェクトに没頭するという意味である。

タイプ3：ドルフィン――非営利組織

この10年ほど、「ソーシャル・セクターもアントレプレナーのように考え、行動すべきだ」という考えに口先だけで同意する（が、実行はしない）傾向が目立つ。これは、「非営利組織はもっとビジネス手法を取り入れなければならない。社会貢献事業はもっと革新的で、測定基準に基づいた運営を図るべきだ」という考え方である。わたしはその考えを25年も持ちつづけ、幸運にも、ムーブメントの先駆者であるふたつの組織で働いた経験がある。

1989年、プリンストン大学の学生だったウェンディ・コップが、教育NPOの「ティーチ・フォー・アメリカ」を立ち上げた。そして、そのプログラムに参加する大学4年生を募集した際に、わたしはボランティアとして手伝ったのである。

コップは卒業論文で、「教師部隊《ティーチャーコープ》を組織して全米に教師を派遣する」というプログラムを論じた。教員免許のあるなしにかかわらず、優秀な新卒者を選抜して、国内の貧困地域や、教育環境に恵まれない地域の公立学校に、教師として送り込むという計画である。卒論を読んだ指導教官は、思わずこう洩らしたという。「ああ、ミズ・コップ。精神が錯乱してしまったようですね」。だが、彼女はひるまなかった。現在、ティーチ・フォー・アメリカには毎年5万人を超える応募者が殺到し、同プログラムは3億5000万ドルもの年間予算を確保している。

その後、わたしは「社会起業家精神の父」と呼ばれ、非営利組織「アショカ」を立ち上げたビル・ドレイトンのもとでも働いた。アショカは、ソーシャル・アントレプレナーに資金を提供する先駆けとして、すでに世界中で3000人を超えるNPOのイノベーターを支援してきた。

「どんな人でも、どこで暮らしていても、チェンジメーカーになれる」というのが彼の信条だ。「誰でもプレイヤーになれる」とドレイトンは言う。

彼らのような先駆者がいるにもかかわらず、この潮流に乗り遅れた非営利組織、コミュニティグループ、社会サービス組織は多い。彼らに欠けているのは、意欲に燃えるリーダーである。

アントレプレナーの技術を積極的に活用するリーダーが不在では、せっかくのアイデアを発展させ、影響力を発揮することは難しい。だからこそ、今まさに「ドルフィン」が求められるのだ。ドルフィンは古いしきたりに頑固に抵抗し、真の変化を求めて戦う。だが、なぜドルフィンと呼ぶのか。それはドルフィンが、高い知性を持ち、ポッドという小さな群れで暮らす社会的な動物だからだ。利他的な行動を示す数少ない動物でもある。だが、彼らを〝従順な〟動物と思ったら大間違いだ。群れに危害を加えようものなら、ご注意あれ！　今日、民間セクターにおいて有効な解決策のない社会的意義でさえが、アントレプレナーの手法を必要とする時代になったのだ。波風を立てるのは、ドルフィンなのである。

タイプ４：バタフライ――フリーランス

最後に紹介するのは、４つのタイプのうちで急増中の「バタフライ」である。ライフスタイル系か、あるいは規模の小さなアントレプレナーを指す。

バタフライの第１のグループは個人事業主である。配管工、ヨガ・インストラクター、フリーライター、有機栽培家、アーティストなど。アメリカ国勢調査局の推計によると、国内の事業の大半を占めるのが自営業だという。成人の40％が個人事業主として働いた経験を持ち、２０１８年までには新たに２４００万人が自営業者になると見積もられている。２０２０年には、自営業者の数は世界中で13億人に達する見込みだ。

このタイプが増加中の理由は、子を持つ親や孫のいる世代から、20歳そこそこの若者、さらにはティーンエイジャーにまで門戸が開かれているからだ。自宅の地下室やクルマ、バスルームでもマイクロベンチャーを立ち上げられる（自宅のバスタブで密造酒づくりに励んだ禁酒法時代が戻ってきたのだ！）。「俺はビジネスマンじゃないぜ。《アイム・ノット・ア・ビジネスマン》この俺がビジネスなんだ、マン《アイム・ア・ビジネス、マン》」と、ラッパーのジェイ・Z（ビヨンセの夫）も歌った。

バタフライの第2のグループは小企業である。従業員を雇用している企業はアメリカで700万社にのぼるが、そのうちの9割は従業員数が20人にも満たない。なかにはガゼルを目指すアントレプレナーもいるにしろ、大半は小規模のまま、地域に根差した事業を続けることで満足している。

このタイプをバタフライと名づけたのは、チョウは種類が多く（少なくとも1万7500種が確認されている）、自由で個人主義だからだ。東洋と西洋の両方の文化において、さなぎの時期を経て成虫となるチョウは、復活した魂の象徴と考えられてきた。また、生息環境にとって重要な存在であり、環境全体の健全性や良好性のバロメーターでもある。チョウが多ければ多いほど、健全なエコシステムというわけだ。

バタフライは、革新的なアントレプレナーには見えないかもしれない。たとえば、自家製チーズを、農家の直売所で販売するとき、本当に〝破壊的〟でなければならないだろうか――その答えは「イエス」である。

もし、競合がオーガニックフードを扱う地元の高級食料品店にコネがあり、スクエアリーダーを使ったクレジットカード決済に対応し、オンラインビジネスにも乗り出した場合には、こちらも破壊的にならなければ勝ち目はない。工芸品やクラフトなどのハンドメイド商品を専門に扱うオンラインマーケット「エッツィ」では、100万人を超える〝つくり手〟が、ハンドメイド商品を直接販売している。バタフライでさえ、大きく羽を広げる必要があるのだ。

そのうえ、バタフライは破壊の時代に適している。「バタフライ効果」というカオス理論をご存じだろうか。あらゆる場所から変化が起きる現象を指し、南アフリカ共和国でチョウが羽ばたくと、ニューヨークのセントラルパークの天候に影響を及ぼすという理論である。

ブルックリンに住むわたしは、自宅の近くで、バタフライの気配りと度胸に感激したことがある。ハリケーン・サンディが近づいていた、2012年10月のある日のこと、わたしは近所の大好きなベーカリー「ビヤン・キュイ（よく焼けた、の意）」に立ち寄って、パンを購入した。ニューヨーク市長がすでに避難命令を出していた。「もうすぐ、お店を閉めるんでしょう?」。わたしはカウンターの男性に訊ねた。

「とんでもない」。彼が答える。「ご近所の方は、うちを必要としていらっしゃいますから。一晩中、店を開けておくつもりですよ」

彼らの不屈の精神を見くびってはいけない。

わたしがアントレプレナーを探しはじめて20年が過ぎた今、4つのタイプのイノベーターがあちこちで現れはじめた。彼らは変化を待たない。彼らが変化を起こすのだ。

あなたが情熱を注ぐものが何であれ、4つのタイプのどれかを選んで、あなた自身の物語を書きはじめよう――それともあなたは「ダチョウ」で、砂に首を突っ込んで、変化など何も起きない振りをするつもりだろうか。

本書の構成――唯一無二の3ステップ

だが、チェンジメーカーとして生きると決めたとして、具体的にどう行動すればいいのだろうか。そこでまた、わたしが登場することになる。

まずは、わたしのベッドルームを案内しよう。興味を引くものがあるかもしれない。出張先のアフリカで購入したベッドカバー。プロポーズのときに、夫が書いて贈ってくれた詩。ナイトスタンドに並ぶ読みかけの本。どれも起業家精神について書かれたものばかりだ。

わたしは起業家精神が大好きだが、それについて解説する味気ない書籍はあまり好きではない。本書を執筆する前に、こんな本には〝したくない〟というリストをまとめた。

事業計画の書き方、マーケティング戦略の立て方、ベンチャーキャピタル条件概要書の読み方といったマニュアル本にはしたくない。起業家精神の歴史と銘打った、学者が書くような入門書もお断り。読めば気分がよくなる、決まり文句が満載のスピーチ集もごめんだ。特定の人物のサクセスストーリーにも興味がない。もしその手の書籍を読みたいのなら、お勧めがある。ハワード・シュルツ著『スターバックス成功物語』(日経BP社)、リチャード・ブランソン著『ヴァージン』(阪急コミュニケーションズ)、トニー・シェイ著『ザッポス伝説』(ダイヤモンド社)、ウォルター・アイザックソン著『スティーブ・ジョブズ』(講談社)だ。どれも非常に面白かった。

本書は、たくさんのアントレプレナーの物語と、彼らから学べる教訓についての本である。大変すぎてとても実行不可能に思えるプロセスを、何とか手がつけられそうな小さなステップに分解する方法について紹介していく。誰もがリスクを負わなければならない時代に、どうすれば〝スマートなリスク〟を負えるか、という疑問にも答えよう。

その疑問に答えるために、本書を「Ｐａｒｔ１　始める」「Ｐａｒｔ２　成長する」「Ｐａｒｔ３　成功する」の３部構成とした。

Ｐａｒｔ１の「始める」では、アントレプレナーになるためのロードマップを紹介する。不安と戦い、疑念を振り払い、ストーカーまがいの行為で支援者を口説き、混乱をうまく活かす方法について説明する。Ｐａｒｔ１のテーマはアティチュード（姿勢）である。正しい姿勢を身につけ、悪い姿勢を振り払う方法について述べよう。

Ｐａｒｔ２の「成長する」では、アイデアを大きく育てる方法について紹介する。そのためには、自分がどのタイプのアントレプレナーかを知り、スタートアップが陥りやすい過ちを避ける必要がある。優れたメンターを探し出すとともに、リーダーシップについても学ばなければならない。今の若い世代は、緊密につながり、優れたスキルを備え、意味や目的を大切にする。その若い世代の従業員を獲得して引き止めておくための、わたしが「リーダーシップ３・０」と呼ぶスキルについても詳しく述べよう。

Ｐａｒｔ３の「成功する」では、アントレプレナーのように生きるとはどういうことか、に焦点を合わせる。意味のある職場づくりの方法や、仕事とプライベートとを両立させる方法について紹介する。Ｐａｒｔ１とＰａｒｔ２を〝起業家精神を発揮するための技術〟とするならば、Ｐａｒｔ３は〝アントレプレナーのように生きるための技術〟と言えるかもしれない。Ｐａｒｔ３では、わたしの個人的な物語も紹介するつもりだ。優れた起業家精神を完成させるものは、「あとに続く者を刺激して支援すること」だと、わたしは強く信じている。また、大きな組織を運営するひとりの母親として、わたしは仕事とプライベートとを両立させようと懸命に戦ってきたし、部下にもその両立を勧めてきた。

つまり、本書で紹介する内容は、アントレプレナーであるわたしが、20年に及ぶ波瀾に満ちた体験から学んだ教訓である。それはまた、本書の執筆を思い立った理由でもある。だが、今の時代に本書を著そうと思った理由はもうひとつある。

あなたのなかの〝小さなレイラ〟へ

２０１２年、わたしはペンシルベニア州のウィルクス大学を訪れた。かつて炭坑の町として栄えた山あいに位置する、活気に溢れた私立大学である。この日、わたしはアントレプレナーについて講演を頼まれたのだった。質疑応答も終わる頃、後ろのほうで勢いよく手が挙がった。「アントレプレナーについてのお話は、大変面白かったです」。学生が続ける。「だけど、今の話がぼくにも当てはまるのかと言うと、ちょっと疑問です。ぼくのアイデアはそんなに大それたものじゃありませんし、コネもありません。それに、シリコンバレーに住んでるわけじゃないですから」

彼の言葉に不意を突かれ、話が長びいたらどうしようかとも心配になり（7歳の双子が、我が家でわたしの帰りを待っていた）、わたしは頭に浮かんだことをそのまま口にした。「心配ありません。アントレプレナーになるために、シリコンバレーに住んで、技術に強い若者になる必要はありませんよ。誰でもアントレプレナーになれるんです」。その学生は納得した様子だったが、家までクルマを飛ばすあいだに、彼の言葉が何度も頭に浮かんだ。いかにも口先だけの自分の答えに、我ながら嫌な気分になった。

エンデバーを立ち上げた頃、わたしの仕事の内容が、今ひとつよくわからないという相手（ほとんどがそうだった）に、わたしはいつもこう答えたものである。「才能に溢れ、大きなアイデアを持っているが、そのアイデアを実現する個人の能力を信じていない国や地域に、シリコンバレーの魔法の粉を振りかける」ことだ、と。そして、そのような説明が当てはまるのは、レイラのような人たちだけだと思い込んでいた。

だが今は、誰にでもその魔法の粉が必要なのだ。

誰の人生にとっても、少しばかりのレイラが必要なのである。

そしてその夜、ブルックリンの自宅に戻ったとき、わたしは本を書こうと思った。その日に出会った学生に向けて。おやすみなさいの挨拶をするために、寝ないで待っていてくれた双子の娘のために。どうやって夢を叶えればいいのかわからない人。仕事に対する情熱とプライベートとを両立させたい人。自分の会社や地域社会や、さらにはもっと大きな世界に影響を与えたい人のために、本書を著そうと思ったのである。

もし誰かに「クレイジー」と言われたら

アメリカの国民的な料理研究家であり、アントレプレナーでもあるジュリア・チャイルドは、30歳を過ぎてからフランス料理を覚えた。そのチャイルドは、著書『フランス料理の技法をマスターする（*Mastering the Art of French Cooking*）』（未邦訳）のなかでこう述べている。「適切な指導さえあれば、誰でも、どこにいてもフランス料理をつくれる」。だから、わたしもチャイルドと同じ考えに立ち、大きな夢を持って変化を起こそうとする人たちに向けて本書を著した。

かつてわたしは、アントレプレナーとは「生まれながらのものであって、なろうとしてなれるものではない」と思っていた。だが今は違う。起業家精神も優れた料理技法と同じように、学ぶ意欲さえあれば、誰にでも学べ、磨きをかけられるのだ（それに腕のいいシェフと同様に、優れたアントレプレナーも時には鍋を落としたり、卵を割り損ねたりする）。

つまるところ、アントレプレナーの技術とは、単に事業を立ち上げることだけではない。それは最初の1歩を踏み出して、心の迷いに打ち勝ち、リスクに対応して、混乱を切り抜けることだ。従業員を育てて、失敗はもちろん成功にも対処して、仕事と家庭との両立を図ることでもある。さらには、大きな夢を抱く次代のアントレプレナーを、支援することでもある。

そして、もうひとつ。もし誰かに「クレイジー」と言われたら、それは褒め言葉なのだ。

さあ、それでは始めよう！

THINK
WILD

あなたの成功を阻む
すべての難問を解決する

目次

CONTENTS

Part 1

始める――*Get Going*

第1章　どうやって「最初の1歩」を刻めばいいのか？

――心の「壁」を取り払うための起業家の公式

第２章 リスクには「正しい取り方」がある
——不安と闘い、挑戦を続けるための５つの戦略

第3章　チャンスは「カオス」のなかに
——逆境を乗り越えるための5つの戦術

Part 2 成長する——Go Big

第4章 自分を知らずに成功はつかめない
——強みを最大化するためのアントレプレナー「4つのタイプ」

第5章 成長のために何を行い、何を諦めるべきか？
——迷いを断ち切るための「ホワイトボード6か条」

第6章 失敗を糧に進化するチームをつくるために
――これからのリーダーに求められる4つの「A」

第7章 メンターは多いくらいがちょうどいい
——「厳しいアドバイス」を手に入れるための5つの方法

Part 3

成功する——Go Home

第8章 いちばん大事なのは「働きがい」——創造力と活気に満ちた「いい会社」をつくる4つの方法

If People aren't calling you crazy, You aren't thinking big enough.

もしまわりの人から
「クレイジー」と言われていないのなら、
あなたは“まだまだ大きく考えていない”
ということだ。

Part 1
始める

Get Going

第1章

Getting to Day One

どうやって「最初の1歩」を刻めばいいのか？

──心の「壁」を取り払うための起業家の公式

味方につけるのが最も難しい支持者とは？

──アルゼンチンの若き起業家の苦悩

1998年春、わたしはアルゼンチンの首都ブエノスアイレスを訪れ、これといって特徴のない通りに建つ、狭くて質素なオフィスに足を踏み入れた。クレイジーなアイデアを持つ20代のカリスマ経営者、ウェンセス・カサレスに会うためである。

数時間後に彼のオフィスを出たとき、わたしは起業家精神について重要な教訓を胸に刻んでいた――事業に乗り出すときに必要となる、誰よりも重要な支持者は誰か、という教訓である。それは両親でもなければ、配偶者や友だちでも、上司や銀行でもない。それは他でもない、自分自身なのだ。

そして、味方につけるのが最も難しい支持者もまた、自分自身である。

「最初の1歩を踏み出すために何が必要か」について話す前に、本章ではまず「正しい心構えを持つとはどういうことか」について話すべきだろう。自分が納得していないものを、誰かに納得させることはできない。わたしの知る限り、カサレスほど困難な状況にあって、自分自身を信じ、自分を納得させようとしたアントレプレナーはいない。

カサレスは、アルゼンチン南部のパタゴニア地方の牧羊場で生まれ育った。彼の家は、隣の家まで32キロメートル、最も近い町までは1600キロメートルも離れていた。カサレスの父は牧場主であるとともに、アマチュア無線家でDIY愛好家でもあった。4人の子どもにひとり1台ずつコンピュータを買い与え、間に合わせのネットワークでつないで、互いに通信しあえるようにした。

「父から受けた最大の影響は、行動する人間になる方法を学んだことでした」。カサレスは続ける。「隔絶された場所で暮らしていたために、私たち一家は常に創造的な方法をひねり出して、問題を解決しなければなりませんでした。そのために、家の周りに溝を掘ったり、山の片側に橋をつくったりもしました」

アントレプレナーとは、行動する人間の気取った言い方にすぎない、と彼は語る。

事実、カサレスは子どもの頃から立派なアントレプレナーだった！　ハイスクール時代には、Tシャツのプリントショップを立ち上げた。パタゴニア地方の全電話番号のデータベースをダウンロードして間違いを見つけ出し、正しい電話番号帳を発行するとともに、広告スペースも販売して8万ドルを稼いだ。一家のなかで初めて大学に進学し、在学中に新たなビジネスに乗り出した。アルゼンチン初のインターネット・サービス・プロバイダーになったのである。1年後、カサレスは会社を売却する。ところが、契約書にサインしたあと、自分もまだチームの一員だと思って出社すると、会社を締め出されてしまったのである。結局、彼の手元には何も残らなかった。

少年時代のカサレスは、恐怖に臆することもなかった。失うものが何もなかったからだ。ところが、やがて失うものがだんだん大きくなっていった。大学に籍を置くあいだに、ラテンアメリカ向けの金融サービスポータル――アメリカの「イー・トレード」のような――を立ち上げた。だが、学業が疎かになりはじめたために、1600キロメートルも旅してパタゴニアの実家に戻り、大学を中退するつもりだと父に告げた。カサレスの言葉を借りれば、そのときが人生で最も恐ろしい瞬間だったという。しかも、ふたりの妹も学校を辞めて、自分の事業を手伝ってほしいと父にかけあったのである。

しばらく考えた末に、父は言った。「やるからにはちゃんとやれ」。その言葉には、「家名に泥を塗るな」というメッセージが込められていた。

この段階でひどい恐怖に駆られ、カサレスは初めて自分で自分を疑い出した。彼が暮らす社会は、独身者を評価しない。何よりも家の名誉を重んじる。そういう世界にあって、自分と妹は本当に成功をつかみ、ちゃんと結婚できるのだろうか。しかも、彼のアイデアを認める者もいない。すでに33人の投資家に断わられていた。「株式市場もろくに機能しないアルゼンチンで」とカサレスは言う。「どうやって、電子取引プラットフォームを支えられるでしょうか」

ブエノスアイレス市内の薄汚れたオフィスの一室で、わたしは彼の話を聞いていた。壊れたパソコンが数台。壁紙は剥がれたままだ。「何とか続けたいんです」。彼は訴えた。「だけど、狭いアパートでふたりの妹が寝ている姿を見ると、こう思わずにはいられません。『私は頭がおかしいんじゃないか』と」

カサレスは、わたしのほうを向いて訊ねた。「私は頭がイカれてると思いますか？」

「ええ、そうね」。わたしは答えた。「でも、だからこそ成功するのよ。それに、わたしが役に立てると思うわ」

ベゾスの「デイ・ワン」と起業家の「公式」

カサレスの物語が教えてくれるのは、「アントレプレナーになるための第1歩は、研究室や会議室やピッチ・セッションで始まるのではない」ということだ。その1歩は、頭のなかで始まる。しかも、アイデアが突然ひらめいたり、アハ体験をしたりする頭の部分ではない。それは闇が宿り、不信や疑念が叫び声を上げる部分である。家賃やローンや子どもの教育費を心配しはじめる頭の部分だ。借金がかさみ、カフェテリアで悪い噂が流れ、身内がカウチ（長椅子）に丸まって眠る生活を心配する頭の部分である。

あなたがリスクにさらされるとき、アントレプレナーになるための第1歩が始まる。

アマゾンの共同創業者ジェフ・ベゾスは、アントレプレナーであることの、その高ぶった感情をうまく言い表している。期待と興奮と不安の入り交じった状態を、「初日《デイ・ワン》」と呼んだのである。ベゾスのいう「デイ・ワン」とは、カレンダーの月初めの意味ではない。それは毎日を、新しいものをつくり出す新しい機会とみなし、その日その日を、初日の気持ちで仕事に取り組むという姿勢である。アマゾンを創業してすでに16年が経つというのに、ベゾスは株主への手紙をこう締めくくった。自分のアプローチは何も変わっていない。「今もまだデイ・ワンなのです」

エンデバーでもその考えを借用している。「デイ・ワン」を、アントレプレナーが不安と恐怖が訪れる瞬間を認めて、その感情を克服するためのスローガンとしたのだ。チェンジメーカーが、自分のデイ・ワン体験を語る講演会も定期的に開催した。講演者には「アイデアについてではなく、感情や困難について話してほしい」と頼んだ。わたしが講演したときには、エンデバーの仲間から何度も原稿を却下され、もっと生の体験を話すようにアドバイスされた。

本書のPart1では、ナプキンに書きとめたアイデアやシャワー中に思いついた考えを、不安や恐怖を乗り越えて実現するための方法について紹介する。そんなことはとても無理に思えたり、周囲から「頭がおかしい」と言われたりすることもあるだろう。だが実のところ、リスクを減らし、成功を引き寄せる具体的な方法はいくらでもあるのだ。

まずはその前に、「困難に挑んでいいと自分に許可を与える」ことについて話したい。わたしにとっては、それこそが、アントレプレナーのように考え、行動するための飛躍的な1歩なのだ。こんな公式を披露しよう。

心 ＋ 意志 － 恐怖 ＝ アントレプレナー

こんなふうにも言えるだろう。起業家精神は自分で自分を奮い立たせて、恐怖を振り払い、覚悟を決めるところから生まれる、と。

立ち上がった「ふたりでひとり」のワーキングマザー

2000年代に入ると、アメリカで環境に優しいグリーン製品の人気が高まった。ところがその流れに頑固に抵抗したのが、洗剤や漂白剤といったホームクリーニング製品である。産業全体の売上げは120億ドルにも達するというのに、環境に配慮した製品はそのわずか1％を占めるにすぎなかった。しかも、業界最大手のクロロックス社は、特にグリーン製品への対応が遅れていた。その遅れを取り戻すため、ふたりの「スカンク」が立ち上がるのだが、ふたりが最初に取り組んだのは〝それ以上の難問〟を解決することだった。保守的な企業にあって「アントレプレナーとして働きながら、いかにして母親業もこなすか」という難問である。

メアリー・ジョー・クックは、仕事と子育てとの板挟みに陥っていた。新米ママのクックは、幼い娘とできるだけ一緒に過ごしたい。その一方で、彼女は野心に燃える一流企業の部長でもある。そこで彼女は、創業100年という歴史あるクロロックスで、前代未聞の解決法を編み出した。これからはパートタイムで働くと宣言したのである。「周囲は驚きましたね」。彼女は続ける。「部長クラスで、フルタイムで働かない人は他に誰もいませんでしたから」。最初は週4日働いていたが、ふたり目の出産に伴い、それも週3日半に減らした。

だがそのために、クックは新たなポストをつくり出す必要に迫られた。「そのまま横滑りできるポストがなかったからです」。最終的にイノベーション部門を設置して、グループを率いることにした。仕事が大変になりはじめると、同僚で、やはりワーキングマザーのスザンヌ・セングルマンにこう提案されたという。「その役割を、わたしたちふたりでこなせばいいんじゃない？」

彼女のひと言が突破口になった。その方法を使えば、ふたりともフレキシブルに働ける。クックとセングルマンは責任を分担しただけではない。文字通り、ふたりでひとりになったのだ。それぞれが週に3日ずつ働き、水曜日にはふたり一緒に働く。部長という役職はもちろん、ボイスメールやメールアドレスも共有した。それどころか、共通の「サム」という名前まで使ったのである――Suzanne And MJ（スザンヌ＆メアリー・ジョー）で「Ｓａｍ」である。

最初の頃は、不安を拭いきれなかった。「何よりも怖かったのは、仕事で失敗することでした」。セングルマンが打ち明ける。「社内で注目されていましたから、もし失敗すれば、あとに続く女性の昇進のチャンスを奪ってしまうのではないか、それも我が社だけでなく、他社の女性にまで影響が及ぶのではないかと恐れました」

ところが、この方法は功を奏したばかりか、思わぬ利益も生んだ。責任を共有するという独創的なアイデアのおかげで、ふたりは仕事をもっと創造的に考えるようになったのだ。そのうえ、1日の大半を会社で過ごさずに済むようになったために、公園で消費者と過ごす時間が増えた。「サム」は、クロロックス本社の近くで暮らす母親たちから、洗剤が子どもの健康に及ぼす影響や懸念について、頻繁に耳にすることになった。心配していたのは、消費者の母親たちだけではない。「正直に言って」。セングルマンは続ける。「わたしも心配でした。わたしも家を掃除し、食料雑貨店で買い物をします。コアターゲットと同じような生活を送る機会を持てたことは、非常に役に立ちました」

「サム」は、新たなニーズを発見したのだ。クロロックスは、母親をターゲットにした、環境に優しい製品を売り出すべきだ。

だが、解決すべき問題もあった。グリーン製品を開発すれば、社内で大きな反対の声が上がるのは避けられない。「無毒」の製品を販売すれば、それ以外の自社製品を「有毒」に見せてしまいかねない。さて、どうするか。挑戦せずに諦めるのか、それとも社内の非難を承知でクロロックスのコアアイデンティティに挑むのか。

ふたりは、ひっそりとプロジェクトに着手することにした。クックの言葉を借りれば、〝スマートなリスク〟を冒したのだ。そして、そのプロジェクトに就業時間の2割を充てた。「上司には1割だと伝えました」。セングルマンが言う。「でも本当は、その2倍近くの時間を充てました」。そして、それをスカンクプロジェクトと呼んだ。

「スカンクプロジェクトのいいところは」と、セングルマンが続ける。「他のプロジェクトのようにプロセスを踏んだり、承認を取ったり、質問に答えたりする必要がないことですね。ただ、実行あるのみです」

そして、ふたりは実行した。まず近所のスーパーマーケットに出かけて、グリーン製品を片っ端から買い集めた。だが「これは」と思う製品はなかった。次に〝化学製品を避けるナチュラリスト〟と呼ぶターゲット層に意見を聞いた。そして、やはりひっそりと活動していた社内の別のチームに声をかけた。同じくワーキングマザーが率いる化学者のチームである。そのグループは、微生物の働きを利用して無害な物質に分解する「生分解性」の研究に取り組み、「プロジェクト・カーミット」の名のもと、グリーン製品開発の可能性を探っていたのだ（訳注：カーミットは、『セサミストリート』に登場するカエルのマペットの名前）。ふたつのチームは協力しあった。お互いの上司には常にプロジェクトの進捗状況を報告したものの、直接の承認を求めることはなかった。割り当てられた予算内で、経費をやりくりしたからである。

最初、プロジェクト・カーミットは失敗に終わった。「市場の関心が薄かったためです」。クックは続ける。「2度目は、技術的にまだ充分ではありませんでした。そして3度目で、ようやくすべての要素がうまくかみあったのです」

2007年末、クロロックスはナチュラルブランドの「グリーンワークス」シリーズを発売する。自然保護団体「シエラクラブ」の承認も取りつけ、食器用洗剤や住居用洗剤などの製品パッケージに、同クラブのロゴと名前も印刷した。発売から半年もしないうちに、グリーンワークスシリーズはナチュラル製品市場の40％を占め、4年後には年間6000万ドルの売上げを記録する。グリーン製品の開発も販売も簡単ではないはずだが、「サム」という名前のスカンクは、ほんの少しの創造力で大きな利益を生み出したのである。

意欲に燃えるふたりのパートタイム部長が、「諦めてしまえば簡単だ」という誘惑に打ち勝って、型破りなプロジェクトを成功させたのだ。大胆なアイデアを抱きながら、あと1歩が踏み出せない人を、わたしはたくさん見てきた。彼らは、誰かがゴーサインを出してくれるのを待っている。だが、わたしはこう学んだ。その誰かは存在しない。

リスクを負う許可をあなたに与える人は、あなた以外にはいないのだ。

「もっと保守的な企業で働く人は、どうすれば自分自身にゴーサインを出せるか」とセングルマンに訊ねたところ、彼女はこう答えてくれた。「どんな企業にでも、どれほど保守的な企業であっても、起業家精神に溢れた人材は必ずいます。ですが、アイデアとは脆いものです。だから、アイデアには強い信念が必要です。これで間違ってない、という確信が必要です。アイデアの正しさを証明してくれる法則やデータが、何もないからです」

敵は「耳と耳とのあいだ」に――カイロの起業家を「アラブの春」より困らせたものとは

次に、カイロ生まれのアーマー・シャディの話をしよう。シャディにもアイデアがあった。だが、アントレプレナーになりたいという夢を実現する前に、まずは恐怖を克服しなければならなかった。自分の父を失望させたくなかったのである。

シャディは数学と物理学に才能を発揮して、15歳で大学に進学した。卒業後は、中東各地に支社を構える父の総合設備工事会社で、将来を約束された管理職に収まった。そして弱冠21歳にして、エジプト国内の事業を取り仕切るようになる。ところが、まもなく仕事への情熱を失いはじめた。このまま父の会社を継ぎたくない。自分で事業を立ち上げたい。だが、勇気を奮い起こして父にそう告げるまで、何年もかかった。

「父をがっかりさせたくはありませんでした」。シャディが当時を振り返る。「父の仕事を手伝うのが当たり前と思われていたのに、自分自身の会社を立ち上げたかったのですから。父に本心を告げることが、私にとっての最大の精神的重荷でした」

ところが、シャディが打ち明けると、父はすぐに賛成してくれたのである。「息子に起業家精神があるとわかって、とても嬉しく思いましてね」。シャディは、スマートフォンにアプリや関連サービスを提供する通信会社を創業し、2010年にエンデバーのアントレプレナーに加わった。

このときの体験から、自分のなかの恐怖心や不安に立ち向かう大切さを、彼は学んだという。「会社を設立したとき、今後直面する最大の問題は、資金調達や税法上の費用、あるいは法や規制の問題だろうと思っていました。ところが、それらはたいした問題ではありませんでした」。2010年に吹き荒れた「アラブの春」のような反政府デモや騒乱でさえ、たいしたできごとではなかった。

シャディにとっての本当の問題とは〝自己規制〟だったのである。そして彼は「1マイル4

分の壁」の話を聞かせてくれた。1954年以前、「人間は1マイル（約1609メートル）を4分以内では走れない」と誰もが信じ込んでいた。ところが、ロジャー・バニスターというイギリスの陸上競技選手が、それまでの世界記録を塗りかえて、1マイルを3分59秒4で走ったとき、彼は人間の肉体的な限界を打ち破っただけではなかった。心理的な限界をも打ち破ったのである。それからわずか3年半後の1957年末には、16人の選手がその壁を越えていた。「バニスターが登場する前の呪縛にとらわれている、アントレプレナーの卵は多いですね」。シャディはそう分析する。「自分で自分を規制してしまうんです。自分で自分の可能性を低く見積もるから、大きな成功をつかめない。私も、いまだにその間違いを犯してしまいますね」

シャディが学んだ教訓はこうだ。「自分の夢を他人に承認してもらおうと思うな。自分の夢は自分にしか承認できない」。あるいは、伝説のゴルファー、ボブ・ジョーンズの言葉を贈ろう。「ゴルフとは、13センチのコースで戦う競技だ――それは、人間の耳と耳とのあいだの距離である」

わたしが起業するまで
――否定の嵐のなか、心理的な「壁」をいかに乗り越えたか

ここで心理的な壁の話をしたのは、わたしもその壁に直面した経験があるからだ。わたしはボストン郊外の、伝統的な価値観を重んじる家庭で育った。ロードアイランド州で育った両親は、父と母が17歳と14歳のときにダンスパーティで知りあい、そのままハイスクール時代の恋

を実らせて結婚した。父は弁護士になり、母は専業主婦になった。わたしが子どもの頃の両親は愛情深く、教育熱心で、どんなリスクも回避した。一か八かといった行動はよその人間のすることであって、両親にとっては安定と平穏が何よりも大切だった。

安定を求めるふたりの性質は、娘のわたしにも影響を与えた。ハーバード大学に入学したわたしは、安定した道を選んでロースクールへの進学を決めた。ところが、イェール大学のロースクールに入ってまもなく、自分が弁護士になりたいわけではないことに気づいた。だが、なかなかそうと自分では認められない。それまでずっと安全策を取って、周囲の人間を喜ばせるために人生を歩んできたからである。ところがそのとき、「自分が本当は誰で、将来、何になりたいのか」という疑問が湧き上がった。

わたしには子どもの頃から、ウルグアイにペンフレンドがいた。ふとした思いつきで、わたしは彼女に会いに行った。両親も許可してくれた。「まあ、そういう年頃なんだろう」と言って（だが、ちゃんと司法試験を受けてから、南米に飛ぶよう約束させられた）。わたしはすぐにブエノスアイレスに移り住んでタンゴを踊り、地元のサッカーチームに熱い声援を送るようになった。現地のロースクールで働いて滞在費を稼いだ。

だが両親に嘘をついてまでブエノスアイレスに来たにもかかわらず、わたしはいつも肩越しに振り向いて、当時のアメリカに登場しはじめた新しいタイプのセレブに熱い視線を送っていた。スタートアップのCEOたちである。

当時は、ビル・ゲイツやマイケル・デル、ハワード・シュルツが活躍した〝金ぴかの時代〟

だった。ネットスケープやヤフー！のＩＰＯ（新規株式公開）が大成功に終わると、シリコンバレーのアントレプレナーはこぞって、〝ニュー・ニュー・シング（その先を行くアイデア）〟を実現しようとかけずり回った。

スタンフォード大学大学院でコンピュータサイエンスを学んでいたセルゲイ・ブリンとラリー・ペイジが、検索エンジンの革新的なアイデアを探っていた。

スティーブン・スピルバーグ、ジェフリー・カッツェンバーグ、デイヴィッド・ゲフィンの3人が、従来のスタジオシステムを打破するために、ドリームワークスの設立に動いていた。

ラルフ・ローレンから独立したヴェラ・ウォンが、革新的なウエディングドレスを発表する。

ピエール・オミダイヤが自分のウェブサイトにオークション機能を加えて、壊れたレーザーポインターを試験的に売り出したところ、落札された。意外な商品の潜在市場に気づいたオミダイヤは、イーベイを創業する（このとき、レーザーポインターの故障を落札者がちゃんと認識しているかどうか確認してから、オミダイヤは取引を成立させている）。

スティーブ・ジョブズが、アップルに電撃的な復帰を果たす。

ウォール・ストリートの仕事をやめたジェフ・ベゾスは、シアトルに向かってクルマを走らせながら、オンラインで書籍を売るアイデアに磨きをかけた。

わたしは、アントレプレナーになろうと決めた。そのとき自分が感じていた反抗心や個人主義にぴったりに思えたからだ。自分が思い描く変化を世界にもたらす、いい機会に思えたのだ。何より、大胆不敵な試みではないか。

やがて、わたしは新しく暮らしはじめた南米の地で、アントレプレナーになるという新しい夢の可能性を探りはじめた。友人はみな首を傾《かし》げた。「事業を始めるって、いったい何のことなの？」

また、ブラジルで学生のグループに話をしていたときにはこんなことがあった。テーマは、スティーブ・ジョブズとスティーブ・ウォズニアックが、ジョブズの家のガレージでアップルコンピュータをつくったときの伝説的なエピソードだった。「すごいな」。学生のひとりが言った。「だけど、それがぼくの人生と何の関係があるんだ？　ぼくのアイデアを実現するために資金を出してくれる人はいないよ……それに、ガレージだってないのに！」

アントレプレナーを意味する言葉すらないとは！——突如訪れた「原体験」

ある日、ブエノスアイレスで会合に遅れまいとしてタクシーに飛び乗り、運転手と話していたときのことである。その運転手は、大学でエンジニアリングの学位を取得したが、望むような職が見つからないという。政府機関か伝統的な企業ならば人材を募集しているものの、どちらにも彼のような技術者の働き口はない。

「失礼ですが、今の仕事を続けるよりも、ええっと……」。わたしは言葉に詰まった。伝えたい意味のスペイン語を知らなかったからである。そこで、英語で訊いた。「アントレプレナーになるつもりはないんですか？」

「何だって？」運転手が聞き返す。

「アントレプレナーです」。わたしは繰り返した。「ほら、事業を立ち上げる人ですよ」

「ああ、エンプレサリオのことか」。その声には軽蔑の響きがあった。エンプレサリオとは、スペイン語で「大事業主」を指す。その言葉には、英語のアントレプレナーのような「イノベーション」や「成長」といった意味合いはなく、むしろ「縁故主義」や「貪欲」といった悪いイメージがつきまとう。

「いいえ、エンプレサリオじゃないわ。アントレプレナーは、スペイン語で何と言うんですか？」

運転手は肩をすくめた。「そんな言葉は、スペイン語にはないと思うがね」

「ああ、だからなのね」。ようやく理解できた。そういう事情では、ラテンアメリカで、飛ぶ鳥を落とす勢いのアントレプレナーにお目にかかれないのも無理はない。スタートアップを立ち上げるための資本が欠けているだけではない。アントレプレナーを意味する言葉すらないのだ！

そのとき、わたしはひらめいた。世界中のアントレプレナーの起業と事業拡大とを支援する組織を立ち上げたらどうだろう。大きな夢を抱く個人の力と、急成長する事業のエネルギーとを利用して、地元経済の活性化につなげる組織があったらどうだろうか。イノベーションをテーマに、世界的なムーブメントを起こせるのではないか。

アメリカに戻ったわたしは、そのアイデアをいろんな人に話した。

まずは当時、わたしが働いていたアショカのピーター・ドレイトンにかけあった。先にも述べたように、アショカはソーシャル・アントレプレナーを支援するＮＰＯ組織である。だから、非営利分野（ドルフィン）だけでなく、営利目的（ガゼル）のアントレプレナーの支援にも乗り出したらどうかと提案したのである。ところが、彼にはすでに手一杯だと断られてしまう。

そこでウォール・ストリートや、さらにはシリコンバレーで国際戦略に携わる友人にも話を持ちかけた。ところが、どこからも色よい返事をもらえない。

わたしは、新しいことを始めるときの教訓を学びはじめていた。つまり、「そう簡単に理解は得られない」。周囲と逆の発想をすることがアントレプレナーになるための第1歩だとするならば、周囲が最初から、こちらの考えを受け入れてくれると期待してはならない。伝統的な道を歩んできた人が相手ならば、なおさらである。だから、自分と同じような考えに情熱を燃やす〝変わり者〟を見つけたほうが話が早い。

わたしの場合、それはアメリカ人アントレプレナーのピーター・ケルナーだった。ケルナーは、ハンガリー移民の父とデトロイト郊外出身の母のもとに生まれた。法学士と経営学修士（MBA）の取得を目指していた27歳のケルナーは、すでにロシアや東欧で会社を立ち上げていた。初めて会ったときも、中国から帰ってきたばかりだった。ケルナーもまた中国を舞台に、成長著しいスタートアップの支援というアイデアを温めていたのである。わたしたちはすぐに、手を組む約束をした。

そして、ボストンにあるわたしの実家のキッチンテーブルを挟んで、初めて打ち合わせをした。陳腐な表現ながら、ナプキンに事業計画を書きつけた。比喩ではない。本当にナプキンの裏に走り書きをしたのだ。

エンデバー誕生は、反対する両親の目の前で

ヘンリー・デイヴィッド・ソローは、マサチューセッツ州の森のなかに小屋を建てて自給自足の生活を送り、のちの作家や詩人に大きな影響を与えた19世紀の思想家である。ケルナーはこのとき、わたしたちが立ち上げる組織の名前を、ソローの『森の生活――ウォールデン』（岩波書店など）から取ってはどうかと言った。そして、「意識的な努力《エンデバー》によって自分の暮らしを高める能力が、男には間違いなく備わっているという事実ほど、私の心を励ますものはない」という一節から、「エンデバー」という名前を提案した（〝男《マン》〟という、性差別的な響きに多少ひっかかりはしたものの、エンデバーという言葉自体は好きだったため、わたしはこの際、目をつぶることにした）。

キッチンの隅で、両親はわたしたちの会話に聞き耳を立てていた。ふたりがよく思っていないのは明らかだった。

やがて母が口を挟んだ。「リンダ」。母が続ける。「まさか、その計画のために、立派な仕事を投げ出すつもりじゃないでしょうね」。わたしが、そのつもりだと答えると、母が父のほうを見た。その目ははっきりと伝えていた。「アラン、リンダに言い聞かせて、やめさせてちょうだい！」

父が静かな声で切り出した。「お前が早期退職できないからこそ、こうやって大学に行かせ、大学院にまで行かせたんだぞ」。つまり、わたしには早期退職して悠々自適で暮らせるような信託財産はなく、自力で生活費を稼がなくてはならないという意味である。ロースクールを出たあと、父とはこんな約束も交わしていた。しばらくは〝休暇を取る〟のもいいだろう。だけ

どそれが終わったら、ちゃんとした仕事に戻るんだぞ。弁護士が嫌なら、コンサル会社に勤めたらどうだ？

父の説得が失敗に終わったと見てとると、今度は母が別の方法で攻めてきた。「卵子だって、いつまでも若くはないのよ」。そのときのわたしは28歳。そして同じ歳の頃、母はすでにわたしと弟を産み、妹を宿そうとしていた。母はこう言いたいのだった。夢を追うよりも、時を刻む時計の音を気にすべきではないか。母はさらにこうも言った。「それに結婚するつもりなら、今みたいに、しょっちゅう飛行機に乗るのも止めておかないと」

というわけで、そのときのわたしは、両親が望む娘の姿と、自分がなりたい自分の姿とのあいだで板挟みになっていた。父親に本心を告げたシャディもそうだった。クックとセングルマンが、公園で他の母親たちと話をしたときもそうだった。カウチで眠るふたりの妹を見たときに、同じ気持ちを味わった。わたしの知るアントレプレナーのほぼ全員が、いつかの時点で同じ体験をしていた。周囲の期待に応える安全な道を進むのか、それとも行く先もわからない道を切り拓くのか。不安と希望の十字路である。

そして、わたしは希望を選んだ。「もうあと戻りはできない」。目に涙を浮かべながら、母にそう告げた。「随分長く考えてきたことだから。これがわたしのすべきこと、これがわたし本来の姿なの」

母は唖然としていた。父は驚きのあまり声も出ない。ケルナーがすぐに助け舟を出してくれた。「リンダのお母さん」。彼が続ける。「リンダに安定が必要なことはよくわかります。でも、僕たちふたりで話しあって決めました。リンダがニューヨークに移り住んで組織を立ち上げ、資金を調達します」。今度は、父に向かって続けた。「僕は大学院を1学期休学して、ラテンアメリカに向かいます。僕が一緒にリスクを背負います」。両親は黙ってうなずいた。このときの両親は、わたしたちふたりの夢が失敗に終わり、いずれわたしが〝まともな仕事〟に戻るはずだと高を括っていたに違いない。わたしは今でも、そう思っている。

その後、あのときの会話を何度思い返したことだろう。アントレプレナーはどこかの時点で必ず同じような転換点を体験する。そして、わたしはアントレプレナーたちがその瞬間をうまく乗り越える力になりたい。そんな思いが、彼らを支援したいという、わたしの情熱をかき立てた。誰にも理解されないとき、不安と孤独に苛《さいな》まれるとき、自分がなりたい姿をついに突き止めようとしているとき――そんなときにこそ、彼らの力になりたい。

そしてその瞬間をよく表している、カエルのカーミットの姿がある。1979年に公開された『マペットの夢みるハリウッド』のオープニングシーンで、カーミットは『レインボーコネクション』という歌をうたう。夢を叶えることへの賛歌である。「どうしてこんなにたくさん虹の歌があるのかな」と、カーミットは不思議に思う。虹は理想であり、幻想であり、夢の象徴である。虹はあなたに呼びかける声であり、あなたの名前を呼ぶ誰かの声である。「レインボーコネクション」とは、本来あるべき自分の姿をついに見つけたときに、湧き上がる感情なのだ。

わたしにとっては、本当の自分の姿を受け入れることがデイ・ワンへと続く道だったのだ。

愚かな炎を煽る
――エジソンに学ぶクレイジーのすすめ

トーマス・エジソンは不屈の男だった。研究所があった場所にちなんで、のちに「メンロパークの魔術師」という異名を取るものの、1870年代末のエジソンは「ニュージャージーの愚か者」と呼ばれていた。電報システムを発明したあと、彼は近代科学のさらに難しい課題に挑んだ。白熱電球の発明である。エジソンに批判的な者は、その挑戦を「まったくの愚行」と決めつけた。「決定的で、かつ不名誉な失敗に終わるに違いない」と予想した者もいた。

当時、エジソンをはじめ多くの発明家を悩ませた大きな問題は、電気が非常に危険――愚かな炎《イグニス・ファテュウス》――と考えられていたことである。保健衛生の専門家は、電球の光を長く浴びすぎると目の病気になり、神経が衰弱し、染みやそばかすができる（女性にとっては恐怖だ！）と警告していたのだ。電気の普及を推進する者でさえ、電球を灯すと家のなかが青白く見え、食べ物も不味そうに見えてしまい、女性の顔のしわが目立つと認めていた。

1879年、メンロパーク研究所のドアが開いて、エジソンが白熱電球――柔らかい光を発する〝小さな太陽の球〟――の試作品を発表したとき、懐疑的な者はあまり感心しなかった。それどころか、彼を詐欺師呼ばわりし、その電球でもっと広い場所を照らしてみろと罵《ののし》ったのである。

まもなくその言葉は実現するものの、エジソンによってではなかった。

1880年12月のある寒い夜、発明家のチャールズ・ブラッシュが、ユニオン・スクエアとマディソン・スクエアとを結ぶブロードウェイの短い通り沿いに、高さ15メートルのポールを何本も立てて、23個のアーク灯を吊るした。今日、エンデバーが本部を構えるのもこの地区である。ニューヨーク市の収入役の娘が点灯式に出席してスイッチを押す予定だったが、娘は感電死を恐れて拒んだ。

ようやく電灯が灯ったとき、煌々たる光があたりを照らし出し、荒涼たる影を生み出した。その様子を『ニューヨーク・タイムズ』紙はこう表現した。「大理石の店が描き出す白く巨大な輪郭や、頭上のごちゃごちゃした電線、走り去る車の群れが、容赦ない正確さと緻密さで浮かび上がった」（この描写によって、ブロードウェイのこの一郭は「偉大なる白い道《グレート・ホワイト・ウェイ》」と呼ばれることになる（訳注：グレート・ホワイト・ウェイには、英語で「不夜城」の意味がある））。

公共空間を照らす電灯を、人びとは疫病のごとく避けた。街行く人は傘を開いて、その灯りから身を守った。幽霊みたいに見えると、互いに文句を言いあった。

世間の批判をものともせず、エジソンは研究に明け暮れた。ブラッシュも研究に没頭したが、数百人のエンジニアを雇って大規模な事業化を目指すガゼルのエジソンと違って、バタフライのチャールズ・ブラッシュは毎晩、ひとりこつこつと研究に励んだ。結局、世間に受け入れられ、白熱電球を家庭で使えるように改良したのはエジソンだった。さらには重要な特許を取得して、エジソン照明会社を創業する。金融資本家のJ・P・モルガンやヴァンダービルト家の支援を得たのである。

エジソンとブラッシュはともに、次の3つの重要性を証明した。まずは「夢や理想を追い求める大切さ」。次に「その事業で自分が目指す目標を、明確に理解していること」。最後に「周囲の批判を受けとめる強さ」である。

ウォルマート、Xbox、MRI……みんな批判されて始まった

わたしの体験で言えば、どんなアントレプレナーもいつかの時点で「クレイジー」と非難される。「正気の沙汰じゃない」と批判されずに、波風を立てることは不可能である。それぞれの例を4つのタイプごとにあげよう。

ガゼル

44歳のサム・ウォルトンが、新たなディスカウントストアの創業を考えていたとき、彼の弟は、「またいつものサムの馬鹿げた思いつきが始まった」と呆れた。ウォルトン自身でさえ、周囲の誰もが「私が完全に正気を失ったと思ったに違いない」と語っている（ウォルトンはこの年、ウォルマートを創業する）。

スカンク

1999年、マイクロソフトの4人の従業員がゼリービーンズを食べながら、ソニーのプレイステーションを撃破するゲーム機の開発について話しあっていた。開発コードネームは

Xbox。だが裏で、コフィンボックス（棺桶）と揶揄する同僚もいた。インテルのパートナーでさえ、せせら笑った。「どうせ数十億ドルを無駄にして終わりだと、笑ってたんだよ」。ある経営陣はそう言った。だが、ゼリービーンズ・クラブは計画を練りつづけ、仲間を勧誘し、ついには最強の味方であるビル・ゲイツをもくどき落とした。こうして、Xboxはマイクロソフト最大の〝社内スタートアップ〟になったのである。

ドルフィン

ニューヨークの無名の医師だったレイモンド・ダマディアンが、核磁気共鳴スキャン装置を使って悪性の腫瘍を識別できると発表したとき、同僚は彼を変人、ペテン師、正真正銘の奇人と呼んだ。さらに、ダマディアンは終身在職権をも拒否されてしまう。「極めて無謀な理論だ」。ある同僚はそうこき下ろした。だがダマディアンは、周囲の批判にも負けずに特許を申請し、資金を集めてスキャン装置をつくった。そして1977年、世界で初めて人間の全身を使ってMRIの実験を行ったのである。

バタフライ

2002年、22歳のジェフリー・ブレイバーマンは、ウォール・ストリートの6桁の年俸を棄てて、祖父が始めた家業を手伝うことにした。かつて30人もいたニューアーク・ナッツ・カンパニーの従業員は、もはやふたりだけになっていた。「父もおじも、僕の頭がイカれてしまったんじゃないか、と驚きましたね」。ジェフリーは当時をそう思い出す。ところが、ナッツ・コムという名前でオンラインビジネスに乗り出すと、わずか10年のうちに、80人の従業員を抱え、2000万ドルを超える年間売上げを誇るまでに成長した。

なぜ、どの分野においても、これほど多くのアントレプレナーが「頭がおかしい《ナッツ》」と呼ばれるのだろうか。

簡単に言ってしまえば、ものごとを型破りな方法で見る者は危険だからだ。現状によって恩恵を被る者の身を脅かすからである。そして体制派の外にあって、同じアイデアを抱きながら行動に移すことなく、結局は諦めてしまった者の身や地位をも脅かすからである。政治思想家のニッコロ・マキャベリも『君主論』で述べている。「ひとり先頭に立って新しい秩序を持ち込むことほど、実行が難しく、成功がおぼつかなく、危険を伴うことはない」。マキャベリは続ける。「なぜなら、新しい秩序の導入者は、旧い秩序の恩恵に浴していた者を、怒れる敵にまわしてしまい、また新しい秩序の恩恵を被る者を頼ろうにも、彼らはせいぜい生温い味方でしかないからだ」

アルゼンチン最大の不動産王との「10分間の対決」——「クレイジー」は褒め言葉

クレイジーなアイデアだと批判されたときには、どうすればいいのか。

「自分はクレイジーなアイデアの持ち主だ」と、認めればいいのである。

わたしがそう学んだのは、その後のわたしのキャリアを決定づけた瞬間だった。自宅のキッチンで両親と〝対決した〟数か月後のことである。当時、共同創業者のピーター・ケルナーは南米でアントレプレナーを探していた。ニューヨークで資金提供者を（ええ、ママ、将来の夫も）探していたわたしのもとに、ある日、ケルナーから電話がかかってきた。

「リンダ、荷物をまとめて今すぐ南米に来るんだ」とケルナーが言った。「アルゼンチンの不動産王と面会の約束を取りつけた。エドゥアルド・エルスタインだよ」。伝説によれば、大学を中退したエルスタインは1990年に、投資家のジョージ・ソロスとの面会に漕ぎ着け、「アルゼンチンは数十年続いた債務危機から脱出しつつあり、ついに投資の機が熟した」という、眉唾ものの自説を売り込んだといわれている。ソロスのオフィスを出てきたとき、エルスタインは1000万ドルの小切手を手にしており、それを元手にアルゼンチン最大の不動産帝国を築いたのである。

そのエルスタインが、わたしとの面会に10分を割いてくれたのである。そして、話しはじめて5分が過ぎた頃、彼はちらりと腕時計に目を落とし、ソロスと面会できるよう努力するよと言った。「ありがとうございます」。わたしは礼を述べた。「でもわたし、ジョージ・ソロスと会うつもりはありません」。エルスタインが困惑した表情で、続けるようにと促す。「エドゥアルド。あなたはアントレプレナーですよね。わたしもアントレプレナーです。我がエンデバーはアントレプレナーを支援しています。わたしが望むのはあなたの時間。あなたの情熱。そして20万ドルの小切手です」

エルスタインとの面会はすべて英語だったが、わたしがストレートにお金の話を持ち出すと、エルスタインは右腕と頼むオスカーのほうに向き直って、スペイン語で話し出した。「エスタ・チカ・エスタ・ロカ（彼女、頭がイカれてるよ）」。さらに、オスカーに向かってこう続けたのである。彼女との面会は、悪いホラー映画みたいなもんだな。最初は魅力的に思えた登場人物が、こっちがシャワーを浴びている隙に、ナイフを手に背後から忍び寄って来るみたいなもんだ。

しかしながら、そのホラー映画の登場人物はスペイン語が得意だった。エルスタインが言い終わると、わたしはにっこりと微笑み、スペイン語でこう言った。「エドゥアルド。エストイ・ムイ・デセプシオナダ（大変がっかりいたしました）。ソロスと面会して、億万長者の家から1000万ドルの小切手を手に出てきた人間の口から、そんな言葉を聞くとは思いませんでした。たったの20万ドルしか頼まれなくて、あなたはラッキーなのに！」。エルスタインは、ただ口をぽかんと開けてわたしを見ていたが、やがてオスカーのほうを振り向くと、ようやく小切手帳を取り出した。そして20万ドルの小切手をその場で切り、エンデバー・アルゼンチンの創設責任者になる約束もしてくれたのだ。

このときの経験が、わたしにとって起業家精神の指針のひとつになったのである。そう、「クレイジー」は褒め言葉なのだ！

わたしは、こうもつけ加えたい。新規事業に乗り出すとき、クレイジーと言われなければ、あなたは〝まだまだ大きく考えていない〟という意味だ。

つまりこういうことである。現状に挑戦するたびにクレイジーと呼ばれたら、その言葉を誇りに思ったほうがいい。わたし自身、そうしている。もう長いあいだ、わたしはラテンアメリカで「ラ・チカ・ロカ（イカれた女性）」と呼ばれてきたし、その異名は今では中東にまで広まっている。悪く受け取るどころか、わたし自身は勲章だと思っている。

変化を求めて戦うとき、抵抗はつきものだ。だけど驚かない。傷つかない。諦めない。前進あるのみ！

愚かな炎を煽りつづけるのだ。

計画を終わりにして、行動を起こそう

2013年、わたしは朝の情報番組『トゥデイ』の、「アントレプレナーを支援する」というコーナーにゲスト出演した。もうひとりのゲストは、MBAを取得したインターネット起業家である。その女性は新規事業に乗り出すにあたって、75ページもの事業計画書を書き上げたという。そして、視聴者にも同じように入念な計画書をつくるようにアドバイスした。わたしは、危うく椅子から転げ落ちるところだった。わたしはこう言った。「それには、とても同意できませんね」

いや、待ってほしい！　とあなたは言うだろう。アイデアを実行するために段階的な計画書が必要なことは、誰でも知っている。クレイジーなアイデアが浮かんだら、計画書をつくったほうが、もっともらしく見えることは、誰にも異論がないはずだ。数字を書き込み、業界用語

をちりばめ、予測を立ててグラフも掲載する。パワーポイントを使って、上司や友人や恋人が思わず唸るような資料をこしらえる。誰でもそうやって事業計画を立てるべきだ。

だが、それについてわたしからひと言。その〝誰でも〟は間違っている。この段階で重要なのは計画を練ることではなく、行動を起こすことだからだ。

考えすぎていないか？——南アフリカの連続起業家からの忠告

ヴィニー・リンガムは、アパルトヘイト（人種差別・隔離）政策を取っていた、南アフリカ共和国の東ケープ州で生まれ育った。インド人居住地で少年時代を過ごし、映画『ウォール街』を観て、「大きくなったら自分も成功するんだ」と誓った。リンガムはいつしか、起業するという夢を抱くようになる。小学生のときにはステッカーを売り、大学時代にはロックバンドのマネジメントも行った。2003年、最初に勤めた会社を辞めて自宅も売り、婚約者とふたりの友人を説得して、4人でオンラインマーケティング会社を創業した。こうして、子どもの頃から夢見たアントレプレナーの人生を手に入れたのである。

だが、リンガムは満足していなかった。新しい問題を見つけたからである。小さな企業のほとんどは資金不足か、ウェブサイトをこしらえるノウハウがない。そこで彼は、オンラインマーケティング会社を人に任せて、新しく「ヨラ」を創業した。ウェブサイトビルダーと無料レンタルサーバーを提供する会社である。するとすぐに、グーグルが進める大きなプロジェクトのために声がかかり、ヒューレット・パッカードからは、自社が販売するコンピュータにヨラの製品をプリインストールしたいと持ちかけられた。

2009年、『ビジネスウィーク』誌は、ヨラを「知っておくべきスタートアップ50社」に選んだ。数年後、リンガムはまたも新しいスタートアップを立ち上げる。グーグル・ベンチャーズ（グーグルの独立投資部門）の支援を受けた、「Gyft（ギフト）」という、モバイルギフトのアプリを提供する会社である。

次々に事業を立ち上げる「ガゼル」のリンガムは、すぐにシリコンバレーで存在感を放ちはじめた。やがて彼は、アントレプレナーに共通する特徴に気づいたという。考えすぎ、計画と分析に時間をかけすぎることである。わたしが司会を務める討論会に、リンガムやレイラなどのアントレプレナーを招いたときのことだ。「みなさんは考えすぎなんです」。リンガムが金融関係の聴衆に話しかける。「アイデアについて話しあい、理論を勉強し、事業計画を書くために時間をかけすぎて、実際に試す時間が足りないのです」。そして、その弊害を指摘した。「紙の上で完璧な事業計画を仕上げたときには、私みたいな人間が、とっくにあちこちの顧客と契約書にサインを済ませてしまっていますからね」

そう考えるのはリンガムだけではない。エンデバーの1000人近いアントレプレナーを対象に調査を行ったところ、事業を立ち上げた際、彼らの3分の2が正式な事業計画を書いていなかった。80％以上が半年以内に最初の製品を世に送り出し、約半数がビジネスモデルを最低でも1度は変更した。レイラもカサレスも事業計画を書かずに、スタートアップを立ち上げている。

この傾向は、エンデバーのガゼルに限った話ではない。ビジネス誌の『インク』では、毎年「インク500」と銘打って、成長著しいアメリカの企業ランキング500社を発表する。その500社の創業者を対象に行った2002年の調査によれば、新規事業に乗り出す前に正式なマーケットリサーチを行った企業は12％にすぎず、正式な事業計画を書いたケースも40％にとどまったという。事業計画を立てた者の3分の2が、計画書は役に立たなかったと答えた。マイクロソフト、ピクサー、スターバックスは事業計画には従わなかった。インテルの事業計画書は、たったの161文字しかない。「ａｎｄ」やスペル間違いを数えても、それだけの文字しかないのだ。

ファイザー中堅社員の実践的プロジェクト「未来のオフィス」

計画書を棄てて実行に移すというアプローチは、「スカンク」にも有効だ。クロロックスのメアリー・ジョー・クックは、起業家精神を発揮しようとする大企業のスカンクに、こうエールを送る。「分析に分析を重ねて完璧な予測を立てるよりも、この不完全で混乱した、変化の激しい世界ではまずは始めてみることね」。起業家精神のカギは、「実践を通して学ぶこと」だという。スカンクにとっては、パワーポイントで上司を唸らせるよりも、実践によってアイデアの正しさを証明することのほうが重要だ。

ファイザーは、9万人の従業員を抱える世界最大規模の製薬会社である。2005年、人事部の中堅社員であるジョーダン・コーエンは、同僚の男性が父親になったばかりだというのに、表計算ソフトを使い、オンラインで調べものをして、夜遅くまで残業していることに気づいた。それが有効な時間の使い途《みち》とは、とても思えない。コーエンは考えた。「単純な仕事やルーチンワークを、個々の従業員がインドにアウトソーシングできたらどうだろうか」

コーエンは、面倒な提案書づくりに時間をかけなかった。限られた予算と少数の従業員を使って、実際に試したのである。そしてそのプロジェクトを「未来のオフィス」と名づけて、丸1年も上司には秘密にして証拠を積み上げ、社内に味方を増やしていった。最初の実験は大失敗に終わった。アウトソーシング先から戻ってきたデータは誤植だらけ。数字も間違いだらけ。コーエンは、同僚が相手先のアシスタントに充分に仕事内容を説明していないことに気づき、数か月をかけて、プロジェクトの内容を次の4つに分けた。「文書作成」「表計算」「会議スケジュール」「調査」の4つである。

この時点で、コーエンがある部署の部長に声をかけると、部長は自分の予算でコーエンのプログラムに参加してくれた。この時点でもまだ、ファイザーの経営幹部は何も知らされていなかった。やがてプログラムの噂が広まるにつれ、200名もの従業員がプロジェクトに参加した。延べ数千時間も節約できたという充分なデータを携えて、コーエンと彼の上司がようやく経営陣に説明したところ、全社的なプログラムとして採用するというゴーサインが出た。

「ファイザーワークス」と名前を変えたそのプロジェクトは、現在では、会長やCEO以下1万人の管理職クラスの役に立っている。各部門の予算から支払わなければならないにもかかわらず、内部調査によれば、従業員はファイザーワークスを社内で最も人気の高いサービスと評価している。

そして「バタフライ」も、たいてい事業計画を立てずに事業を始める。改善が必要だと気づくと、彼らはすぐに実行に移すからだ。自分が新しい事業を始めたという自覚すらない場合も多い。マーガレット・ラドキンもそうだった。

愛する子どものために――計画も「つもり」もなく起業家となったある母親

ラドキン（旧姓フォガーティ）は1897年、ニューヨークのアイリッシュ系アメリカ人の家庭に、5人きょうだいの長女として生まれた。燃えるような赤毛のラドキンは、ハイスクールで卒業生総代としてスピーチを行い、ウォール・ストリートの証券会社で働いているときに夫と知りあった。3人の息子を儲け、コネチカット州フェアフィールドの美しい一軒家に移り住んだ。ところが時は1929年。株価の暴落に伴い、彼らもリンゴや豚を売って生活費を稼がなければならなくなった。だが、ラドキンを襲った最大の問題は別にあった。末っ子のマークがひどいアレルギーと喘息に苦しんだのである。マークは加工食品を食べられなかった。

自然食品を与えるようにという医師のアドバイスに従って、ラドキンは石臼で挽いた全粒粉のパンを焼いた。「初めて焼いたパンは、石器時代のパンとして、スミソニアン博物館に展示したほうがいいような代物でしたわ」。ラドキンは続ける。「岩みたいに硬くて、高さも2、3センチしか膨らみませんでした」。それでも何度か試すうちに、何とか食べられるパンを焼けるようになった。そのパンを、マークも医師も気に入った。特に医師は、彼女のレシピを他の患者に〝処方〟したほどである。

ラドキンはすぐに地元の食料雑貨店に足を運んで、パンの販売を持ちかけた。「いらないよ」。素っ気ない返事。焼いたパンを販売した経験は、ラドキンにはなかった。しかも、全粒粉のパン1個に、通常の2・5倍にあたる25セントの値段をつけようとしたのである。

ラドキンはパンをスライスして、食料雑貨店の主人に1枚手渡した。店主は味見をすると、その場で全部買い上げた。あとでラドキンに電話をかけて、追加注文もした。ラドキンは自分の焼いたパンを、コネチカットにある自分の愛する農場の名前にちなんで、ペパリッジファームと名づけた（ペパリッジはヌマミズキの木）。「製造やマーケティングや価格設定についても、パンを大量に焼く方法についても何も知りませんでした。でも、追加注文の電話が鳴ったときに、ペパリッジファームのパンが生まれたのです」

こうしてマーガレット・ラドキンは、期せずしてアントレプレナーになった。彼女にあったのは、アレルギーの息子に安全なものを食べさせたいという意欲とキッチンとレシピに加えて、妻が焼いたパンを、グランドセントラル・ステーションまで運んで売ってくれた夫だった。数年後、ラドキンはパンを焼く場所をキッチンからガレージへと移した。

1939年に『リーダーズ・ダイジェスト』誌が絶賛したことから、ラドキンのパンは全米で爆発的な人気を博した。ある記者は書いている。「この急激な需要について、ラドキンは汗を浮かべた額から明るい赤毛をかき上げて言った。アメリカの人たちが、家庭で焼いたパンをほしがっていたことはずっと前から知っていましたわ、と――それにしても、こうまでして一斉にほしがらなくてはならないものだろうか」

バタフライのアントレプレナーは、たいていラドキンのようにして起業する。失業するか、子育てが一段落したときのことも多い。彼らは事業計画を書かない。書き方がわからないか、書く手段もないからである。書いたところで、どう実行していいかわからない場合も多い。

事業計画書よりも、大切なもの

それでもまだ、事業計画書は重要だと思うだろうか。ハーバードビジネススクールのビル・ソーマンは、起業ファイナンスの第一人者である。そのソーマンが『ハーバード・ビジネス・レビュー』誌に寄稿した、「優れた事業計画の書き方」と題する論文を紹介しよう。彼の結論には驚くはずだ。「数百社のスタートアップを見てきた経験で言えば、新規事業の成功を占う判断材料として、事業計画は――1から10までの目盛りで言えば――せいぜい2でしかない」。ソーマンは続ける。時には「事業計画を念入りに作成すればするほど、新規事業は――残念ながら――失敗しやすい」

「たいていの事業計画は、数字の水増しと言葉を費やすことに時間をかけるあまり、優れた事業とは周囲の状況に適応して変化するものだという点を見落としている」。ソーマンはそう指摘する。立ち上げたときと成功したときとでは、事業は大きく変わってしまっている。ソーマンは、事業計画上の表現と、本当の意味との違いを次のような表にまとめた。

事業計画上の表現	本当の意味
控えめに見積もって……	読んだ本によれば、5年で5000万ドル規模の企業に発展させなければならない。そのため、その数字から逆算して割り出した。
プロジェクトは98%完成した。	残りの2%を完成させるためには、これまでにかかった倍の時間と資金が必要だ。
顧客は我が社の製品を熱望している。	顧客にはまだ料金を請求していない。

誤解のないように言っておくと、事業計画を練ること自体が悪い、と言いたいのではない。ソーマンもそうは言っていない。ヨラを創業したリンガムは、ベンチャーキャピタルから資金を調達する段階になって初めて、事業計画を書いた（実際は、MBA取得者に書いてもらった）。ファイザーのコーエンも、社内で支持者を集めるための提案書は書いている。重要なのは、書くタイミングである。あまりに早い段階で書くと、事業の勢いを失い、熱意を削いでしまいかねない。不安に駆られて、数字合わせに意識が集中してしまうからだ。

スタートアップを立ち上げる段階で重要なのは、事業計画ではなく、あなた自身の態度や考え方なのだ。

1、〝逆張り〟思考でいく。因襲や慣習には従わない。リスクのある道を進む。みなが「あっち」に行くときに、ひとりだけ「こっち」に行く。

2、行動を起こして、活動を開始する。試す勇気を持ち、実際に挑戦する。ウェンセス・カサレスの言う通り、行動する人間になる。

デイ・ワンに向かって歩みつづけるのだ。

ここで警告しておこう。大きな夢を持つと「クレイジー」と言われる。キャリアを棒に振るような真似をすると「頭がおかしい」とか、行き先もよくわからないままに飛び込むと「イカれてる」と言われる。アントレプレナーであれば、それは免れない。リスクを負う者だけが、利益を手にできるからだ。

だがひとつだけ強調しておくと、優れたアントレプレナーは無謀なリスクを冒さない。彼らが負うのは〝賢明な《スマート》〟リスクだけだ。彼らはすべてを賭けない。必要なリスクだけを負い、どの段階においてもヘッジ戦略を忘れない。

その微妙なバランスをどうやって取るのか。それについては、次章で詳しく述べよう。

第2章

Derisking Risk

リスクには「正しい取り方」がある
——不安と闘い、挑戦を続けるための5つの戦略

落ちこぼれ営業ウーマンのしたたかなリスクテイク
——「スパンクス」誕生秘話

サラ・ブレイクリーは、自分を駄目な人間だと思っていた。スタンダップコメディアンを目指したものの、成功できなかった。ロースクールに入ろうとしたが、LSAT（法学大学院検定試験）に落ちてしまう。ディズニー・ワールドのキャストも、たった3か月でやめてしまった。結局、

ファックスを訪問販売する会社に7年勤めていた。

フロリダの蒸し暑い夏の日のこと。ブレイクリーは白いパンツを穿くために、下着をつけずに、腰まわりを補正してくれるパンティストッキングを着用しようとした（下着をつけると、そのラインが白いパンツにくっきりと浮かび上がってしまうからだ）。そしてサンダルを履くために、ストッキングのくるぶしから下の部分をカットして穿いた。ところが、切り落としたくるぶし部分がまくれ上がって、何とも煩わしい。「まだどこにも売っていない補正下着がほしい」。彼女はそのとき、そう思ったという。

そこで、素材についていろいろ調べ、納得できるような製品を考え出した。弁護士を雇うお金を惜しんで、特許も独学で申請してしまう。結局、彼女がつぎ込んだ費用は5000ドル。そして、できあがった補正パンティストッキングを、SPANKS（スパンクス）と名づけた。「コダックとコカ・コーラは世界的に有名なブランドです」。ブレイクリーは言う。「どちらの名前にも〝K〟の音が入っています」。コメディアンだった彼女は、経験上、Kの音が人の笑いを誘うことを知っていた。だが商標登録する直前に、語尾の〝KS〟を〝X〟に変えた。造語のほうがブランドとして成功しやすく、商標登録もしやすいと学んだからだ。「SPANXという名前はお洒落で面白く、とても覚えやすいですよね。一瞬、何だろうと興味をそそられます（その通りだ）」。スローガンはこうである。「心配しないで。あなたのお尻をちゃんとカバーします」

わたしがこの話を好きな理由はたくさんある。まず楽しくて感動的で、勇気が湧いてくる。『フォーブス』誌は2012年に、41歳のブレイクリーを、一代で億万長者《ビリオネア》になった史上最年少の女性に選んだ（わたしもスパンクスの愛用者だ。わたしのお尻もうまくカバーしてくれて、とても嬉しい！）。だが、わたしが特に好きなのは、アントレプレナーになるためにわたしが学んだ重要な教訓が、彼女のサクセスストーリーにもちゃんと含まれていたからだ――大きすぎてとても手に負えない夢を、手に負える小さな作業に分けて挑戦したことである。

ブレイクリーは、新しい補正下着をつくると決めた。ストッキングについて何の知識もなかったにもかかわらず、ブレイクリーは分析の泥沼にはまり込んだりはしなかった。それどころか、クルマに乗り込むと、ノースカロライナ州のあちこちの靴下工場をまわって、試作品をつくってほしいとかけあったのである。すると、決まって3つの質問が返ってきた。「それで、あなたは誰なんです？」「どちらの会社の人？」「誰が資金を出してるんだ？」「その3つの質問に『サラ・ブレイクリーです』『わたしです』と答えると、ほとんどの工場には追い払われましたね」

どれほど断られても、彼女は諦めなかった。前に進みつづけたのである。そしてついに、一度は断られた工場主から電話がかかってきた。「あんたの馬鹿げたアイデアに、つきあうことにしたよ」。その理由を訊ねると、工場主はこう答えたという。「私にも娘がふたりいるんでね」

ブレイクリーの体験が表しているのは、アントレプレナーになるために重要な第2ステップである。〝どこまでリスクを冒して〟試作品をこしらえ、ユーザーを見つけ、支援者をストーキングする（わたしの得意分野だ！）のか。前章で述べたように、アントレプレナーになるための第1ステップが、「自分の態度や考え方をうまく管理すること」であれば、第2ステップは「リスクをうまく管理すること」だ。それも、リスクからリスクを取り除く方法である。

補正ストッキングのアイデアを思いついたとき、ブレイクリーはファックスの訪問販売をすぐにはやめなかった。2年ものあいだ、平日9時から5時までファックスを売り歩いた。そして、平日の夕方以降と週末とを利用して補正ストッキングを販売したのである。ようやく会社を辞めたのは、事業が軌道に乗ったと確信できたあとだった。

では、その確信を彼女はどうやってつかんだのだろう。それは、人気司会者のオプラ・ウィンフリーに、スパンクスのサンプルを送ったことがきっかけになった。オプラがスパンクスを実際に使用して、TVで絶賛してくれたのである。

アントレプレナーは一般に、「カウボーイよろしく向こう見ずで、無謀なリスクを冒す」と思われているが、実際は違う。賢明なアントレプレナーは、状況をじっくり見極め、最小限の費用とリスクと責任とで、アイデアを実現させる方法を知っている。

それでは、その方法とは？　賢明なリスクと愚かなリスクとは、どこがどう違うのか？　本章では、スマートなリスクを負うための4つの戦略を紹介しよう。アントレプレナーになるために最も難しいのが、第1ステップとは限らない。

本当に難しいのは、この第2ステップである。

スマートなリスクテイク戦略①
全財産を賭けるな

事業を立ち上げるにあたって、アントレプレナーはこんな難問に直面する。すばらしいアイデアを思いつき、うまくいきそうな手応えをつかんだら、どこまで賭けるべきか。一般的な俗説はこうだろう。すべてを賭ける。コレクションのベースボールカードを売り払う。家を抵当に入れて、クレジットカードの限度額いっぱいまでお金を借りる。個人退職年金にも手をつける。つまり、全財産を賭ける。

マクドナルドの伝説のCEOことレイ・クロックの言葉が、その意気込みを物語っている。「あなたがリスクを負う人間でないならば、ビジネスからとっとと手を引くべきだ」。アントレプレナーやビジネスにまつわるいろいろな教訓と同じように、この言葉も、男らしさを誇示したい者の心をくすぐる。実際、「農場を賭ける《ベット・ザ・ファーム》」というフレーズは、19世紀の西部開拓時代に、男どもがポーカーゲームのテーブルで交わした表現に由来する。全財産を賭けることで、プレイヤーの肝っ玉の大きさを証明したというわけだ。

まあ、男の子はどこまでいっても男の子だから、そうやって男らしさを誇示したがるものだが、実際のアントレプレナーはもっと現実的だ。アントレプレナーと話をすると、リスクに対する彼らの考え方がまったく違うことがよくわかる。

ヴァージン・グループの創業者であるリチャード・ブランソンは、もちろん意気地なしなどではない。だがブランソンは、著書『ヴァージン――僕は世界を変えていく』（阪急コミュニケーションズ）のなかでこう述べている。「あなたがリスクを冒す人間ならば、リスクをうまく負う方法は、失敗したときのために防御策を用意しておくことだ」

エンデバーが毎年開く祝賀パーティに彼を招いたとき、ブランソンは1990年代に発売したヴァージン・コーラの話をしてくれた。「コカ・コーラとは互角に戦えると思ってたんだがね」。彼はそう打ち明けた。ブランソンによれば、ヴァージン・コーラは大失敗だったが、それは〝抑制された大失敗〟だったという。新規事業につきもののリスクをきちんと計算したうえでの失敗だったゆえ、ヴァージンブランド全体に傷はつかなかった。ブランソンはエンデバーのアントレプレナーに、こんなメッセージを残したのである。「ひとつの失敗がすべてを台なしにしてしまわないように、防御策を講じておくべきだ」

じゃあ、どのくらいのリスクを取るべき？

エンデバーのアントレプレナーの多くが、ブランソンと同じ考えを口にする。インダストリアル・エンジニアでチリ生まれのロドリゴ・ホルダンは、わたしの知る限り最強のアドレナリン・ジャンキーであり、エクストリームスポーツの大ファンである。ロッククライミングやアイスクライミングにも挑戦し、1992年には南米人として初めてエベレスト登頂に成功し、その後もその偉業を繰り返してきた（2012年には、エベレスト山頂でエンデバーの旗を広げたすばらしい写真を、メールで送ってくれた）。

ロドリゴは、自分が培った登山技術を利用して企業のリーダーをトレーニングする、ヴァーティカル社を経営している。だから、ロドリゴがこう言ったときには驚いた。「世間が信じていることはまったくの間違いだ。アントレプレナーは危険を冒したくない。僕だってリスクは嫌いだ。常にリスクを避け、最小限に抑えようとしている。何もかも賭けるといった無謀な真似を、アントレプレナーはやめるべきだね」

エンデバーが行った調査も、ホルダンの言葉を裏づける。エンデバーのアントレプレナーに、リスクに対する考えを訊ねたところ、圧倒的多数が極端なリスクを避けていた。回答者の95%が、事業を立ち上げる際に、家族が食べ物や住む場所に困るような真似はしなかったと答えた。80%以上が、少なくとも1年は、基本的な生活費を賄うだけの貯えや手段を確保していた。余裕があったという意味ではない。大半が最初か

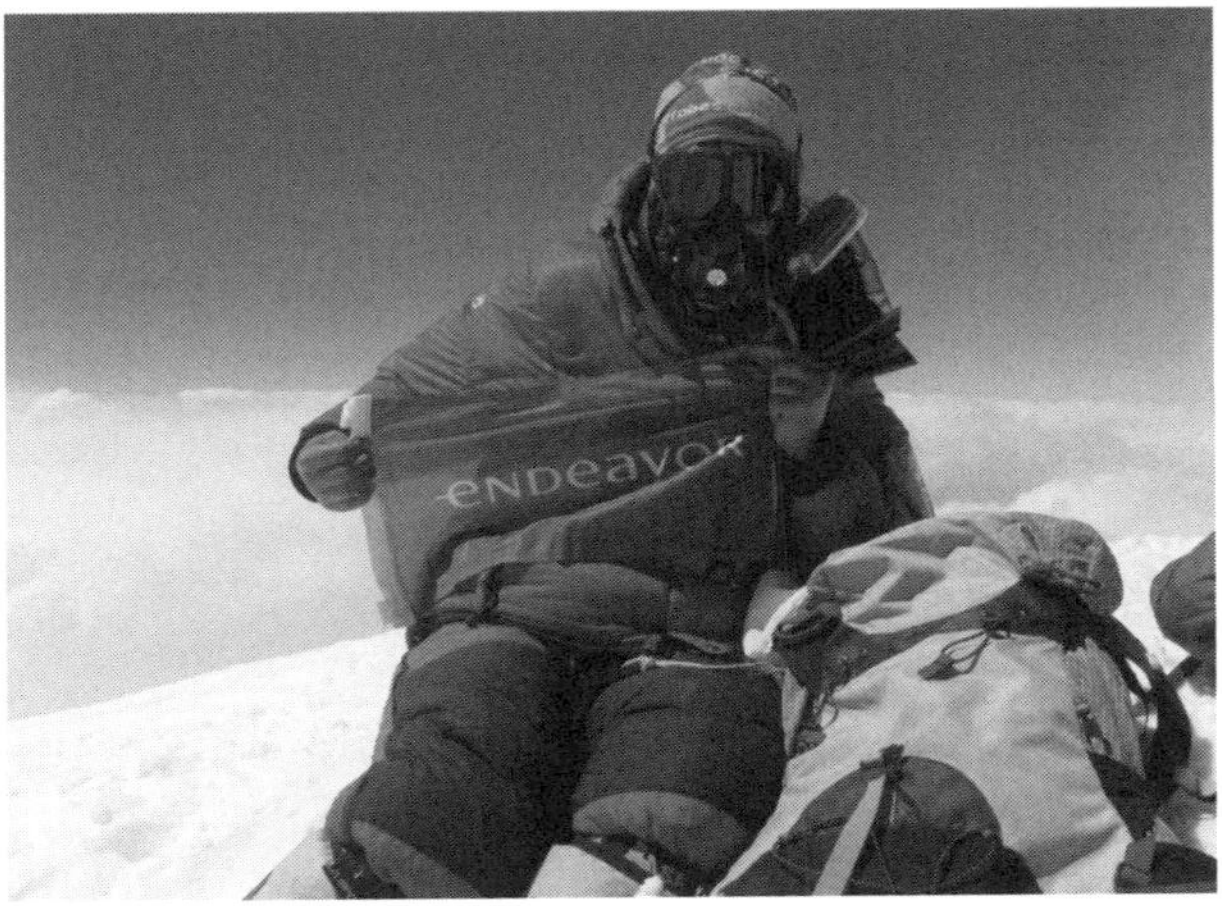

写真：Courtesy of Rodrigo Jordan

ら厳しい条件で暮らしていたが、それでもクレイジーな夢を追うあいだ、負債を最小限に抑え、家族の生活を守りつづけたのだ。

とはいえ、ある程度のリスクは必要だ。それは、いったいどのくらいのリスクだろうか。全財産を賭けないのであれば、どのくらい賭けるべきだろうか。

その答えは、「ゲームに参加するだけのリスク」である。2013年に「インク500」に選ばれたアントレプレナーの61%が、1万ドル以下しか賭けていなかった。大半のスタートアップでは、その数字はさらに低い。

エリック・リースが『リーン・スタートアップ』（日経BP社）のなかで勧めるのは、まずは最低限の製品――洒落た機能もない、手頃な価格の製品――をつくるために必要なだけの投資である。目標は「何とか動く製品」をこしらえることだ。「だが、アントレプレナーはその事実を受け入れたがらない」と、リースは書いている。なぜなら彼らが思い描くのは、周囲の度肝を抜き、世界を変えられるような高品質の試作品だからだ。あるいは感謝祭の日に、生意気な従弟《いとこ》を「ぎゃふん」と言わせるような、すばらしい試作品である。

だが、一気に高品質の試作品を目指すよりも、顧客に意見を求めて少しずつ改良を重ねるほうがずっと賢明である。リースはそのアプローチを、「構築―計測―学習」フィードバック・ループ（アイデアを製品にし、顧客の反応を計測し、方向転換《ピボット》するかどうかを判断する）と名づけた。

同じ理由から、事業計画についてもこだわらないほうがいい。事業モデルは、どうせすぐに役に立たなくなってしまう。リンクトイン（ビジネス特化型SNS）の共同創業者で、エンデバーの理事会メンバーを務めるリード・ホフマンも言う。「初めてつくった製品に赤面しないようなら、長く待ちすぎた証拠だ」

ザッポスとMTVの賢い「自腹」戦略

全財産を賭けないならば、もちろんたくさんの資金を使わずに済む。1999年、サンディエゴ・パドレスの団体チケットのセールスマンだったニック・スインマーンは、「オンラインショップで靴を買う顧客がいるのではないか」という仮説を立てた。その利点を充分に想像できたからだ。年間を通して無数の選択肢がある。しかも、靴のカタログ販売は、すでに当時で20億ドルの市場規模だった。その一方、欠点もある。たとえばわたしの場合、自分の足のかたちに合う靴を探すために、たくさんの靴を履いてみる必要があるからだ。

スインマーンは、マーケット調査や購買行動の分析に何年もかけなかった。倉庫を借りて、床から天井まで靴箱で埋め尽くすような真似もしなかった。そんなことをしていたら、すぐに借金がかさんで、人はマティーニと同じく靴もオンラインでは買わないものだ、と学んで終わりだったかもしれない。ところが、スインマーンは無駄な投資を省いて、まずは実験した。カリフォルニア州サニーベールのシューズショップをふらりと訪れ、靴の写真を撮ってサイトに載せても構わないかと訊ねたのだ。もしオンラインで靴が売れたら、ここに戻ってきて、店の売値で靴を購入しますよ、と。

どうみても、有効なビジネスモデルとは思えない。だが、こうも言える。スインマーンは、事業の実験をしたのではない。自分のアイデアが事業として成り立つかどうかを、確かめる実験をしたのだ。そして、実験は成功。「人がオンラインで靴を買う」ことがわかったからである。さらには、重要な顧客情報も手に入った。どんな顧客で、どんな靴を好み、購入までに何足、履き心地を試したいのか……。1999年6月、スインマーンはシューサイト・ドットコムを開設し、すぐにサイト名をザッポスと変えた。

リスクの高い事業に乗り出す際に、リスクの低い戦術を用いることがとりわけ有効なのは、大企業の従業員の場合だろう。なぜなら、失敗が出世を左右しかねないからだ。MTVのふたりの「スカンク」もその点を承知していた。

1990年代半ばにインターネットが広まりはじめると、MTVヨーロッパのふたりの中堅社員は、視聴者からメールで寄せられたリクエストを盛り込んだ生番組を制作できないかと考えた。だが、CEOの執務室に直接乗り込んでゴーサインを迫ったりはしなかった。ヘンリック・ウェルデリンとエリック・キアルリーのふたりは、密かにパイロット版をつくることにしたのである。ウェルデリンは、飲み友だちの技術者から器材を借りた。キアルリーは自腹でカメラを購入した。そして、社内の狭い空き部屋に仮スタジオをこしらえ、MTVの人気司会者をスコッチのボトル1本で仲間に引き入れることにも成功した。

それでもまだ充分ではなかった。技術的に問題がないか、実際に証明する必要があったからだ。それでは、自分たちのアイデアを証明するために貴重な放映時間を割り当ててくれるよう、ふたりはどうやって上司を説得したのだろう。いや、彼らは上司を説得しなかった。説得したのは調整室の技術者だった。深夜の録画番組の放送途中で、パイロット版のライブショーを差し挟んでくれないかと、技術者にかけあったのである。リスクは最小限のはずだ。問題が起きたときには、すぐに録画に切り替えれば済む話だから。

そしてパイロット版は成功し、録画に切り替わることもなかった。それどころか、ライブシ ョーは大好評だったのである。「CEOに話を持っていったときには」と、キアルリーは言う。「新しいアイデアがあります。技術的な問題もクリアしています。すでにオンエアでも成功しました、と伝えられたんですよ」

その後、ふたりのアイデアは「トップ・セレクション」というコーナーになって賞を受賞した。そのうえ、『トータル・リクエスト・ライブ』という、視聴者からのリクエストでミュージックビデオを流す大ヒット番組まで生み出した。1998年からの10年間、カーソン・デイリーと、次いでダミアン・フェイフィーが司会を務めたこの番組は、ブリトニー・スピアーズやクリスティーナ・アギレラ、ジャスティン・ティンバーレイクを一躍スターダムへと押し上げたのである。

時間をかけた準備があったからこそ

アイデアを少しずつ前へ進める方法は、「バタフライ」にとっても重要だ。高価な試作品をつくる資金がない場合や、子どもの面倒を見なければならないために、すぐに仕事をやめられない場合が多いからだ。

オハイオ州生まれのウォーレン・ブラウンは、ブラウン大学からジョージ・ワシントン大学に進んで、法学博士と公衆衛生の修士とを取得した。ところが、保健社会福祉省の弁護士として働いていたときに、自分の将来を疑問に思うようになる。子どもの頃からキッチンで手を動かすことが好きだったブラウンは、1999年に新年の誓いを立てて、ケーキ教室に通いはじめた。昼間は働き、夜は毎晩のようにケーキやお菓子を焼いて、出張先ではあちこちのケーキショップに立ち寄った。

ある週末、ニューヨークの親戚の家を訪ねたとき、ブラウンは素朴なチョコレートケーキを焼いて白い皿に載せ、飛行機に持ち込んだ。「空港でも機内でも、セキュリティや客室乗務員、乗客や旅行者に訊かれました。『これ、あなたが焼いたの？』『あなたのお誕生日なんですか？』『パティシエなのか？』って」。まるで、市場調査の事前テストみたいだったと、ブラウンは言う。そして、ケーキ＝愛だと学んだ。「その夜、おばのイベットを待ちながら、僕は自分の将来の姿を見てるんだと思いました」

世間に流布《るふ》する話によれば、ブラウンはきっぱりと仕事をやめ、家族や友だちからお金を借りて、ケーキショップをオープンさせたことになっている。ところが実際は、家族や友だちに本当のことを言い出せず、思いつめ、悩みつづけた。昼は忙しく働き、夜にはケーキを焼いて副業までこなした。そして、ニューヨークの親戚を訪ねた日から半年後、ついに自宅で倒れてしまう。息苦しく、からだを動かすこともできなかった。「どうしていいかわからず、疲れ果てて、半ば捨て鉢な気持ちでした」。ブラウンは、当時の心境をそう打ち明ける。「僕はケーキを焼きたかったんです。でも、どうすればいいのか、わかりませんでした。両親に何と切り出したものか。だって、僕をロースクールにまでやってくれたんですよ」。友だちのクルマで運ばれた病院で、ペースを落とすように言われた。

ブラウンは上司に相談し、3か月の無給の休職届けを出した。すぐには仕事をやめなかった。そして、そのあいだに事業計画を書いて（ああ、やっぱりか！）、開業資金をかき集めて店を開こうと考えた。レンタルキッチンを借りて15種類のケーキを焼き、75人の友だちを招待して味見をしてもらった。もちろん、両親も招待した。彼の母親はささやくような声で言った。「まあ、これが本当にお前のやりたいことなら……」。父親も祈った。どうか息子がまともな金を稼げますように。

3か月が過ぎたが、ブラウンは事業計画を1行も書かず、1セントの資金も集めていなかった。だが、友だちの誕生日パーティやウエディング、あちこちのレストランから注文が入るようになり、休職期間の延長を申し出る。やがて、ブラウンの噂を聞きつけた『ワシントン・ポスト』紙が記事を書いてくれた。ケーキショップのオープンについてではない。店を開くかどうかの決断についてである。こんなヘッドライン（見出し）が紙面を飾った。「ウォーレン・ブラウンは前途有望な弁護士の職を棒に振って、ケーキを焼くのか？」。『トゥデイ』にも出演した。『ピープル』誌は、30歳のこのハンサムなアフリカ系アメリカ人を、「アメリカで最も好ましい独身男性50人」に選んだ。

それでもまだ店はなかった！「店を開くまでの道のりは、長く険しいものでした」。ブラウンは打ち明ける。「事業を始めるのは簡単ではありません」。そしてまた1年が過ぎた。ついに小額の融資を受け、新年の誓いから数年が過ぎた2002年、ワシントンDCに「ケーキラブ」という店をオープンさせる。翌年にはカフェも始め、レシピ本を出し、新たに6店舗を加えた。食がテーマの専門TV局『フード・ネットワーク』で、番組の司会を務めるまでになった。だがブラウン自身も言うように、その後のあっと言う間の成功は、時間をかけた準備があったからこそだ。

「アントレプレナーの成功物語については、よく耳にしますね。でも、成功をつかむまでの困難について、あまり詳しく語られることはありません」。ブラウンは続ける。「多少は迷ったり、悩んだりする期間も必要ではないでしょうか」。その一方で、前へ進むときには、それまで築いたものをすべて投げ棄ててしまってはいけない。

わたしの経験から言うと、ほとんどのアントレプレナーは、最大限のリスクを負わない。それどころか、リスクを最小限に抑えようとする。彼らが焦点を合わせるのは、最大限の利益をあげることではない。損失を許容範囲内に抑えることなのだ。

賭け金の高いポーカーには参加しない。夢を追うときには、全財産を賭けない。1度に少しずつ賭けるのだ。

スマートなリスクテイク戦略②

友だちの意見でアイデアを試してはいけない

だが、少しずつ賭けるにしても、それが優れたアイデアかどうか、どうやって判断すればいいだろう。友だちや家族、ジョギング仲間、近所の仲よし、切れ者と評判の同僚など、信頼できる相手に相談するのがいいと思うかもしれない。だから、徐々に自信をつけて、売り込みの練習もして、スパンクスも穿いて（もちろん、男性用スパンクスもある！）、こう訊ねる。「なあ、僕のクレイジーなアイデアは本気でスゴい？　それとも、ただ単にクレイジーなだけ？」どんな答えが返ってこようとも、まともに受け取らないことだ。

古いことわざにもあるように、愛は盲目だ。そして、この段階のあなたに必要なのは、自分のアイデアを〝曇りのない目で〟はっきりと見ることである。

スパンクスのサラ・ブレイクリーは最初、友だちにも家族にも、自分のアイデアを打ち明けなかった。特許について相談を持ちかけた弁護士以外には、ルームメイトと恋人にしか相談しなかった。「両親は、娘が何か企んでるみたいだと気づいてはいましたが、具体的なことは何も知りませんでした」。その理由を、彼女はこう説明する。「計画の初期段階には、アイデアは脆いものです。だから、友だちに話したらきっと反対されると思ったからです」

家族や恋人、友人は、次のどちらかの反応を示すだろうが、どちらにしろ、あなたの役には立たない。彼らが用いる最初の反応方法は、口先だけの褒め言葉である。「まあっ、スゴい！

そんなすばらしいアイデアは聞いたこともないわ！　あなたって天才ね。億万長者、間違いなし！」。ウエディングドレスの最終試着に立ち会う、花嫁介添人のようなものだ。「最高だわ！」という以外にかける言葉があるだろうか。そんなふうに褒められれば、気分はそれこそ最高だが、アイデアのよし悪しを判断する役には立たない。

もうひとつの反応方法は、ネガティブな言葉だ。「ええっ！　今の恵まれた仕事をやめて、何をするつもりだって！」「きっと他の誰かがやるよ。それも、ずっとうまくやるに決まってるさ」。あるいは「それで、どうやって子どもを大学にやるつもりなの？」」。これは実際、ウォーレン・ブラウンの両親が息子にかけた言葉である。

どちらの場合にも、相手はたいてい感情で返事をする。そう、あなたの気分をよくするためか、さもなければ〝自分自身の〟気分をよくするためだ（少なくとも、リスクを負わない自分自身の態度を正当化するために）。いずれにしろ、あなたの役には立たない。

元記者と元法廷画家が「バナナ・リパブリック」で成功できた秘訣

ふたつの話を紹介しよう。どちらも「バタフライ」だが、結果は大きく分かれてしまった。

メルとパトリシアは、ストレスは大きく、それでいて賃金は低い仕事にうんざりしていた。メルは記者、パトリシアは法廷画家である。まだ若く、つきあいはじめたばかりのふたりは、お互いに何の相談もしないまま、まったく同じ日に仕事をやめてしまった。もっと自由に、世界中を旅してまわるような生活を送りたかったからである。ふたりは生活水準を下げた。事業を立ち上げる方法も独学で勉強した。

あるとき、メルは短期の取材旅行でオーストラリアに向かった。そして、シドニーの街角で安い服を探していたときに、イギリス統治下時代（1945～48年）のビルマ（現ミャンマー）製という、古いカーキ色のジャケットを見つけたのである。「分厚いけれど、柔らかいコットンの綾織りで、サファリジャケットに似ていた」。メルが当時を思い出す。「注文仕立ての、上等のジャケットだと思ったよ」。彼はそのジャケットに合わせて、ブッシュハットと呼ばれる、オリーブグリーンのつば広の帽子をかぶった。

2週間後、衣類に無頓着だった恋人を空港に迎えに行ったとき、パトリシアには、それがメルだとはすぐにはわからなかった。「彼の雰囲気が変わっていたんです」。パトリシアが言う。「この世の新しい雰囲気を身にまとったとでもいうのか、大胆で平然とした感じが備わっていたんです。地球の裏側で体験した冒険のせいなのか、それとも着ていたジャケットのせいなのか」

ジャケットの「完璧な色合い」と「いい具合に擦り切れた襟元と袖口」に惚れ込んだパトリシアは、それにスウェードの肘当てと革の縁取りをつけ、木製のボタンもつけた。メルは、毎日のようにそのジャケットを着て出かけ、行く先々で声をかけられた。「そのカッコいいジャケットを、どこで手に入れたんですか」

「そのジャケットが僕にメッセージを送ってくれたんだ」とメルは言う。「どんなメッセージか、すぐにわかったよ。ついに、僕たちが探していた事業が見つかったんだってね」。パトリシアも同じメッセージを読み取っていた。

ふたりは750ドルをはたいて、スペイン軍パラシュート部隊の放出品だという、中古の半袖シャツを仕入れた（イギリス統治下時代のビルマジャケットは、見つけるのが難しいうえに、古着でも値が張りすぎた）。メルとパトリシアは、当時を「計画もなしに、とにかく行動した時期」だと振り返る。「それが、僕たちの事業計画だった。仕事をやめた記者と法廷画家が、自力で成功するための完璧な事業計画だったんだ」

暑い夏の午後に蚤の市で古着を売ったあと、ふたりは手元に残った資金で、カタログをこしらえることにした。パトリシアがイラストを担当し、メルがお洒落でひねりの効いた文章を書いた（彼は自分を〝宣伝相〟と呼んだ）。できあがったばかりのカタログを、誇らしげに友だちに見せたところ、ひとりがページをめくってこう言った。「まさか、本気で売れると思ってるわけじゃないよね？」。もうひとりの友だちもつけ加えた。「これを、本当にダイレクトメールで送るつもりなの？」。パトリシアは激しく動揺した。そして友だちが帰ったあと、メルのほうを向いて、諦めたほうがいいのではないかと弱音を吐いた。「今さら引き返せないよ」。メルは答えた。

その後、ふたりのちょっと変わったアイデアは「バナナ・リパブリック」というブランド名で急成長を遂げ、今では世界中で600店舗以上を展開している。メルがオーストラリアで古着のジャケットを購入した5年後、ふたりはブランドをギャップに売却して、自由でボヘミアンな生活を送るという夢を追うことにした。ギャップがバナナ・リパブリックの買収に動いた理由は、イラストとコピーが魅力のエキセントリックなカタログが、世間で大変な人気を集めていたからである。あのとき、友だちの辛辣な言葉に素直に頷いていたら、夢が大きく羽ばたくこともなかったに違いない。

共同創業者のあいだで「方向性の違い」が起こるのはなぜ？

友人の厳しい意見に耳を傾けると、夢や冒険を台なしにしてしまいかねない。だがその反対に、褒めちぎる友だちも問題である。あなたの夢がジャムを売り出すことなら、友人の甘い言葉はなおさらあなたを惑わせるかもしれない。

アリソン・ローマンとイーヴァ・スコフィールドは、ブルックリンのお洒落な「モモフクミルクバー」で働いていた。日本のラーメン店で修行した、シェフ兼実業家のデイヴィッド・チャンが開いたデザート専門店である。ローマンたちはかねてから、「農場から食卓へ」「職人の手づくり」という食のムーブメントに参加したいと願っていた。そこへ、ブルックリンの有名なフリーマーケットに出店するチャンスを得て、ふたりは飛びついた。休み時間にせっせとレシピを試し、数百ドルを出しあって材料を買い集めた。

そして、ついにすばらしいレシピを考え出した。有機栽培の新鮮な果物を使った、珍しいフレーバーのジャムである。バニラとレモン。グレープフルーツとハイビスカス。ローマンには、とりわけ気に入った瓶があった。そして美しいが、1個1ドル85セントもするお洒落な瓶に、手づくりのジャムを詰めて売り出した。

最初は何もかもが順調だった。ジャムは美味しい。友だちも応援してくれる。そして、おおぜいが価格を上げるようにアドバイスした。すでに7ドルという価格にもかかわらず、あろうことか、ひと瓶9ドルに値上げしたらどうかと言い出したのである。「地元の果物を使った、手づくりのブルックリン産ジャム」は人気を集めた。誰もが褒めちぎった。こうして「メイデン・プリザーブズ」も、またたく間に成功をつかむアントレプレナーの仲間入りをするかと思われた。

ところが、現実はほろ苦いものだった。収支を合わせられなかったのだ。「友だちには『ふたりは本当にうまくやってるわ』と言われました」。ローマンは続ける。「だから、わたしはこう答えます。『それが全然なのよ』。周囲は、わたしたちが成功したものと思い込んでいます。でも事業とは、瓶にジャムを詰めて売れば終わり、というほど単純なものではありませんでした」

やがて、ローマンとスコフィールドは戦略について意見が対立するようになる。ローマンはニッチ市場を狙い、ベビーシャワーやブライダルシャワー用か、高級食料品店にジャムを売ろうと考えた（訳注：ベビーシャワーは出産前の妊婦を祝い、ブライダルシャワーは結婚間近の女性を祝うパーティ。どちらの場合にも、参加者が妊婦や女性にプレゼントを贈る）。一方のスコフィールドは、もっと安い瓶を使って、価格を抑えた製品ラインを充実させたかった。「ふたりの目指す方向が違うことが、明らかになりました」。やがて、ふたりは別々の道を歩むことになった。

多くのアントレプレナーが驚くかもしれないが、誰かにアイデアを相談するとき、あなたが最も信頼する相手は、たいてい最も信用できない相手なのだ。バブソン大学（アントレプレナー教育に特化した、マサチューセッツ州の私立大学）と、メキシコのＩＰＡＤＥビジネススクールの調査チームが、香港、ケニア、メキシコ、ナイジェリア、イギリス、アメリカの120名の創業者を対象に調査を行い、「これまでで最大の失敗は何か」と訊ねたところ、そのひとつとして「事業を立ち上げた頃に、家族や友人に製品を売ったこと」という回答があがった。

特にその回答が目立ったのが、アパレル、食品、金融サービス業だった（同じ間違いを犯したのは、バナナ・リパブリックやメイデン・プリザーブズだけではなかったのだ）。「親戚が自分たちの製品を購入してくれる本当の理由を、彼らはよく理解していませんね」。リサーチャーはそう分析する。「愛情や同情、あるいは義務感で買ってくれるのであって、本当に製品の質を認めて買ってくれるわけではありません」。そして、アントレプレナーはあとになって、家族の言葉を信じなければよかったと思う。代わりに「顧客に売って、その率直な声」に耳を傾ければよかったと後悔するのだ。

事業を立ち上げたばかりの頃に、家族や恋人の意見に頼りたい気持ちはよくわかる。彼らは近しい。宣伝せずとも買ってくれる。好みやセンスも似ている。だが、家族や恋人に頼ることの弊害は大きい。賢明なアントレプレナーは、できるだけ早く本当の顧客を見つけ出して、家族や恋人の意見を聞くという厄介なプロセスを省こうとする。

今度、まだ準備も不充分で、決意も固まっていない段階で、友だちに電話をしてクレイジーなアイデアを相談しようと思ったときには、この言葉を思い出してほしい。友だちの意見で、アイデアを試してはならない。

スマートなリスクテイク戦略③

クラウドに従う

というわけで〝何とか動く代物〟をつくり出したとして、その製品にどれほどの魅力があるのか、どうやって確かめればいいだろうか。それも、コスト効率のいい方法で確かめるには？　つまり、あなたのアイデアを危険にさらさず、これまでの貯えにも手をつけず、毎月の光熱費もちゃんと支払いながら、製品の魅力を確かめる方法である。

現代生活のいろいろな面において、インターネットはこれまで想像もつかなかった新たな道を切り拓いた。クレイジーなアイデアの持ち主は、計画に時間をかけずに、すぐに行動を起こす方法を手に入れた。全財産を賭ける必要も、友だちに意見を求める必要もない方法である。エジソンやリチャード・ブランソン、バナナ・リパブリックの時代にはもちろん、スパンクスの時代にもなかった、新たな方法が登場したのである。

群衆《クラウド》を活用するのである。

「キックスターター」、その始まりはジャズフェスティバルから

2002年、ニューオーリンズで暮らすエレクトロニック・ミュージシャンのペリー・チェンは、ウェイターとして働いて生活費を稼ぎながら、彼が言うところの、社会からドロップアウトした生活を送っていた。

あるとき、オーストラリアのふたりのＤＪを、地元のジャズフェスティバルに招こうとした。すると、ＤＪは1万5000ドルのギャラに加えて、ビジネスクラスの航空券を5人分要求してきた。ろくに稼ぎもないチェンには、とても払える額ではない。もし、誰もフェスティバルのチケットを買ってくれなければ、チェンがその経費を支払わなければならなくなる。だが、チェンはこのとき、「何か解決法があるはずだと直感的に思った」という。フェスティバルに足を運んでくれそうな客から、あらかじめチケットを買う約束を取りつけられたら、どうだろうか。

そのアイデアを実現するために7年もかかったとはいえ、2009年、チェンとふたりの共同創業者はついに、クラウドファンディングの「キックスターター」を立ち上げた。不特定多数の群衆《クラウド》から、オンラインを通じて資金を調達《ファンディング》する仕組みである。

使命に燃えるドルフィンのチェンは、キックスターターの目的は、創造力を発揮したい人を支援するエコシステムを築くことであって、経済的な利益を得ることではないと訴える（エコシステムとは、製品やサービスを取り巻く共通の収益環境を指す）。キックスターターでは、支援金を集めたいアーティストや開発者が、プロジェクトのプレゼン資料や動画をインターネット上に公開して、プレッジ（支援金の約束）を募る。目標額を設定して、目標期間内にその目標額を集める約束を取りつけられた場合にのみ、支援金を受け取れる。

キックスターターを創業して3週間後、ジョージア州アセンズに住む22歳のシンガーソングライターであるアリソン・ウェイスが、キックスターターを利用して、『アリソン・ウェイス・

ワズ・ライト・オールアロング』と題する初アルバムの制作資金を集めようとした。すると、わずか10時間で、目標額の約束を取りつけたのである。「そのときだったよ。ムーブメントが始まったと気づいたのは」。チェンはそう語った。

キックスターターは、4か月後に100件のプロジェクトに、1年後には合計1000件のプロジェクトに支援金を提供していた。2年目に入る頃には、毎月の支援金調達件数が1000件を超え、5年後には、すでに5万件のプロジェクトに対して、500万人の賛同者から総額8億5000万ドルもの支援金を集めていた。今日、このムーブメントに参加するクラウドファンディング・サイトは500を超え、市場規模は毎年倍加している。

クラウドファンディングは、特に立場の弱い「バタフライ」に影響を及ぼしてきた。映画監督はハリウッドのスタジオに頼る必要がなくなる。ミュージシャンはレコード会社と交渉せずとも、自主制作ができる。作家は出版社を飛ばして、自費出版に漕ぎ着けられる。コミックやビデオゲーム、芝居やミュージカルも例外ではない。

2013年に、キックスターターはメルヴィルの名作『白鯨《モビー・ディック》』を、〝絵文字〟だけを使って翻訳するプロジェクトに支援金を提供した（『エモジ・ディック』として出版された）。同じ年にキックスターターで制作費を調達した『イノセンテの描く未来』は、第85回アカデミー賞短編ドキュメンタリー映画賞に輝いた。

恩恵に浴しているのはバタフライだけではない。群衆の力を充分に活用するドルフィンも多い。さまざまな理想や信条を掲げた組織を支援するプラットフォームも、たくさん登場した。ロサンゼルスのミュージシャンが考え出した「ドゥ・グッド・バス」は、「利他的な冒険主義」を謳い、全米22都市をめぐるバスツアーを実施する非営利組織である。ツアー先の街で音楽を演奏して、社会から落ちこぼれる危険性のある若者を救うプログラムを推進している。このムーブメントには、680人の賛同者から10万1000ドルもの支援金が集まったという。

だからといって、クラウドファンディングを利用すれば、誰でも絶対確実に、簡単に支援金を手にできるわけではない。キックスターターで支援金の調達に成功した例は、全体の44%にすぎない。クリエーターは口コミを広げる方法を粘り強く模索するものだが、たいていのプロジェクトでは、まずは友だちや家族やファンに頼んで口コミを広めてもらうのが一般的だ。ある野心家のクリエーターも言った。「自分の群衆は、自分で連れてこないと」(ここで明確にしておこう。アイデアの段階では、友だちの意見を聞くことは勧めないが、事業を立ち上げたあとでは、口コミを広げてもらい、顧客を集めてもらうために、友だちを頼ってはいけない理由なんてひとつもない)

クラウドファンディングがもたらした4つの革命

クラウドファンディングはスタートアップを取り巻く環境を、次の4つの点で変えた。

第1に、資金調達の方法を変えた。それも、特にそれまで人目につかないところにいた人たちが、群衆から広く資金を調達する道を拓いた。

第2に、市場から貴重なフィードバックを得られるようになった。大切な時間やお金を、試作品の開発や営業活動に費やす代わりに、潜在的な顧客に資金提供を頼み、意見を訊ね、事前に注文してもらえるようになったのである。法律かケーキかで悩んでいたウォーレン・ブラウンが『トゥデイ』に出演し、『ピープル』誌の取材を受けたあと、キックスターターで支援金を募っていたら、どうだっただろうか。その後1年も悩んだりせずに、ケーキラブの開店資金をすぐに手にしていたかもしれない。

クラウドファンディングがスタートアップを取り巻く環境を大きく変えた第3の点は、大きな宣伝効果を期待できることだ（サラ・ブレイクリーやウォーレン・ブラウンのように、誰にでもTV出演の声がかかるわけではない）。クラウドファンディングに詳しいニューヨーク大学のアニンジャ・ゴーシェ教授は、注目を集めることは、資金を集めること以上に重要だと言う。「クラウドファンディングは情報を生み出し、口コミ効果を高め、プロジェクトへの注目度を高めます」

そして第4に、クラウドファンディングは、みすぼらしく見えるプロジェクトを魅力的なもののように見せてくれる。長いあいだ、自分たちを洗練されていて、いかにもプロっぽく見せようとしてきたスタートアップも、最近では、素朴で草の根っぽく見せたがっている。大企業でさえ、手づくり感を出そうとしている。社内でクラウドファンディング・プラットフォームを立ち上げたＩＢＭでは、スカンクが２０００ドルの資金を得ようとして、（上司にではなく）お互いにプロジェクトを売り込みあっている。

コカ・コーラでは、「スマイルバック」というビデオキャンペーンを展開した。コカ・コーラのキャンペーンスタッフが、世界各国をめぐって見知らぬ人に微笑みかけ、微笑み返してくれた相手にコーラをプレゼントするというＣＭである。笑顔の連鎖を引き出すこのキャンペーンを、コカ・コーラは「幸せのクラウドソーシング」と呼んだ。

ビールブランドのサミュエル・アダムズでは、ソーシャル・ネットワークのフォロワーと「協業して開発した初めてのビール」を、地域限定で売り出した。

また、こんな事例もある。クラウドソーシングサービスの「クワーキー」は、オンライン登録した会員が自由に投稿した開発アイデアを吸い上げて、製品化に結びつける「発明家のコミュニティ」である。2013年以降、GE（ゼネラルエレクトリック）がクワーキーと連携して、スマートホーム製品の開発を行ったことでも話題になった（訳注：クワーキーは、2015年に米連邦破産法11条の適用を申請した）。

顧客に製品デザインを手伝ってもらえば、アントレプレナーはリスクを軽減できる。顧客に製品デザインをアウトソーシングしている、エンデバーのアントレプレナーもいる。ヨルダンのアパレル会社「ジョー・ベドゥ」では、Tシャツやパーカーの先端的なデザインをクラウドソーシングしている。

ハイスクール時代の友だちであるマイケル・マクダーとタマール・アル＝マズリは20代のときに、お互いの得意分野であるアートとマーケティング知識とを活かして起業した。4200ドルの貯金を事業資金にまわして、アル＝マズリがデザインしたお洒落なTシャツを600枚こしらえた。そして、アル＝マズリの自宅に在庫を保管し、地元のストリートマーケット「スーク・ジャラ」で販売したのである。評判がよかったために従業員をひとり雇ったものの、すぐに売上げが落ちてしまった。

もっとも、ふたりには考えがあった。顧客にデザインをアウトソーシングしたらどうかと考え、フェイスブックのフォロワーにデザインの応募を呼びかけたのである。そして優れたデザインを買い取って、Tシャツやパーカーにプリントした。その結果、4万枚ものTシャツを売りきり、その実績をもとに1号店をオープンさせた。2年後には、アンマン市内のヴァージン・メガストアでも衣類とアクセサリーの販売を始めた。現在でも、デザインを募集するたびに、2000件を超える応募があるという。

今日、群衆のなかで目立つ方法とは、群衆の声に従うことなのだ。

スマートなリスクテイク戦略④

ストーキング技術を発揮する

これまで紹介してきた3つの方法は、アイデアを試し、不要なリスクを負わずに夢を叶えるための〝合法的な〟テクニックだった。だが、ここでもうひとつ、わたしがぜひとも伝えておきたいテクニックがある。アントレプレナーの〝暗黒《ダーク》の技術〟と言えるかもしれない。ビジネススクールで正式に教わるわけではないが、わたしの知るどんなアントレプレナーも、どこかの時点でこの方法を使っていた。

アルゼンチンの不動産王ことエドゥアルド・エルスタインが、わたしを「ラ・チカ・ロカ（イカれた女性）」と呼んだことは、すでに述べた通りだ。

エルスタインとの出会いから数年後のある日、わたしはハーバードビジネススクールの1年生を前にスピーチをすることになった。授業で、エンデバーをケーススタディとして取り上げてくれたのである。わたしを招いてくれたのは、第1章でも触れたビル・ソーマン教授である。「事業計画書などまやかしだ」と一蹴《いっしゅう》する、起業ファイナンスの第一人者だ。ソーマンはわたしを紹介するにあたって、わたしがいかに〝斬新な方法〟で支援者を口説き落としたかを披露した。その通り、わたしは逃げられない場所に相手を追いつめて、支援を訴えた。飛行機のトイレの外をうろついた。高級レストランで待ち伏せした。ジムのランニングマシンを走りつづけたこともある。

「リンダは立派なストーカーでした」。学生を前に、ソーマンはきっぱりと言った。

わたしは苦笑するほかなかった。そして、ソーマンの言葉を継いで言った。「でもわたしの見るところ、ストーキングという戦略をスタートアップは過小評価しています！」

エンデバーに信用を——わたしがとった「際どい」戦法

ソーマン自身、わたしの犠牲者だった。エンデバーを立ち上げて半年が過ぎた頃、わたしたちには信用が欠けていることに気づいた。その頃、エンデバーではふたりの友人を理事会メンバーに引き入れていた。ゲアリー・ミュラーとジェイソン・グリーンである。ミュラーは成功したアントレプレナーであり、一方のグリーンは前途有望なベンチャーキャピタリストである。それでも、どこへ行っても、支援者は誰かと訊ねられ、こう言われるのだ。「エンデバーという名前は、聞いたことがありませんね。確かに奇抜なアイデアですが、大物の支援を取りつけたときには教えてください」

そこで、わたしは行動に出た。世界的なベンチャーキャピタリストであり、未公開株研究の草分け的存在であるピーター・ブルックが、ハーバードビジネススクールのパネルディスカッションに参加するという情報を聞きつけたわたしは、彼を格好の標的と決めて襲いかかったのである。わたしもイベントに参加して、68歳のブルックがステージを降りてトイレに向かったのを確かめると、すかさずそのあとをつけ、トイレの前で待ち伏せしたのだ。

ブルックがトイレから出てくると、わたしは1歩前に踏み出した。「初めまして。リンダと言います。世界中のアントレプレナーを支援する組織を立ち上げました。数分のあいだ、オフィスにお邪魔をして、ぜひわたしのお話を聞いていただけないでしょうか」。ブルックはたじろがなかった。待ち伏せされて、話しかけられるのは初めてではないのだろう。

「他に誰が支援しているんですか？」。ブルックが訊ねる。

「ええっと、ビル・ソーマンです」。わたしはとっさに答えた。

「ほう？　ソーマンがついてるんですね。そういうことなら、わたしの名刺を渡しておきましょう。今度、ご連絡をください」

数分後、わたしはソーマンの部屋を訪れた。「信じられます？　ピーター・ブルックが、エンデバーの世界諮問《しもん》委員会の共同委員長を引き受けてくれそうなんです。それで、もうひとりの委員長にソーマン先生はどうかと、おっしゃっていました」

結局、ソーマンとブルックのどちらの共同委員長も、「エンデバーのいかなる役職も引き受けると正式に同意した覚えがない」ということに気づくのは、3年後に開催したエンデバーの第3回世界諮問委員会年次会議でのことである。

〝イカれた女〟は、本当にナイフを手に近づいてきたのである。もっとも、それはバターナイフであり、ソーマンもブルックも、まんまとわたしの戦略に乗せられ《バターアップ》てしまったというわけである。

アントレプレナーの世界には誤解がある。成功するためには、裕福な家に生まれなければならない。一流大学を出ていなければ無理だ。人脈がなければ始まらない。あるいは、以上の3つが揃っていなければならない、と。だが、実際はその逆だ。わたしが毎日のように出会うアントレプレナーの大半は、コネもなければ財産もない。彼らにあるのは、いい意味での図々しさだ。

だが、その図々しさをうまく発揮するのは難しい。次に、ストーキング術を磨く4つの方法を紹介しよう。

(1)競合をストーキングする――ウォルマート(サム・ウォルトン)の場合

あなたがある業界を破壊しようとするのなら、できるだけ多くの情報を知っておくべきだろう。たとえばあるクルーズ船運航会社を調査するのであれば、大手コンサルグループの若い従業員が旅行者の振りをして、競合のクルーズ船に乗り込み、あちこち写真を撮りまくるのだ。

ウォルマートを創業したサム・ウォルトンは、家族で出かけるたびに客を装って競合店に入り込んだ。クルマのなかで待たされる家族はいつも、こう洩らしたという。「パパ、もう嫌だよ。この店にも入るの？」

　ウォルトンが、いつものようにサンディエゴのプライスクラブに偵察に行ったときのことだ（訳注：プライスクラブとは、飛行機の格納庫を改造して１９７６年にオープンした、会員制の倉庫店）。ウォルトンが店内をこそこそ歩きまわりながら、小型テープレコーダーに品揃えや価格を吹き込んでいると、運悪く従業員に捕まってしまった。「証拠のテープを渡していただきたい。内容は消去する」と言われ、ウォルトンは同意したが、オーナーの息子であるロバート・プライス宛てに一筆書かせてほしいと頼んだ。「ロバート。君の店の従業員は実に優秀だね。これがテープだ。内容を知りたければ、もちろん君には聞く権利がある。だが、テープには他の店の情報も吹き込んであるから、何とか返してもらえないだろうか」。４日後、テープレコーダーはウォルトンの手元に戻ってきた。吹き込んだ内容もすべて残っていた。

　インターネットのおかげで、こうした探偵まがいの情報収集も、今ではずっと簡単になった。グーグルアラートを使えばライバル店の情報を効率よく収集でき、リンクトインでは個人情報もすぐに集められる。

　リンクトインのキャリアアドバイザーは、「初心者が犯す最大の間違いは、競合をストーキングしないことだ」と、『フォーブス』誌に語っている。「ゲーム開発のスタートアップであれば、エレクトロニック・アーツ社の動向を常にチェックしておくべきだ」。世界最大規模のゲームソフト会社を辞めた人材の情報をいち早く、手に入れるためである。「あなたのスタートアップで、その人間を雇いたいと思うかもしれない。何らかの醜聞を握って辞めた者もいるだろう。いずれにしろ、業界の重要なプレイヤーの動向を注視していなければ、競争上、不利に働くことは間違いない」

（2）顧客をストーキングする——ブラジルのサイバーセキュリティベンチャーの場合

業界の新規参入者である場合、時には〝型破りな方法〟で顧客を勧誘することも必要だろう。まあ、型破りな方法にもいろいろあるが……。

マルセロ・ロムシーとジョアオ・メンデスは、ブラジルに住む10代のハッカーだった。ふたりは大学で知りあうと、すぐにサイバーセキュリティ会社「プロテウス」を立ち上げた。わたしが出会ったとき、ふたりはすでにブラジル市場で大きな存在感を示し、海外進出も視野に入れていた。

ところが問題があった。ふたりは〝際どい方法〟で事業を築いてきたのである。たとえば、顧客にしたい銀行や金融機関に狙いを定めると、ファイアウォール（社内ネットワークを不法侵入から保護するシステム）を破っては、一時的に1万ドルを〝拝借〟した。そしてその1万ドルを手に、銀行の頭取室や金融機関のCEO室のドアをノックして、その金を拝借した経緯を説明し、自分たちのシステムを熱心に売り込んだのである。この戦略はうまくいった。プロテウスはすぐに、南米トップクラスのITシステム監査法人になったからである。

わたしはまず、アメリカではその戦略をやめるべきだと助言した。SEC（証券取引委員会）に目をつけられるのがオチだからだ！　代わりにヨルダンに飛んで、わたしが主催するイベントに参加してはどうかと誘った。ふたりが狙いを定めたのは、6000人の従業員を擁し、世界各地で事業を展開する、ヨルダンを代表する企業のCEOである。ロムシーが自社のセキュリティシステムを売り込むと、CEOは自信たっぷりに答えた。「我が社では、世界最高水準のITセキュリティを備えておるんでね」。彼は続けた。「君たちのシステムは必要ないんだよ」

ロムシーが、それでは貴社のコンピュータシステムに侵入して、プロテウスの必要性を証明してみせましょうと持ちかけた。

「ああ、やってみればいい」。CEOは答えた。「我が社のシステムに穴はないからね」

3日後、かのCEOの電話が鳴った。ロムシーからだった。「あなたのメールアドレスのパスワードがわかりましたよ。今ちょうど、あなた宛てのメッセージを読んでいるところです」。彼はすぐにロムシーと契約して、他の企業にもプロテウスを紹介したのだった。

(3)同僚をストーキングする——3M「ポスト・イット」の場合

あなたが大企業のスカンクで、起業家精神溢れるアイデアを社内で宣伝したいのなら、ストーキングはお勧めの方法だろう。それも、お偉方につきまとうのではなく、同僚につきまとうのである。あなたが新たなアイデアに取り組んでいることを、常に思い出してもらうのだ。そして、同僚があなたのアイデアに参加したくなったときのために、そっとドアを開けておく。

現代のオフィスの必需品は、そのようなアプローチから生まれた。

1968年、3M中央研究所の科学者であるスペンサー・シルバーは、よくくっつくが、紙の表面を傷つけずに簡単に剥がせるという、ちょっと変わった接着剤の開発に成功した。大きな可能性があると思えたものの、3Mにはその接着剤をどう製品化すればいいのかわからなかった。シルバーは、その日から〝不屈の男〟と呼ばれるようになる。決して諦めずに、あちこちの部署をまわっては自分の発明について熱く語り、プレゼンテーション資料にも、いつもその発明をそっと紛れ込ませておいたからである。5年の月日が流れても、彼の発明はいまだに製品化されないままだった。

3Mの別の科学者であるアート・フライも、毎日のようにシルバーからその話を聞かされていた。1974年のある日曜日のこと、教会の聖歌隊メンバーを務めるフライは、賛美歌集をめくっていたときに「あっ」とひらめいた！　いつも聖歌隊の練習をする水曜の夜に、フライは賛美歌集に目印のしおりをはさんでおく。ところが日曜の朝には、そのしおりが必ず落ちてしまっている。「そうだ。シルバーが開発した接着剤を使って、ページにくっついて剥がれず、たとえ剥がしても、もとのページが破れない〝糊つきしおり〟をつくればいいんじゃないか」。翌日、フライは早速、不屈の男に接着剤のサンプルを頼んだ。

それでも、製品化までには数年の月日を要した。フライの上司も最初は難色を示した。そんな製品は「単なる無駄」にしか思えなかったからである。ところが、この糊つきしおりを「トゥ・ドゥ・リスト」として活用する、社内の秘書や従業員がおおぜいいることに気づいた経営陣が、ついに動いたのである。今日、3Mは年間500億個の「ポスト・イット」を販売している。

(4)仕入れのゲートキーパーをストーキングする――エスティ ローダーの場合

ストーキングの物語には共通点がある。アントレプレナーはたいていアウトサイダーだ。裕福な家庭の出身でも、一流大学の出身でも、高級住宅街の出身でもない。女性アントレプレナーの多くが、ゲリラ戦術を取る理由もそこにある。彼女たちは、男性が集う名門クラブに属してはいない。葉巻の煙が漂う部屋でくつろいだり、ポーカーテーブルを囲んだりはしない。

サラ・ブレイクリーは、スパンクスを仕入れてもらうために、高級デパートのニーマン・マーカスのバイヤーに売り込みの電話をかけた。するとバイヤーの女性は、ブレイクリーがダラスまで飛んでくることを条件に、「5分だけ」時間を取ってくれた。会議室で会ったものの、ブレイクリーはすぐに、このままでは商談が失敗に終わってしまうと悟った。そこでバイヤーを婦人用トイレに連れて行って、〝真っ赤な勝負バックパック〟からサンプルを取り出すと、その場で穿いてもらい、確かめてもらったのである。3週間後、スパンクスはニーマン・マーカスの棚に並んでいた。「わたし、自分のパンツの裾をまくり上げて、誰かれ構わず通りかかった女性に、スパンクスを見せることで有名だったのよ」。ブレイクリーは笑った。

20世紀を代表する、ある女性アントレプレナーも、ブレイクリーと同じ手段で成功をつかんだ。ジョゼフィン・エスター・〝エステル〟・メンツァーは、典型的なアウトサイダーだった。彼女は、ニューヨーク市クイーンズのイタリア系住民が暮らす地区で、ハンガリー系ユダヤ人移民の家庭に生まれた。父が経営する質素な金物屋の上に住み、裕福で華やかな暮らしを夢見ていた。あるとき、美容室で出会った女性に、その素敵なブラウスをどこで買ったのかと訊ねると、その女性は冷ややかな声で答えたのである。「それを聞いたところで、どうするつもりなの？どうせ、あなたには買えないでしょ」

エステルは、逃げ出すようにしてその場を離れた。心臓は激しく脈打ち、屈辱で顔が赤く染まった。エステルは誓った。ほしいものは何でも手に入れてやるわ。「宝石も、すばらしい美術品も、豪華な家も、ほしいものは何もかもすべて」

エステルには皮膚科医のおじがいた。スキンクリームを開発したものの、売れ行きはさっぱりだった。そこで、エステルは新しいアプローチを試すことにした。ストーキングである。列車で、エレベータで、市場で見かけた女性や、救世軍の会合に向かう女性を片っ端から呼び止め、おじの「スーパーリッチ万能クリーム」を取り出すと、不意を突かれて戸惑う女性の顔のしわを指して、「このクリームを塗ると肌の輝きが増すわよ」と売り込んだ。びっくりした女性が「急いでますから」と言うと、エステルはその言葉を遮って食い下がった。「5分でいいんです。5分だけ時間をください」

エステルは、小売業者にもストーキングした。華やかな生活を夢見るエステルは、商品にも豪華で高級なイメージを打ち出した。自分の名前をエスティと改名して、結婚相手の名字を名乗り、「エスティ ローダー」のブランド名でクリームを売り出した。彼女はドラッグストアではなく、高級サロンやブティックにターゲットを絞った。そして、高級百貨店のサックス・フィフス・アベニューに狙いを定めると、化粧品バイヤーのロバート・フィスクに猛烈に働きかけた。だが、フィスクからは冷たい返事しか戻ってこなかった。効果もよくわからない無名ブランドを、うちのような高級百貨店で扱うわけにはいかない、という理由である。

そこで、ローダーは好機を待った。1948年、ウォルドルフ＝アストリアホテルで開かれたチャリティ午餐会の席で、ローダーは出席者にメタリックケース入りの口紅を配った。普段使いの口紅とは違い、メタリックケース入りの口紅は豪華な雰囲気を醸し出していた。この口紅はどこで買えるのかと訊ねられるたびに、ローダーはにっこりと微笑んで答えた。「通りの向かいのサックス・フィフス・アベニューよ」

フィスクによれば、「東50丁目からパークアベニューまで女性が列をつくり、次から次へとあの口紅を買っていった」という。ローダーが口紅を配った翌日、フィスクはエスティ ローダーに800ドル相当の化粧品を注文したのだった。

切り札を切るタイミングと、幾ばくかの勇気

本章で紹介した「全財産を賭けない」「友だちの意見を参考にしない」「クラウドに従う」「ストーキングする」という4つの方法からは、アントレプレナーとしてスタートを切るための、より広いテーマが浮かび上がってくる。つまり、「大変すぎて尻込みしたくなるようなプロセスも、何とか手をつけられそうなステップに分けられる」ということだ。アントレプレナーになるた

めに、すべてを賭ける必要はない。だが、スマートなリスクは負わなければならない。キーワードは、リスクを〝負う〟である。つまり、その勇気がなければ、この章で取り上げた戦略は何の役にも立たない。

数年前、ファッションデザイナーのトリー・バーチに招かれ、わたしは彼女の財団が主催するイベントに出席した。メンターと「バタフライ」とがお見合い形式で対面するイベントである。メンターは長いテーブルの一方に並んで座り、バタフライと対面する。10分ごとにベルが鳴り、そのベルを合図にバタフライは席をひとつずつずれていき、メンター全員と話をする。バタフライのなかには、ケータリング会社を経営する女性もいれば、フラワーアレンジメントのアーティストもいた。ある若いファッションデザイナーが、わたしの前に座ったときである。

「わたし、こんなイベントに招かれてとても光栄です！」。彼女はそう切り出した。「ありふれた言い方なんですけど、トリー・バーチはわたしのロールモデルなんです。すばらしい経歴の持ち主だし、それにデザインも……」

そのとき、わたしは部屋のなかを見まわした。そして、壁にもたれているトリーの姿を見つけた。わたしは、目の前の若いデザイナーに向かって言った。「それは、本人に伝えたほうがいいわ。彼女、あそこにいるわよ」

「まさか、そんなこと！」。若い女性は躊躇した。「わたしが直接、トリーのところに行って、ですか？」

「ええ、そうよ！」

「いいえ、無理です。そんなこと、絶対無理だわ」。そう言って、首を激しく横に振る。
「だって、彼女が招待してくれたんでしょ」。わたしは続ける。「トリーはアントレプレナーよ。彼女と直接、話したほうがいいわ」

このときベルが鳴り、女性はとなりの席に移った。だが、イベントも終わりに近づいた頃、先ほどの若いデザイナーがトリーと話しているところを、わたしは目撃した。彼女は名刺を、自分のロールモデルに堂々と手渡していたのである。

アントレプレナーは、すぐに昼間の仕事をやめたりせずに、スマートにリスクを負う術を知っている。だが、「ここぞ」というときには、切り札を切るタイミングも心得ているのだ。

第3章
Chaos Is Your Friend

チャンスは「カオス」のなかに
——逆境を乗り越えるための5つの戦術

ウォルト・ディズニーが絶望のなか生み出したあのキャラクター

ウォルト・ディズニーは有頂天だった。決意に燃えた、このどこまでも楽天的な26歳のアニメーション映画監督は、若く見られることを嫌い、少しでも大人びて見せるために口ヒゲを蓄え、パイプをくわえてニューヨークへとやって来た。新しい映画シリーズ『しあわせウサギのオズワルド』の大ヒットを祝うためである。彼は妻のリリアンを伴っていた。

ウォルトは夢にまで見た成功から、ついに大きな果実を手に入れようとしていた。だが、このときの彼には知るべくもなかったが、ウォルトはニューヨークで人生最大の危機に見舞われるのである。そして、その危機を乗り越えることで、アメリカの大衆文化に決定的な影響を及ぼし、後世のアントレプレナーにとって重要な教訓をもたらした。失敗にどう向きあうかは、成功にどう向きあうか以上に大切だ。恐怖を前にどう行動するかが、結局のところ、恐怖に打ち勝てるかどうかを左右する。恐怖に屈すれば、成長はない。だが打ち勝てれば、成長のチャンスが待っている。

ウォルト・ディズニーは典型的なアントレプレナーだった。大工の父は一切酒を口にせず、しつけにも厳しかった。4番目の息子が絵を描くことに興味を示すと、断固として反対した。「まさか、イラストを一生の仕事にするつもりじゃないだろうな」。だが、息子はその道を歩むことになる。第一次世界大戦のあいだ、衛生兵としてフランスで1年を過ごした。帰国後は、カンザスシティで新聞の漫画家の職を探したが、仕事の依頼はなかった。その後、広告会社で働きはじめ、生涯の友となるイラストレーターのアブ・アイワークスと知りあう。ふたりはすぐに会社を辞めて、アートスタジオを設立するものの、ほんの1か月で開店休業状態になってしまった。今度はアニメーションの仕事に転じて、自宅の裏庭にガレージを建ててアニメーション制作に打ち込んだが、その会社もわずか1年で倒産してしまう。

ウォルトは失敗をものともせずに「チャンスをうまく活かす」術を学んだ。そして、ロサンゼルスに移り住んだ兄のロイを追って、自分もハリウッドへ移った。このとき、ポケットには

40ドルしか入っていなかったという。ウォルトは、ニューヨークの映画配給業者であるマーガレット・ウィンクラーに提案書を送り、実写とアニメーションとを組み合わせた短編『アリスの不思議の国』の続編と、『しあわせウサギのオズワルト』を主人公にしたアニメーション映画の制作を持ちかけた。ウィンクラーから資金提供の約束を取りつけたが、この世界に疎いウォルトは、権利の管理権を相手に渡してしまったのである。ウォルトとロイ、アイワークスの3人は、制作を手伝ってくれるアニメーターを雇った。

こうして『しあわせウサギのオズワルト』は大ヒットし、ウォルトは妻のリリアンを伴ってニューヨークへ向かったのだった。ウィンクラーの新しい夫チャールズ・ミンツとの交渉に臨むためである。ウォルトは契約料のアップを要求するつもりだったが、ミンツはすでに露骨な嫌がらせを仕掛けていた。ウォルトの会社から、アニメーターを引き抜いたのである。ニューヨークで、ミンツはさらに制作費の切り詰めを迫り、オズワルドにまつわるすべての所有権を要求した。ウォルトはこのとき――カウチで眠る妹を見たウェンセス・カサレスのように――、どん底の瞬間を味わっていた。妻のリリアンは恐怖に駆られた。兄のロイは、相手の要求を呑むよう促した。だが、ウォルトはミンツの部屋に乗り込むと、新しい契約書を彼の前に突きつけて怒鳴り声を上げた。「これでいいだろ。あのちっぽけなウサギはお前にくれてやる！」

長い汽車の旅のあいだ、ウォルトは考え込んでいた。「帰りの汽車のなかで、夫は怒り狂うライオンのようでした」。リリアンはそう語っている。契約を失い、収入を失い、アニメーターを引き抜かれたうえに、キャラクターまで失ってしまったのだ。犬や猫、クマ、ウサギといった可愛らしい動物には、すでに人気のキャラクターが存在する。ウォルトは考えた。「まだキャラクターになっていない動物は、ネズミくらいのものだ」

ウォルトは汽車のなかでスケッチを始めた。そして、カンザスシティに着いたときには、赤いベルベットのパンツに白いボタンをふたつつけた、ネズミのキャラクターが誕生していた。ウォルトは「モーティマー」という名前をつけようとしたが、妻のリリアンが、「臆病者みたいな名前だわ」と言って反対した。ミッキーというアイルランド人の名前はどうだ。アウトサイダーの名前だとウォルトが言うと、「モーティマーよりはずっといいわ」と、リリアンは答えた（訳注：モーティマーは、13〜14世紀のイギリス人貴族ロジャー・モーティマーを指す。エドワード2世を廃位に追い込んで実権を握ったが、わずか3年ほどで処刑されてしまった）。

大衆文化の歴史に輝くすばらしいキャラクターは、こうして不安と絶望のなかから生まれた。ミッキーマウスは、混乱のなかで誕生したのである。ウォルトは、自分の性格をこう分析する。「ものごとがホイップクリームのようにスムーズに進むときよりも、困難に見舞われたときのほうが、私は本来の力を発揮する」

だからこそ、ウォルト・ディズニーは優れたアントレプレナーなのだ。

逆境を乗り越えるための5つの戦術「CHAOS《カオス》」

障害、挫折、後退。成功を夢見る者は誰でも困難に直面する。どんなリスクを負おうとも、いつかは……壁に……ぶつかる。自分からぶつからなくとも、何かしら外部の力が働いて、必ず壁に衝突するのだ。

そのとき、どう立ち向かうのか。それこそが、事業を始める際の第3の試練である。第1の試練は「恐怖を克服する」だった（第1章）。第2の試練は「スマートなリスクを負う」である（第2章）。そして第3の試練が、本章で紹介する「混乱《カオス》を乗り越える」だ。不安定な経済状況のなかで、わたしは「安定は現状の友」と学んだ。「混乱こそがアントレプレナーの友」なのだ。エンデバーが支援する200名のアントレプレナーに、彼らの長所を訊ねたところ、おおぜいが「ピンチをチャンスと捉える」点と答えた。

それでは、混乱にどう対処すればいいだろうか。混乱を恐れるのではなく、受け入れるのである。混乱をあなたの友とするのだ。

本章ではその5つの方法を、カオス――「C」「H」「A」「O」「S」――の5文字に従って紹介しよう。

戦術①「C」

逆境から逃げずに敵にシャンパン（Champagne）を

混乱は誰にでも訪れる。アントレプレナーにとって、乱気流はいつものことである。自然災害、革命、戦争など外部の力が、混乱を引き起こすことも多い。わたしの場合は、流産の危険を伴う妊娠だった。いずれにしろ、重要なのは、混乱から逃げ出すことではなく、そのなかへ飛び込むことだ。

まずは、わたしの体験を紹介しよう。わたしの場合も、混乱にまともに対処する以外に選択肢はなかった。南米で6年間活動を続けたあと、エンデバーは新たな大陸で新たな可能性を探ることにした。ちょうどその頃、ワーナー・ミュージックのCEOエドガー・ブロンフマン・Jr．がエンデバーの会長に就任して、「我々は単に魅力的《チャーミング》な存在であってはならない。重要な存在になるのだ」と誓った。エンデバーは、南アフリカ共和国への進出を決めた。理事を引き受けてくれそうな相手を探すために、わたしは何度も南アフリカの地に飛んだ。1年で9度往復した記憶がある。

そして、わたしは新たな命を授かった。双子だった。実家のキッチンテーブルで両親と交わした約束を果たすために、わたしはすでに夫を見つけていた。『ニューヨーク・タイムズ』紙のコラムニスト、ブルース・ファイラーであり、彼もまた大きな夢を持つ、充分に〝クレイジーな〟人間だ（若い頃はサーカスの道化師だった）。ところが双子を授かったことで、わたしたちの生活は突然、混乱のなかに投げ込まれてしまうのである。

南アフリカ共和国に進出するという、エンデバーの命運をかけた大切な時期に、わたしは3か月もベッドに寝たきりになり、双子の娘を産んだ。そして、両腕にひとつずつトロフィーを抱え込む格好で、両腕にひとりずつ娘を抱え込む〝ダブル・フットボール〟と呼ばれるテクニックを使って、ふたり同時に授乳する技も身につけた。あるとき、娘のひとりが授乳中にソフアーの肘かけから、床に転げ落ちてしまった。世界的なベストセラー『スポック博士の育児書』の一節を引用して、義理の妹は慰めてくれた。「2歳までに赤ん坊を落としていなければ、過保護すぎる母親だって言うわよ」

実際、わたしの生活は混乱の極みだった。

だがそのために、わたしはアントレプレナーとして変わらなければならなかった。産休を終えて職場に復帰したときには、組織を改革して、わたし個人にかかる責任を減らした。そしてわたしも、他のアントレプレナーと同じ失敗を犯した。上級管理職を増やし、国際戦略チームを設置して、理事会メンバーを増やしたのである。

自分たちが困難な状況にあると認め、創造力を発揮する必要に迫られて、エンデバーは成長した。その後の3年間で、アフリカと中東の5つの国にオフィスを開設したのである。わたしが1度も訪れないままに、開設に漕ぎ着けた国もあった。わたしは2度と〝双子のフットボール〟を転げ落とさなかった。

ドルフィンのアントレプレナーは、とりわけ試練や苦難を糧にする。有名なソーシャル・アントレプレナーのなかには、個人的な悲劇から革新的なプロジェクトを生み出した者も多い。彼らは世の議論の流れを変え、公共政策を転換させる原動力となり、おおぜいの命を救った。

非営利部門で活躍する3人のドルフィンの例をあげよう。

・1980年、カリフォルニア州フェアオークスに住む13歳のカリ・ライトナーは、静かな通りを歩いて教会のカーニバルに向かっていたときに、コントロールを失ったクルマにはねられて死亡した。その運転手には飲酒運転の逮捕歴がある（つい数日前にも、飲酒運転のひき逃げ事故を起こしたばかりだった）ことを知った母親のキャンディスは、娘の死を無駄にしないために、「飲酒運転根絶を目指す母親の会」（ＭＡＤＤ）を設立した。より厳しいアルコール規制を求める全米規模の組織である。

・映画『バック・トゥ・ザ・フューチャー』で有名な男優のマイケル・Ｊ・フォックスは、１９９０年のある朝、目が覚めると、左手の小指が震えていることに気づいた。それが、フォックスが初めてパーキンソン病の症状に気づいたときだった。彼はその後、８年間も症状を隠し通したが、この病気に注目が集まって一刻も早く治療法が発見されることを願い、自分の病気を世間に公表した。２０００年にはＴＶドラマシリーズ『スピン・シティ』の主役を途中で降板して、「マイケル・Ｊ・フォックス・パーキンソンリサーチ財団」を設立し、すでに４億ドルを超える寄付金を集めた。

・チェコ出身のスーパーモデル、ペトラ・ネムコバと、カメラマンで婚約者のサイモン・アトリーが、２００４年12月にタイの海辺で休暇を楽しんでいたときに、スマトラ島沖地震が発生した。ふたりが滞在していたリゾートも津波に呑み込まれ、ネムコバは骨盤と腕に大怪我を負った。アトリーは今なお行方不明だという。翌年、ネムコバが再びタイを訪れると、復興は進まず、子どもたちの学校も再建が遅れていた。彼女は「ハッピー・ハート基金」を立ち上げ、自然災害に見舞われた国々で、これまでに70校以上もの学校を建設してきた。

ドルフィンが試練や苦難に巻き込まれるとき、世間にはその問題に対する充分な解決策はまだない。そこで、他の誰かが同じような試練に巻き込まれないよう、あるいはその苦難をうまく乗り越えられるよう、彼らが先頭に立って組織を立ち上げるのだ。

カイロの交通渋滞解消を狙う「ベイオレック」は、エジプト革命にどう立ち向かったか

一方、営利目的のアントレプレナーは外部の混乱に対して、まったく違う行動を起こす。あなたはガゼルだとしよう。そして何もかもが順調と思われたときに、突然、自分には何の責任もない混乱に巻き込まれたとする。そのときにこそ、あなたの〝アントレプレナーＩＱ〟が試される。わたしの経験で言えば、足の遅いガゼルは守りに入り、足の速いガゼルは想像力を発揮する。

２０００万人が暮らし、１４００万台のクルマが行き交うエジプトのカイロは、すさまじい交通渋滞で世界的に有名な大都市である。渋滞に巻き込まれずに、街なかを移動することは不可能である。市民は混雑を避けて仕事のスケジュールを組み、結婚式を執り行い、散歩する。世界銀行が最近行った調査によれば、交通渋滞はカイロ経済に年間80億ドルもの損失をもたらしているという。アラブの春以降、初めて行われる自由選挙として注目を浴びた２０１２

年のエジプト大統領選では、立候補者のひとりが渋滞に巻き込まれ、討論会の開始が遅れた。CNNの記者はこうツイートした。「誰が（大統領に）立候補しようと、勝利を収めるのはいつも『#cairotraffic』だ」。〝カイロの交通渋滞〟に勝てる候補者は、ひとりもいないというわけだ。

その渋滞を、モバイルで解決しようと立ち上がったアントレプレナーがいた。２０１０年に5人のいとこどうしが、クラウドソースによるリアルタイムの交通情報を提供するアプリ「Bey2ollak（ベイオレック）」を開発したのである。

アラビア語で「今、こう言われている」という意味を指す「ベイオレック」は、誰かから聞いたことを、他の人に伝えるときの「現在、こんな状況らしいぞ」という表現である。この言葉から連想するのは、渋滞に巻き込まれて苛立った運転手がクルマの窓ガラスを下ろして、今、自分が聞いたばかりの交通情報を、他の運転手に大声で伝えている情景だ。ストレスのたまる状況にユーモアを吹き込むため、ベイオレックでは「スウィート（甘い＝道路が空《す》いている）」や「ノー・ホープ（見込みなし＝何が何でもこの道路を避けるべき）」といった、楽しい表現を使って、ユーザーが混雑状況を報告できる選択肢を揃えている。

当時、イスラエルでは、同じくクラウドソースの「ウェイズ」という地図アプリが人気だったが、ベイオレックの開発者はごく控えめな目標しか設定していなかった（訳注：ウェイズは２０１３年、グーグルに10億ドルで買収される）。「ウェイズほどの成功を、僕たちは考えてはいませんでした」。創業者のひとりが言う。「ベイオレックをつくったのは、僕たちもみな渋滞に捕まっていたからですよ」。だが、彼らのアプリもすぐに注目を集め、リリース初日に５０００本のダウンロード数を記録する。1週間後には、イギリスのボーダフォンから独占スポンサーの申し出があった。

そして、2011年1月にエジプト革命が起き、30年続いたムバーラク政権が崩壊する。不安定な状況は数週間から数か月、さらには数年も続いた。エジプト経済は混乱し、株価は急落し、投資機会は枯渇した。

さて、ベイオレックは諦め、撤退したのか？　とんでもない。5人は混乱をうまく利用して新たなニッチ市場を開拓し、混乱前には思いつかなかった選択肢をアプリに加えたのである。抗議行動に参加する市民に、緊急電話番号のリストを提供した。反政府デモや破壊行為が起きて危険な地域を、リアルタイムで表示した。ガソリン不足がパニックを引き起こすと、ガソリンスタンドの場所を示す機能もつけ加えた。エンデバーのメンバーになったベイオレックは、2013年には60万人以上のユーザーを抱え、ヨーロッパにもそのサービスを拡大した。

AT&Tの才女がハリケーン・カトリーナを前にひらめいたこと

社会的騒乱や政権崩壊を招くできごとは、素早く反応して機敏に行動する者にとって有利に働く。破壊こそが起業家精神の本質なのだから、社会が不安定になればなるほど、チャンスを見つけ出す——探しつづける——必要がある。この戦略が特に有効なのは「スカンク」だろう。突然の変化に見舞われたときには、動きの鈍い企業でさえ、普段と打って変わって素早く決断し、迅速に対応する場合が多い。

２００５年8月、ハリケーン・カトリーナがアメリカ南東部を襲った。ＡＴ＆Ｔベル研究所（現在はノキア傘下）の研究員であるマリアン・クロークは、遅々として進まない救助活動を暗澹《あんたん》たる思いで見守っていた。「衣類にしろ、お金にしろ、必要なものを一刻も早く、被災者に届けられる方法はないかと思いました」。クロークはそう話す。自分のキャリアをデータ通信の研究にかけてきた彼女は、ＡＴ＆Ｔ始まって以来、１００件の特許を取得した初めての女性でもある。

ＡＴ＆Ｔでは２００３年に、人気オーディション番組『アメリカン・アイドル』で、視聴者が携帯電話のメール機能を使って、自分が応援するファイナリストに投票できるシステムを開発していた。そのことを思い出したクロークは、同じシステムを使えば被災者にお金を寄付できるのではないか、とひらめいた。寄付額をユーザーの携帯電話の請求書につければ、ＡＴ＆Ｔは集めた金額を、赤十字社のような人道支援団体にすぐに寄付できるはずだ。

そのアイデアを8月末に思いついたクロークは、すでに9月には特許を申請していた。行動の早いスカンクの為せる業である！　２０１０年にマグニチュード7の地震がハイチを襲った際には、クロークの開発したシステムを活用して、あちこちの救援機関が３０００万ドルもの義援金を集めたのである。

これらの話には共通点がある。起業家精神のひらめきは、不安定な状況で生まれる。およそ２００年前に襲った激変のなかで起きた、私の好きな物語を紹介しよう。

シャンパン界の〝偉大なる女性《ラ・グランダム》〟が打って出た一世一代の大勝負

1813年、ナポレオン戦争下、ロシアはフランスを侵略した。シャンパンで有名なランスを占領すると、ロシア軍兵士はぶどう畑を破壊し、略奪の限りを尽くした。フランソワ・クリコの若き寡婦であるバーブ＝ニコル・ポンサルダン、通称ヴーヴ・クリコ（ヴーヴはフランス語で「寡婦」の意味）のぶどう畑も被害を免れなかった。

だが、ヴーヴ・クリコは噂通り、不屈の精神の持ち主であるとともに、目端が利く商売人でもあった。由緒ある家柄に生まれた彼女は、名門クリコ家の跡取りと結婚。だがわずか6年で夫に先立たれたために、27歳のヴーヴ・クリコは銀行や毛織物、シャンパンなどの家業を継がなければならなくなり、当時はまだ規模の小さかったシャンパン産業に革命をもたらすのである。たとえば、シャンパンボトルを特注の棚に逆さに寝かせて、毎日少しずつボトルを回転させた。そうすることで、余分な沈殿物を瓶口に集めて、凍らせてから澱《おり》を取り除いたのだ。この方法によって、ヴーヴ・クリコのシャンパンは甘すぎずに、シャープな味わいときめ細かな泡をつくることに成功した。とりわけ1811年のヴィンテージはすばらしく、これをもって真のモダン・シャンパンの誕生と呼ぶ者も多い。

ところが、ヴーヴ・クリコがシャンパンを完成させるとすぐに、ロシア軍兵士が貯蔵室《カーヴ》の前に押し寄せた。世知に長けたヴーヴ・クリコの競合相手は地下に潜った。シャンパンづくりを止めて、略奪者からぶどう畑を守ったのだ。最初、ヴーヴ・クリコも同じことを考えていた。「何もかもが悪い方向に進んでいます」。知り合いに宛てた手紙で、彼女はそう綴った。「このところ、カーヴの入り口を塞ぐことにかかりきりです。だからといって、略奪を免れるわけではないことはよくわかっています。略奪されれば、わたしは破滅でしょう」

そして、ヴーヴ・クリコは優れたアントレプレナーらしい行動に出た。ピボットを図って、マーケティングチャンスをつかんだのである。彼女はロシア軍兵士をとことん酔わせた。さんざんシャンパンを飲ませて、ロシアに帰ったあとで、ヴーヴ・クリコのシャンパンを飲みたくてたまらなくする作戦に出たのである。「今日、無料《ただ》で飲んでいれば、明日はお金を払ってでも飲みたくなるはずだわ！」。ただし、1811年のヴィンテージだけは巧妙に隠しておいた。

数か月後にフランス軍が到着して、ロシア軍からランスを奪い返したときにも同じ作戦に出て、ナポレオン軍の将校にシャンパンをふるまった。だが、馬上ではボトルとグラスの両方は持てない。そのために、将校は軍刀《サーベル》で瓶の首の部分を切り落として、直接ボトルから飲んだ。現在、披露宴のような華やかな席で、シャンパンサーブルという専用の刀を滑らせて、瓶口の先ごと切り飛ばして開ける〝サブラージュ〟と呼ばれる豪快な演出は、こうして生まれたのである。

ヴーヴ・クリコ最大の作戦は1814年に始まった。ナポレオン戦争（1803〜1815年）も終わりに近づいた頃、一世一代の勝負に出たのだ。海上封鎖をかいくぐって、数千本に及ぶ1811年のヴィンテージ・シャンパンをロシアへと輸出したのである。競合に先駆けて、ロシア市場へと進出するためだ。賭けは当たった。ロシアではすでに、ヴーヴ・クリコのシャンパンを渇望する声があったのだ。

そしてついに戦争が終わると、モスクワやサンクトペテルブルクの市民は彼女のシャンパンを我先に求めた。ロシア皇帝アレクサンドル1世は、ヴーヴ・クリコ以外は飲まないと宣言したほどである。こうして、彼女のシャンパンは最高級ブランドとして世界中にその名を轟かせるようになった。今日、シャンパン界の〝偉大なる女性《ラ・グランダム》〟は、多国籍企業を率いた初の女性経営者として称えられることが多い。

この物語には、ちょっとした後日談がある。かの偉大なる寡婦の功績を称えて、今日、ヴーヴ・クリコでは女性のビジネスリーダーに毎年、賞を授与している。実はわたしも2008年の受賞者に選ばれ、賞品として、わたしの名字をつけたランスのぶどう畑をいただいたのである。いつかあなたの手元に、ロッテンバーグという名のヴィンテージ・シャンパンが届く日が来るかもしれない！

混乱のなかで成功をつかむアントレプレナーは、恐怖や不安とうまくつきあう。周囲の煽動にも呑み込まれない。冷静さを保ち、破壊が生む好機を見極め、チャンスを活かす術を見つける。パニックを起こさず、戦略的な的確さで混乱に対応する。それどころか、混乱に乗じて競合を出し抜くのである。

今度、逆境に見舞われるか敵と遭遇したときには、慌てて逃げ出さないことだ。ヴーヴ・クリコのようにシャンパンを開けて、敵とグラスを傾けるのだ。

戦術②「H」
貪欲さに磨きをかけて、熊《ベア》をハグ（Hug）する

泡《バブル》が弾けるのは、何も戦争のときだけではない。アントレプレナーは、経済の混乱にも見舞われる。不況、景気後退、信用収縮、株式市場の崩壊……。あなたの側に何の落ち度もなくても、いきなり経費は増大し、売上げは落ち込み、寄付金は激減する。さてそのとき、どんな手を打つべきだろうか。

貪欲さに磨きをかけるのだ。

ウォーレン・バフェットは、みずからの投資哲学をこう語った。「みなが貪欲なときに恐怖心を抱き、みなが恐怖心を抱いているときに貪欲であれ」。アントレプレナーもこの考えから、多くを学べるはずだ。株式市場が暴落すると、つい後退して資産を守り、嵐が過ぎ去るのを待とうとする。１歩退いて資源を保護し、のちの成長に備えることも確かに重要だろうが、可能な限り、その誘惑とは戦ったほうがいい。

景気減速のときこそ、攻撃的に攻める好機である。アントレプレナーの歴史をひもといても、経済が沈滞して既存の事業家にとって最も厳しい時期こそ、アウトサイダーには有利に働いてきた。

起業家を支援するカウフマン財団の調査によれば、「フォーチュン５００」社のうち、景気後退か下げ相場の時期に創業した企業は半数以上にのぼるという。ＩＢＭやゼネラルモーター

ズ、マイクロソフトもそうだ。アメリカで最も有名なブランドの多くも、経済が不安定な時期に創業されている。ハイアット、レブロン、アイホップ（朝食に特化したレストランチェーン）にバーガーキング、『スポーツ・イラストレイテッド』誌、CNNやMTVも例外ではない。フェデックスの創業は、1973年の石油危機の頃である。ヒューレット・パッカードは大恐慌の時代に、プロクター・アンド・ギャンブル（P&G）は「1837年恐慌」と呼ばれた金融危機のさなかに誕生した。

同じ傾向は、2008年のリーマン・ショックの前後にも見られた。同じくカウフマン財団が、1996年以降に全米で創業した企業数を調査したところ、リーマン・ショック前に創業した企業数が毎月47万社だったのに対して、リーマン・ショック後の創業数は毎月56万5000社だった。リーマン・ショックを挟んで、2007年と2009年とではスタートアップの数が、月に15％も増えた計算になる。

不景気を「チャンス」と捉えるべきふたつの理由

経済の減速は、次のふたつの点で企業に利益をもたらす。

第1に、経済が不安定なときには優秀な人材を雇用しやすい。『ビジョナリー・カンパニー』シリーズ（日経BP社）の著者ジム・コリンズは言った。「高度成長の時期には、望ましい人材を確保するのが難しい。多くの場合に妥協を強いられるからだ」。ところが、景気減速の時期には優れた人材も職を失う。彼らは選択の幅を広げて、年収の減少もやむなしと考える。レイオフを免れた者も、自分の地位は決して安泰ではないと気づき、もっと自由で柔軟な機会も受け入れようとする。

そうした心境の変化は、もちろん「ドルフィン」に利益をもたらす。一見したところ、経済の沈滞は非営利組織には不利に働くと思うだろう。確かに、政府の助成金や慈善家からの寄付金は減少する。だが、優秀な人材は集めやすくなる。お金を稼ぐことが困難になると、人は「意味」を見出したくなるからだ。ジョンズ・ホプキンス大学が2001年から2010年までの雇用状況を追跡した結果、2度の景気後退を含むその10年間に、営利企業の雇用が年平均0・6%減だった一方、非営利組織の雇用は年平均2・1%増だった。

2009年以降になると、エンデバーでも上級管理職の応募が増えた。それも、デルやブルームバーグ（経済・金融ニュースを得意とする、総合情報サービス企業）といった一流企業で、20年の実績を積んだ経営幹部クラスである。

わたしたちはまた、大学やビジネススクールを卒業して、「社会に影響を与えたい」「意味のある仕事をしたい」と考える求職者も磁石のように引き寄せた。

エンデバーだけではない。「はじめに」で紹介した「ティーチ・フォー・アメリカ」の応募者数は1・3倍に、「アメリコー」（連邦政府が運営するボランティア促進プログラム）の応募者数は、何と3倍にも増えたのである。

非営利組織の事業者団体を率いるダイアナ・アヴィヴは、たったひとつの椅子に100人以上の応募者が殺到することも珍しくないと話す。「失業期間が長かったせいで、どんな職でも構わないという人もいます」。アヴィヴは続ける。「ところが、いったん職に就くと、彼らは公共サービスに非常にうまく対応して適応してきたのです」

第2に、経済が不安定な時期は、大きな賭けに出る絶好のチャンスでもある。

2009年に経済危機に見舞われたギリシャでは、次々に起業家が生まれ、2012年には4万1000社のスタートアップが創業した。そのうちの9割がレストラン、カフェ、アパレルなどのわずか数人規模の企業である。だが最大の利益を生んだのは、ごく少数の成長著しい企業だった。

2013年にエンデバー・ギリシャが行った調査によれば、急成長したこれらの企業――エネルギー、テクノロジー、食品加工会社など――は、3年連続で売上げが毎年40％も増加していたのである。しかも、彼らのほとんどは、やむを得ず起業したのではない。25歳から45歳までという若い世代の彼らは、学歴も高く、最低でも3年は民間企業で働いた経歴を持つ。実際、他に選択肢があったにもかかわらず、彼らはみずから選んでガゼルのアントレプレナーになったのだ。

ニコス・カカブレスとフェドラ・クルーソスがいい例である。ふたりは2006年にコロンビア大学ビジネススクールで知りあい、お互いにアテネ好きだったことから親しくなった。カカブレスは故郷のギリシャに戻り、『ヴォーグ』『グラマー』などの女性向けファッション誌や『メンズヘルス』の電子版を刊行する事業を立ち上げた。クルーソスも、ギリシャに戻ってコンサルタントとして働いた。

ところが、ギリシャ経済が負のスパイラルに陥ると、毎日のように報道されるネガティブなニュースに、ふたりはうんざりした。そこでカカブレスは、アテネで見つけた面白い情報を、毎日1本ずつ〝とっておきの秘密情報〟と題して、メール形式のニュースレターで友人に配信しはじめた。知る人ぞ知る人気のベーカリーからシークレットイベントまで、いろいろな地元情報を発信したのである。

カカブレスのメールは、オンラインで急速に広まった。最初は数十人の仲間うちだけのものだった「デイリー・シークレット」は、わずか3か月後には3万人以上に配信するまでになっていた。陽気な口調と美しいビジュアルとともに届く、とっておきの情報は、おおぜいの心を捉えた。

「世界中の都市は毎日、ポジティブなエネルギーを必要としているんだなと、僕たちはすぐに気づいたんです」。カカブレスはそう言う。やがてイスタンブールを皮切りに、「デイリー・シークレット」は毎月のように世界中の都市に進出した。2014年初めには世界30都市でサイトを開設して、ニュースレターを配信し、150万人もの購読者を抱えていたのである。

エンデバーが正式にアテネに進出した2012年に、わたしはカカブレスとクルーソスに会い、ふたりはその後すぐに、エンデバー・ギリシャのアントレプレナーになった。その年の9月に、わたしは経済ニュース番組『スクワーク・ボックス』に出演して、ヨーロッパで最初に進出する国としてギリシャを選んだと述べた。司会者のアンドルー・ロス・ソーキンは、釈然としない表情を浮かべていた。

「ヨーロッパに進出するのはわかるとして」。ソーキンは続けた。「でもいったい、なぜギリシャなんですか？」

「経済の元気がないときには、アントレプレナーが元気だからです！」。わたしは答えた。

クビになった「史上最悪の秘書」と『ハリー・ポッター』

断っておくが、わたしは非現実的な楽天主義者ではない。アントレプレナーの道が困難で、景気後退の際には、いっそう厳しい戦いを強いられることもよくわかっている。ほとんどの企業は生き残れない。

だが、過酷な環境でガゼルと働いた経験から、経済が下向きのときこそ、アントレプレナーがガッツを見せるときだとわたしは学んだのだ。それどころか、経済が不安定なときのほうが、アントレプレナーは力を発揮する。彼らは創業時にも厳しい目に遭っている。家族の支援は期待できない。銀行には融資を断わられる。業界の大物からは何の返事もない。となると、積極的に攻めるしかない。

それまで起業家精神とは無縁だった人でも、突然に職を失えば、リスクを負う気持ちになるだろう。そうした例はいくらでもある。1978年、ホームセンターを解雇されたバーニー・マーカス（49歳）とアーサー・ブランク（36歳）は、ホーム・デポを創業した。マイケル・ブルームバーグ（39歳）は、ソロモン・ブラザーズを契約解除されたときの小切手で、ブルームバーグを立ち上げた（訳注：のちにニューヨーク市長となり、2016年には大統領選への出馬が取り沙汰された）。期せずしてアントレプレナーになった最も有名な人物と言えば、ロンドンで26歳のとき、秘書の仕事をクビになった女性だろう。

1980年代末、ジョアン・ローリングはアムネスティ・インターナショナルで働いていた。人権侵害の調査をするはずが、彼女は職場のパソコンを使って密かに物語を書いていた。そして解雇される。次に、マンチェスター商工会議所で秘書の仕事に就いたものの、本人の言葉を借りれば「史上最悪の秘書」だったという。そこでも、物語のキャラクターをつくって過ごし、解雇されてしまう。

ほどなくして、マンチェスターからロンドンに向かう列車に乗っていたとき、ふとこんな考えが浮かんだ。列車に乗った少年が、退屈な大人の世界を抜け出して別の世界に紛れ込み、文字通りの意味でも比喩的な意味においても、不思議な力を使うことができたらどうだろうか。彼女の乗った列車がロンドンに着いたときには、ローリングはすでに、魔法使いの少年の冒険物語を数冊分、考え出していた。

彼女がバタフライとして羽ばたくまでの道のりは、決して平坦ではなかった。結婚して子どもを儲けたが、1年ちょっとで離婚。幼い娘とふたり、生活保護を受けて暮らしながら、魔法使いの子どもの物語を書き終えた。あちこちの出版社に原稿を送ったが、取りあってもらえなかった。あるとき、ブルームズベリー出版社の社長がその原稿を家に持ち帰って、8歳の娘に最初の1章を渡した。読んだ反応を確かめるためである。すると、娘はその物語をとても気に入り、すぐに続きが読みたいとねだったという。

こうしてローリングは前払金として1500ポンドを受け取り、ようやく『ハリー・ポッターと賢者の石』（静山社）の刊行に漕ぎ着けたのである。女性作家の本とわかれば、ターゲット層の少年に敬遠されるのではないかと考えた編集者は、彼女に中性的なペンネームを考えるように求めた。ミドルネームのないローリングは、祖母のキャスリンの名前をとって、J・K・ローリングとつけたのだった（「K」の音の持つ不思議な力を知る、元コメディアンでスパンクスの生みの親、サラ・ブレイクリーなら納得するはずだ）。

アントレプレナーのように行動するということは、ひとつには「厳しい状況を好転させる術を学ぶこと」である。もちろん、簡単とは言わない。簡単であるはずもない。だが、古い秩序《オールド・オーダー》をひっくり返すためには、ちょっとした混乱《ディスオーダー》が必要だ。混乱を受け入れよ。上げ相場《ブル》でないならば、下げ相場《ベア》を受け入れることだ。

戦術③「A」
誠実な態度で失敗を認める（Admit）

混乱の原因があなた自身にある場合も多い。あなたがその危機を招いた。戦略を間違えた。賭けに失敗した。うまく実行できなかった。やり方を間違えた……。簡単に言えば、あなたが台なしにしたのである。不都合なことは何も起きなかった振りをしたいとか、問題が勝手に消え失せるよう祈りたいとか願うのは、あなただけではない。おおぜいのアントレプレナーが忘れようとする。だが、それは間違いだ。解決法はひとつしかない。
自分の失敗を認めるのである。

9割が返品された「L・L・ビーン」は、いかにして信頼を回復したか

1911年のメーン州フリーポート。兄のアーヴィンの洋品店で働いていたレオン・レオンウッド・ビーンは、長年の問題を解決したかった。狩りに出かけて森のなかを何時間も歩きまわるたびに、靴のつま先が雨で濡れてしまうことである。そこで、作業用のゴム靴にレザートップを縫いつけるというアイデアを思いつき、地元のメーカーに1足こしらえてもらった。これだ！　このブーツが、たくさんのお金を運んできてくれるに違いない。そう確信したビーンは、すぐに100足をこしらえて通信販売に乗り出した。そして、州外で狩猟ライセンスを持つメンバーの住所を手に入れると、パンフレットを送付して、自分のハンティング経験をもとにこう宣伝したのである。

「シカやヘラジカを仕留められるのも、つま先をちゃんと保護していればこそ――今回、ご紹介する我が社の『メーン・ハンティング・シュー』は、メーンの森を18年間歩きまわってきたハンターのわたしがデザインした商品です。すべての点で、100％の満足をお届けすることを保証いたします」

このマーケティング戦略は当たった。100足すべてが売れたのである。ところが、そのうちの90足がすぐに返品されてきた。ステッチがほどけて、ゴム靴部分とレザートップとが剥が

れてしまったのだ。ビーンは約束を守った。全額を返金したのだ。それだけではない。借金までして、ゴム底とレザートップとが剥がれないよう、USラバー・カンパニーに改良を加えてもらったのである。そして返品してきた顧客全員に、新しいブーツを無料で送付した。その誠実な態度と質の高いサービスとが評判を呼び、ビーンのもとにはたくさんの注文が舞い込むようになった。こうしてメーン州に、小売業の優良企業「L・L・ビーン」が誕生したのである。

ビーンの致命的とも言える失敗は、彼のビジネス哲学の根幹を築いた。新製品を販売するたびに、ビーンは午後に会社を抜け出してはキャンプや狩猟、魚釣りに出かけ、フィールドテストを行った。バナナ・リパブリックの創業者と同じように、広告コピーを自分で書き、顧客の手紙にみずから返事を書いた。こう評した者もいる。「ビーンはまるで親戚のひとりみたいだ。ときどき小包を送ってくれる、ちょっとエキセントリックだけど、愛想のいいメーン州の叔父さんみたいなんだ」。それは決して言いすぎではない。購入した商品が気に入らなかった顧客は、商品を交換するか、返品のうえ全額返金してもらうかを選べる。郵送料を支払う必要もない。「100%満足保証」を謳っているからだ。

それから100年後、同様の教訓を学んだアパレル会社があった。だが、彼らはブーツを1足修理するだけでは済まなかった。

2007年に創業したオンラインのアパレルショップ「ボノボス」は、2011年に大失態を演じて、破綻の危機に瀕した。それが起きたのはサイバー・マンデーのことである。感謝祭（11月第4木曜日）の翌月曜日に当たるこの日は、アメリカでオンラインショップの売上げが急増するために、「サイバー・マンデー」と呼ばれる。そして、ボノボスもこの日に最大6割引のバーゲンを行った。データの流通量が劇的に増えることを見越して、アンディ・ダンCEOは、新たにテクノロジー部門の責任者を雇い、数週間も前から注文の急増に備えた。にもかかわらず、彼らの予想をはるかに上まわる注文が殺到して対応しきれず、ついにサーバーがダウンしてしまった。

ダンはその問題に真正面から取り組み、しばらくサイトを閉鎖すると発表した。さらに重要なことに、自分の落ち度を率直に認めた。美しいデザインのサイトには、くるぶしまでズボンを下ろした男性の画像と、「まずいところを見つかった」というエラーメッセージを載せたのである。それはちょうど、ツイッターの〝フェイル・ホエール（役に立たないクジラ）〟を思い出させた（訳注：ツイッターはキャパオーバーになるたびに、小さな鳥に紐で吊り下げられて、海の上を運ばれていくクジラのイラストをエラー画面に表示して、サービス停止を知らせた）。ダンはのちに、『インク』誌にこう語っている。「『僕たちはへまをしました』って伝えたんだ」。ボノボスはまた、「#SaveBonobos（ボノボスを救え）」で自虐的なコメントを連発した。実名Q&Aサイトの「クオーラ」でも、ボノボスのデザインチームが顧客の質問に答えた。

ボノボスのサイトは、その後2日間も閉鎖されたままだった。そしてようやく閲覧可能になったときには、バーゲンの機会を逃した顧客に対しても、引き続き割引価格で買い物をできるようにした。ボノボスにとっては、まさに最悪の1か月だった。

「自業自得だったよ」。ダンは言う。「ああ、もう駄目かと思ったね。だけど、あの件でみながひとつにまとまったんだ。土曜日に集まったときに誰もがエネルギーに溢れていて、『僕たちは大丈夫だ』って思えたんだよ」

顧客も同じ意見だった。ソーシャルメディアでは、ボノボスの誠実な対応を称賛する声が高まった。フェイスブックにこう書き込んだユーザーもいる。「ボノボスはこれまでもずっと、僕のベスト・カスタマーサービス・リストのトップだったし、今回も見事に苦境を乗り切ったね。これからも、すばらしいサービスとすばらしいコミュニケーションを期待してます！　生涯の顧客より」

80万人のユーザーが激怒！　ネットフリックスのV字回復に学ぶ謝罪の鉄則

事業戦略の転換を迫られた劇的な例といえば、ネットフリックスを襲ったできごとだろう。DVDの郵送レンタルサービスから始まったネットフリックスは、その後、DVDレンタルの定額会員を対象に、TV番組や映画のストリーミング配信を無料で開始した。CEOのリード・ヘイスティングズは2010年に『フォーチュン』誌の「ビジネスパーソン・オブ・ザ・イヤー」にも選ばれている。そのネットフリックスが、1度ならず2度までも、顧客に謝罪する事態に追い込まれたのである。

2011年7月、ヘイスティングズは、DVDレンタルと映像ストリーミング配信とを別々の事業に分離し、ストリーミングサービス料金を毎月8ドル程度に設定すると発表した。これに対し、80万人のユーザーから激しい怒りの声が上がった。ヘイスティングズは、すぐにブログで謝罪を表明。「私が勘違いしていました」。ヘイスティングズは書いている。「事業を分離するという発表によって、多くの会員の方が、我が社には敬意と謙虚さとが欠けていると感じていらっしゃることが、皆様からのご意見でわかりました」。こうもつけ加えた。「今思えば、過去の成功で傲慢になっていたのかもしれません」。さらにビデオでも謝罪した。だが、事業分離の戦略は撤回しなかったために、株価は下がりつづけた。

メディアも集中砲火を浴びせた。コメディ・バラエティ番組の『サタデー・ナイト・ライブ』は、ヘイスティングズと彼のアロハシャツまでからかった。3週間後、ヘイスティングズはブログでこう発表する。ネットフリックスは先日の戦略を撤回する、と。「ウェブサイトをふたつに分けると、会員の皆様には不都合であることがよくわかりました。そのため、ネットフリックスではこれまで通り、DVDレンタルとストリーミングサービスとを切り離さない事業も提供して参ります」。だが、株価の下落は止まらない。一時は293ドルだった株価は、わずか53ドルにまで暴落してしまうのである。

そしてヘイスティングズは口をつぐみ、仕事に戻った。事業の再構築に取り組んだのだ。1億ドルをかけてTVドラマシリーズ『ハウス・オブ・カード――野望の階段』を制作して、服装まで変えた（ビーチウェア風ファッションをやめて、ビジネスマンらしい服装にした）。こうした転換が功を奏した。ストリーミング配信の契約者数を、新たに数百万人増やしたのである。『ハウス・オブ・カード――野望の階段』は爆発的なヒットを記録する。2013年に「S&P500」は、ネットフリックスを年間株価上昇率298%の優良株に選んだ。2014年初めには、株価は４００ドル近くにまで上昇する。

この失敗と回復から、ヘイスティングズは何を学んだのか。「事業の目的が消費者を幸せにすることならば、もちろん事業とはそういうものでありますが、私は大きな間違いを犯したのです」。ヘイスティングズは、コラムニストのジェイムズ・スチュワートにそう語った。「何よりもつらかったのは、私自身の罪悪感でした。私はネットフリックスを愛しています。会社のために身を粉《こ》にして働いてきたというのに、私が台なしにしてしまったのです。おおぜいの前で謝罪したことは、まったく気になりません。つらかったのは、自分が大きな間違いを犯してしまったという、私自身の罪の意識でした」

ヘイスティングズは、謝ったからといってすぐに事態が好転するとは考えていなかった。「ＣＥＯの謝罪を顧客が受け入れてくれると思うほど、私は考えが甘いわけではありません。けれどもあのときには、謝罪することが誠実で適切な行為に思えたのです」。彼はその後、「会員の皆様に喜んでいただき、契約数を伸ばすこと」に注力している。

誠実で意味のある謝罪でなければ、事態は好転しない。企業文化が専門のコンサル会社ＬＲＮを創業したドブ・サイドマンは、ほとんどのＣＥＯの「私の不徳の致すところ」という文句は、単なる〝謝罪劇場〟にすぎないと一蹴する。２０１４年に、サイドマンと、『ニューヨーク・タイムズ』紙の金融コラムニスト、アンドルー・ロス・ソーキンは、「謝罪ウォッチ」というサイトを立ち上げて、世にはびこる口先だけの謝罪を断罪した。そして、ＣＥＯが行った心からの謝罪であり、その後の行動も真摯だとしてサイドマンが例にあげたのが、ヘイスティングズの謝罪だった。

アントレプレナーは、自分ではコントロールできない挫折や失敗に直面する。だが、その原因が自分にあるときには、誠実に率直に悔いるべきである。そして仕事に戻るのだ。

戦術④「O」
ルーツに戻って失ったものを取り戻す(Once upon a time)

困難を乗り切る最も手っ取り早い方法とは、企業の基本方針を投げ棄てて、生き延びるために必要な手段であれば何であれ、それを講じることだ、と考える者もいる。その考えもわからないわけではないが、それは大きな間違いである。

混乱のなかを巧みに泳ぎ渡るアントレプレナーは、前だけを見ているわけではない。後ろも振り返る。チャンスをつかむだけでなく、過ちも認めて前へ進む。混乱のさなかにあるときには、みずからのコアバリューに立ち戻る。企業のルーツとなる物語へと戻っていくのだ。優れた経営史家のアルフレッド・チャンドラー・Jr．も述べている。「どこから来たのかわからずして、どこへ行くのかわかるはずがない」

スターバックスCEOシュルツが打った前代未聞の一手

その戦略を実行した絶好の例は、ハワード・シュルツだろう。

シュルツはすでにスターバックスの会長に退いていたが、2008年1月、緊急の取締役会を招集した。株価が50％近く下落したのを受けて、みずから指名したCEOを解任。そしてCEOに復帰すると、「現在の経営陣は顧客の体験を台なしにした」と非難した。店は、客で混みあうカウンターにぬいぐるみを飾り、挽いて時間の経った豆で香りのないコーヒーを淹れている。オートマチック式のコーヒーマシンは、バリスタの仕事から「ロマンスとドラマ」を奪ってしまった。

「『未来に向かう』だけでは充分ではない」。シュルツは述べた。「我々には過去も必要だ。スターバックスの魂を見つけ出し、取り戻さなければならない」

もちろん、これだけではただの言葉にすぎない。だが、シュルツは前代未聞の行動に出たのである。まずは2008年2月のある火曜日に、午後の3時間半、全米7100店舗を一斉に閉めて、バリスタの「エスプレッソ技術」を磨く研修を断行した。ウォール・ストリートは激怒する。さらにアナリストを驚かせたのは、ハリケーン・カトリーナで壊滅的な被害を受けたニューオーリンズで、3000万ドルをつぎ込み、全米1万人の店長を集めてリーダー会議を開いたことだった。「スターバックスがどれほど深刻な危機に瀕して、どれほど絶望的な状況にあるのか、すべてを明らかにして」、危機感を共有してもらいたかったのだ。さらには、「従業員の健康保険料の負担を減らして、質も落とせば何億ドルも節約できる」という、大口投資家の圧力にも屈しなかった。

シュルツがCEOに復帰して数か月のあいだ史上最低だった株価は、その後の5年間でほぼ

10倍に上昇した。その理由を聞かれたシュルツは、原点に立ち戻ったからだと答えた。「スターバックスのブランド価値は、確かにコーヒーの質によって決まります。ですが、さらに重要なのは、バリスタと顧客との関係によって決まるということなのです」

バーバリーに150年前の「輝き」を

困難に見舞われたときにルーツに戻ろうとするアントレプレナーは、企業の創業者だけではない。同じ戦略を取ったアンジェラ・アーレンツは、トレンチコートをまとった「スカンク」である。インディアナ州のニューパレスタインという、人口わずか2053人の小さな町に生まれたアーレンツが、2006年に、イギリスを代表するファッションブランド「バーバリー」のCEOに抜擢されると、世間は驚いた。6人きょうだいのひとりとして質素な家に生まれ、コートを掛ける階段下のクローゼットのなかで眠り、自分の着る服を自分で縫うような環境で育ったからだ。ロンドンのマスコミは、アメリカ中西部出身の彼女のスタイルと、華やかとは言いがたい出自とを揶揄した。

だが身長が190センチもあり、ダナ・キャランやヘンリ・ベンデル（ニューヨーク5番街の女性向け高級デパート）で働いた経験もあるアーレンツは、優れたビジネスセンスの持ち主だった。さらに彼女は、伝統を守る、力強くて一貫したブランドを愛した。ところが、当時のバーバリーはそうではなかった。150年の歴史を誇るこのブランドは足元がぐらつき、高級ブランドが急成長する時代にあって、売れ行き不振に喘いでいたのだ。世界23か国の企業とライセンス契約を結び、各国のライセンス先が、犬のリードからキルトスカートまで、それぞれ独自の商品を展開していた。「高級ブランドの世界で、あちこちの店舗で商品を買えるということは致命的です」。アーレンツは続ける。「それは、すでに高級ブランドではないという意味ですから」

転機が訪れたのは、アーレンツがCEOになって初めて開いた戦略企画会議の席だった。海外の現地法人やライセンス契約先の経営陣60名が、世界中からロンドンに集まった。その日は、これぞイギリス、といった天候――肌寒く、どんよりと曇り、今にも雨が降りそうだった。ところが、60名のうちバーバリーのコートを着ていた者は、誰ひとりとしていなかった。アーレンツは、絶望的な気持ちになったという。「割引価格で買えるというのに、世界中の我が社の経営陣が誰もバーバリーの製品を買わないのなら、顧客が正規の値段で買ってくれるはずがありません」

アーレンツは、ダナ・キャラン時代の同僚である若手デザイナーのクリストファー・ベイリーを引き抜き、すべてのデザインを彼に管理させて、バーバリーを元の高級路線に戻そうとした。当然、衝突や軋轢《あつれき》も起きた。アーレンツはベイリーを〝ブランドの皇帝〟と呼び、デザインはすべて彼のオフィスを通し、ひとつの例外も認めないと明言する。香港のデザインチームを解雇して、世界中のデザイナーをロンドンに呼び集めると、ベイリーのもとで再教育した。ウェールズの工場を閉鎖すると発表して、イギリス議会で証言を求められたこともある。だが、彼女は決意を翻さなかった――バーバリーは、レインコートという伝統に戻らなければならない。

1856年、服地商の徒弟を経て衣料店を開業した若きトーマス・バーバリーは、耐久性と防水性に優れたギャバジンという布地を発明し、レインコートをこしらえた。第1次世界大戦中にはイギリス軍から注文を受け、兵士が塹壕のなかで着る丈夫なコートを製造した。戦争が終結すると、バーバリーのトレンチコートはイギリス文化の代名詞となり、王室御用達ブランドにも選ばれる。アーネスト・シャクルトンは、バーバリーのコートを着て南極探検に向かった。ジョージ・マロリーは、バーバリーのジャケットを着て世界初のエベレスト登頂に挑戦した。ハンフリー・ボガートやグレタ・ガルボなどのきらびやかなハリウッドスターも、バーバリー姿でスチール写真に収まっている。

アーレンツは、バーバリーに当時の輝きを取り戻そうとした。「従業員には常にこう伝えました。わたしたちがこの会社を創業したんじゃない。21歳のトーマス・バーバリーがつくったんだ、と。彼は若さに溢れていました。革新的でした。その精神は今も生きています。我々の仕事は彼の伝統を受け継いで、守りつづけていくことなのです」

型にはまらないスカンクのアーレンツとデザイナーのベイリーは、定番のベージュやチェック柄には満足しなかった。メタリックパープルのような斬新な色使いを試し、ワニ皮の肩章《けんしょう》も加えた。ベイリーがデザインを一手に管理し、アーレンツが事業拡大を推し進めた。そして6年間で、コート類を中心にした直営店を132店舗もオープンさせたのである。バーバリーの熟練した職人技を販売スタッフに再認識させ、1982年以降に生まれた「ミレニアル世代」をマーケティングの中心に据えた。

インターブランド社（世界最大のブランディング会社）の指標で、バーバリーは2011年に「最も成長率の高い高級ブランド」に選ばれた。また、アップル、グーグル、アマゾンに次いで「最も成長率の高いブランド」の4位にもランクインした。その翌年、売上げは30億ドルに達し、5年前の2倍を記録する。

２０１３年、アーレンツはバーバリーを退社して、アップルの小売・オンラインストア担当上級副社長に就任した。今度は、アップルのスカンクである。トレンチコート戦争でまずは1勝というわけだ！

混乱のなかをさまようアントレプレナーには、次の重要な教訓を送りたい。森のなかで迷子になったと思ったら、「ルーツ」に戻ることだ。

戦術⑤「S」
変化（Shift）は起きるものとして行動する

双子の娘が生まれた翌年、わたしはサンパウロに出張した。そして、世界的な投資会社の3Gキャピタルを経営する、ホルヘ・パウロ・レマンとベト・シクピラに会いに行った。ふたりはアンハイザー＝ブッシュ（バドワイザーの親会社）やバーガーキング、ハインツを買収した実績を持ち、エンデバー・ブラジルの創設理事でもある。エンデバーは当時、ブラジルでさまざまな混乱に巻き込まれていた。そのときのわたしはそうした混乱のさなかにあり、その恐ろしさと苛立ちをふたりに打ち明けた。自分はどんな間違いを犯しているのか？　ものごとを、もっとスムーズに運ぶ方法はないのか？

するとと戦術に長け、より好戦的なシクピラが、ぶっきらぼうな口調でこう励ましてくれた。「君は先駆者なんだ。だから、大変で当然だよ。もしもっと簡単だったら、とっくに他の誰かが君のアイデアを実現してたはずだ」。そして、わたしの肩を叩くと部屋を出ていった。

その後、レマンがかけてくれた言葉は、今でもわたしの頭から離れない。ハーバード大学を卒業し、テニス選手としてウィンブルドンにも出場した経験のあるレマンは、穏やかな態度の裏に鋼《はがね》の意志を隠している。

「我々ふたりが乗り越えてきた試練を想像してごらんよ」と彼は言った。通貨の切り下げ、3桁のインフレ、株価暴落、クーデターにゼネスト……。「この国では毎日のように、存在を揺るがすできごとが起きてるんだよ」

だからこそ強くなったんだ、とレマンは続ける。

「我々の大きな強みは、経済のすさまじい混乱のなかで試練に遭い、大きな変化に揉まれたことだ。浮き沈みの激しい経済のおかげで、逆境を乗り越える術を学んだんだよ」

アントレプレナーは、混乱を生き延びる術を身につけなければならない。

調査もレマンの言葉を裏づける。ペンシルベニア大学とスペインのオビエド大学の教授が共同で行った調査によれば、新興市場のビジネスリーダーは、激動のなかで事業を立ち上げたために、アメリカのビジネスリーダーと比べて、恐怖や不安にとらわれず、好機もうまくつかみやすいという。調査はこう結んでいた。「どんな企業も、混乱し、予測のつかないビジネス環境のなかで機能できなければならない」

通貨危機、破産の憂き目すらチャンスに変えたブラジルベンチャー「スポレト」

ブラジル出張の際に話を聞いたエンデバーのアントレプレナーも、同じことを言った。マリオ・シャディとエドゥアルド・ウリビオが複数の軽食レストランを経営していたとき、ブラジルが通貨危機に陥った。わずか1か月で、インフレ率が170％にも及んだ。「毎週、メニューの値段を書き換えたもんだよ」。シャディが続ける。「滅茶苦茶な生活だったね。バイクに乗って、あちこちのレストランを行ったり来たりして」。だが、ついに持ちこたえられずに破産した。

そして、一から事業を立て直した。シャディは、売上げが最も悪かったレストランで朝から晩まで働いた。その店では、コーナーごとに違う食事を提供していたが、シェフが客の目の前で調理するパスタコーナーがいちばん人気が高いとわかると、ふたりは、ファストフード形式の新しいレストランチェーン「スポレト」を考え出した。客はパスタやソース、トッピングの種類を選べ、シェフが客の目の前で料理するのである。

次にふたりは企業文化に目を向けた。厳しい経済状況のなか、従業員は将来に大きな不安を抱いている。新興市場の企業としては極めて珍しいことに、スポレトでは利益分配制を取り入れ、ストックオプションも提供した。「CEOから皿洗いまでの全員に、私たちの夢を共有してほしかったんだよ」と、シャディは言う。だが株式を公開する企業は珍しく、ストックオプションもたいして役には立たなかった。

そこで、シャディはスポレトのあらゆる面に、湧きあがるような情熱や喜びの要素を加えた。元俳優を雇ってスタッフの接客態度を教育し、サーカスの曲芸師を招いてシェフにジャグリングを教えてもらったのである。劇場型のレストランにすることで、スタッフはみずからをスポレトの〝アンバサダー〟のように感じるようになった。

賭けは当たった。離職率の高さに悩む業界にあって、スポレトの離職率はブラジル全体の平均の3分の1にすぎない。2013年の年間売上げは3億4000万ドル。7000人を雇用して、470店舗を展開していた。アメリカ進出も決まった。

これまでの苦労を振り返り、シャディはこう打ち明ける。「たとえ苦しいときでも、ベッドに逃げ込みたいときでさえ、大きな夢を忘れてはいけない。経済状況などの混乱に、夢の邪魔をさせてはいけないんだ。混乱をうまく利用することだ」

ウリビオがつけ加える。「我々のような事業に変化はつきものだからね！」

エンデバーを立ち上げたとき、わたしは、難局とはときどきやってくるものだと思っていた。だが、わたしも学んだ。同じ間違いをしないよう、エンデバーのアントレプレナーにはこう教えている。苦難に見舞われたあと、状況は〝正常《ノーマル》には戻らない〟と。つまり、難局こそが常態《ノーマル》なのだ。アントレプレナーにとっては毎日が、嵐と大波《シュトルム・ウント・ドラング》なのである。

あるいは、シャディが言うように変化はつきものなのだ！

だから覚悟を決めよう。毎日が混乱ならば、混乱を友とせよ。さもなければ、身の不幸を嘆いているあいだに、他の誰かが列車のなかで、ハリー・ポッターやミッキーマウスやクレイジーな発明を生み出してしまうからである。

そしてそのとき、あなたに残されるものは古いオズワルドだけなのである。

Part 2

成長する

Go Big

第4章

Your Entrepreneur Personality

自分を知らずに成功はつかめない

――強みを最大化するためのアントレプレナー「4つのタイプ」

すべての起業家のパーソナリティは4つに分類できる

キャサリン・ブリッグズは、1915年のクリスマスに娘のイザベルが家に連れてきた男性を悪くないと思った。だが、ふたりのパーソナリティはあまりにも対照的だった。娘のイザベルは、衝動的で気まぐれで想像力に溢れている。一方のクランス・〝チーフ〟・マイヤーズは論理的で慎重、何事にも念入りである。それなのに、ふたりはとても幸せそうに見えた。でも、どうしてだろうか。

娘のちょっと意外な男性の好みに興味を惹かれて、母親のキャサリンはいろいろな伝記を読みあさり、4つのパーソナリティタイプを見つけ出した。「思索型」「自発型」「社交型」「管理型」の4つである。スイスの精神科医カール・ユングの著書『心理学的類型』（中央公論新社）を読んでいたときに、キャサリンは娘に向かって思わず叫んだ。「これだわ！」。そして、自分の発見とユングの研究とをうまく組み合わせたのである。キャサリンとイザベルの母娘はその後20年にわたって観察を続け、いろいろな人間を〝タイプ〟別に分類した（イザベルは実際、61年間も研究を続け、そのあいだ、性格のまったく違うその恋人と結婚して添い遂げた）。

第2次世界大戦中のある日、イザベルは『リーダーズ・ダイジェスト』誌の記事に目を奪われた。「戦争で若い男性の働き手が不足したために、おおぜいの女性が職場に溢れたが、自分に合った仕事を見つけられずに苦労している」という内容だったのだ。そのとき、彼女はぴんと来た。母の研究を使えば、女性が自分のパーソナリティに合った仕事を見つけられるのではないか。そう考えたイザベルは、友だちや学生、事務員など、誰かれ構わず知り合いの女性に母の研究を試してもらった。こうして、彼女が開発した「マイヤーズ＝ブリッグズ・タイプ指標（MBTI）」はその後、キャリア開発やリーダーシップ開発の場で用いられ、これまでに5000万人に利用されてきた。

わたし自身、MBTIなどのテストの大ファンである（わたしは、MBTIではENTP、つまり「外向」「直観」「思考」「知覚的態度」だ。DiSCではiDタイプ。エニアグラムではタイプ7。すなわち、楽天的で失敗にもひるまない)。この手のテストのおかげで、わたしは自分自身を知ることができ、職場においても、働く意欲を刺激する方法がそれぞれのタイプによって違うことも理解できた。

そうした理由からだろうか。エンデバーを立ち上げて2、3年が過ぎた頃、事業拡大を目指すアントレプレナーのほとんどが、同じようなハードルにつまずいているのを見たとき、MBTIのようなテストをこしらえてはどうか、と思いついたのである。パーソナリティテストを開発して、アントレプレナーが自分の性格のプラス面とマイナス面とを発見できたら、彼らの役に立つのではないか、と。わたしは早速実行に移すことにした。

実際の開発には数年を要した。まずわたしたちは、エンデバーで選考してきた数千人のアントレプレナーを分析した(エンデバーではそれまで50回にわたって「国際選考パネル(ISP)」を開催し、エンデバーとして支援するアントレプレナーを選んでいた)。次に、ベイン・アンド・カンパニーの精鋭チームが、エンデバーの200名のアントレプレナーを対象に詳細なアンケート調査を行った。その後、追跡調査も行い、アンケートの回答者に徹底的なインタビューを試みた。そのデータを分析して議論を重ね、次の4つのパーソナリティタイプを見つけ出したのである。

タイプ1:ダイヤモンド……破壊的企業を率いるヴィジョナリー

タイプ2:スター……個性をもとにブランドを築くカリスマ

タイプ3：トランスフォーマー……伝統的産業を改革するチェンジメーカー

タイプ4：ロケット……戦略的改善を図るアナリスト

以上4つのタイプは、先に述べた4つのタイプ――ガゼル（営利組織）、スカンク（企業内）、ドルフィン（非営利組織）、バタフライ（フリーランス）――とは違う。これらの4つは、「アントレプレナーの活躍分野」によるタイプ分けだった。一方、本章で新しく紹介する4つのタイプ――ダイヤモンド、スター、トランスフォーマー、ロケット――は、「アントレプレナーのパーソナリティ」に焦点を定め、リーダーとしてのプラス面とマイナス面や、チェンジメーカーとしての長所と短所とを探る。自分のパーソナリティ傾向をよく知れば知るほど、アントレプレナーとして効果的に行動できるはずだ。

特にPart2で紹介する、事業を大きくする段階では有効に働くだろう。

アントレプレナーをテーマにした書籍では、たいていこんなふうにして物語が進む。ハリウッド映画のロマンチック・コメディと同じ筋書きだ。まずは、創業者どうしが心ときめく出会いを果たす。ふたりは数々の苦難を乗り越えてスタートアップを立ち上げる。そして、最初の勝利をつかんだあとに、夕陽のなかへと旅立っていく（訳注：ロマンチック・コメディでは、知りあった男女がいろいろな問題を解決して、祭壇の前でキスを交わし、夕陽に向かってハネムーンへと出かける）。その後、ふたりは幸せに暮らしましたとさ……。

ああ、そうであればどれほどいいことか。

ベンチャーキャピタルの父と謳われるジョージ・ドリオは言う。「会社を立ち上げることは、結婚のようなものだ。問題のほとんどは、ハネムーンが終わったあとに発覚する」

Ｐａｒｔ２で紹介するのは、ハネムーン後（スタートアップを立ち上げたあと）に見つかる問題の解決法である。事業拡大を目指す企業が、慌ただしい日常業務のなかで直面する課題に、迅速に対応するための解決策や秘訣について述べる。迷いを断ち切り（第５章）、リーダーシップを磨いて（第６章）、メンターを活用する（第７章）ための方法である。

だがまずはその前に、事業を大きくするために、わたしが重要と考える最初のステップについて紹介しよう。第２次世界大戦中に、男性の代わりに職場に溢れた女性たちが自分自身を知る必要があったように、次々と登場する今日のアントレプレナーも、まずは自分を知る必要がある。どのアントレプレナーも、次のどれかのパーソナリティタイプに当てはまる。さて、あなたはどのタイプだろうか。

タイプ別診断①「ダイヤモンド」

人々の想像力をかき立てるビジョナリー

スティーブ・ジョブズ。マーク・ザッカーバーグ。セルゲイ・ブリンとラリー・ペイジ。テッド・ターナー（ＣＮＮ創業者）。ジョージ・ルーカス（映画監督）。イーロン・マスク。彼らは、大胆で破壊的なスタートアップを立ち上げる優れた夢想家だ。

このカリスマ的な伝道者《エバンジェリスト》は、人びとの生活に大きな変化をもたらす夢を語って、おおぜいの想像力をかき立てる。すばらしい世界を思い描き、周囲の人間を刺激してその実現を目指す。その一方で、事業拡大のロードマップが欠けている場合も多い。だから、彼らが思い描く未来は不安定で予測不可能だ。成功すると世の中を大きく変えるゲームチェンジャーになるが、失敗するのも早く、混乱を招きやすい。

エンデバーのアントレプレナーであるブラームス・チューイティは、レバノンに生まれてサウジアラビアで育ち、スイスでホテル業を学んだ。中東に戻って起業すると、インテリアデザインから金融サービスまでの幅広い事業を展開した。サウジアラビアでは、イギリスのスポーツカーの販売代理店も経営していた。決断力にも行動力にも優れ、出張回数は年90回にも及ぶ。

2010年、チューイティは妻の妊娠を機に有給休暇を取ることにした。妻も最初こそ喜んだが、ベイルートの自宅で夫がカウチに座ったきり、大好きなビデオゲームに没頭すると、有給休暇に入ってわずか3日目にして、妻の我慢も限界に達した。そして、夫に最後通牒をつきつけたのである。「何かお金を稼ぐ方法を見つけて。家でゲームをするのはやめてちょうだい」

そういうわけで、彼には新しい計画が必要になった――それも早急に。ある夜遅く、朝からさんざんゲームを楽しんだあとに、映画『ソーシャル・ネットワーク』を観た。こうしてフェイスブックの創業物語を知ったことが、チューイティの〝レベルアップ〟の瞬間になった。

Ｘｂｏｘ、プレイステーション、パソコンなどのいろいろなプラットフォーム上のゲーマーをつなぐソーシャル・ネットワークが、当時はまだなかった。「ザッカーバーグにできるんなら、私にできないはずがない」。チューイティは思った。「彼は私より年下なんだから」

こうして新しい計画に着手したチューイティは、デザイナーの力を借りて「At7addak（アトハダック）」を創業する（アラビア語で「わたしはあなたにチャレンジする」という意味だ）。チューイティのサイトにはたくさんのゲーマーが集い、エレクトロニック・アーツとアクティビジョン（アメリカのコンピュータゲーム開発・販売会社）もスポンサーに決まったものの、思ったほどは収益が伸びなかった。そこでチューイティは、もっとユーザー生成型の事業モデルにピボットを図ったのである。レビューやビデオを投稿してもらい、ユーザーと広告収入を分けあった。2年のうちに、60万人のアクティブユーザー数と月800万ページビューとを記録した。

アントレプレナーであるチューイティの長所は、誰の目にも明らかだろう。意欲と自信に溢れ、次々にアイデアが湧いてくる。その反面、短所も明らかだ。衝動的なのだ。ホテル経営を学んでいたかと思うと、次にはスポーツカーを販売し、今はソーシャル・ネットワークを築いている。彼は何かひとつに集中できるのだろうか。持続可能な事業を築くだけの辛抱強さがあるのだろうか。それとも、チャンスと見るやすぐに、ニュー・ニュー・シングに飛びついてしまうのだろうか。

チューイティは「ダイヤモンド」である。彼のようなアントレプレナーは、大成功するか、すぐに失速するかのふたつにひとつだ。

「ダイヤモンド」タイプがみずからに問うべき４つの質問

それぞれ４つのタイプについて、アントレプレナーが常に——支援者やチームメンバー、メンター、友だちや家族とともに——みずからに問うべき質問を、わたしたちは整理した。ダイヤモンドの場合には次の４つである。

・その事業に優位を与えるような、大きなアイデア／製品／サービスがあるか。
・事業に粘り強くこだわるか。それとも、別のチャンスが訪れた瞬間にさっさと切り替えてしまうか。
・周囲の意見や批判を受け入れるか。
・手柄や称賛を分けあうか。

最後の２つの質問は、ダイヤモンドにとってとりわけ重要だ。

イーロン・マスクの夢と欠点

イーロン・マスクの例をあげよう。南アフリカ共和国生まれのマスクは、ペイパル（オンライン決済サービス）、スペースＸ（宇宙輸送サービス）、テスラモーターズ（電気自動車の開発・製造・販売）を創業した革新者である。おおぜいが彼を天才、テック系ブンダーキンド（ドイツ語で「神童《ワンダーチャイルド》」）と褒めちぎる。

2003年にテスラモーターズを創業したとき、マスクは「次代のGMを目指す」と宣言し、2009年までに10万台のテスラ車を走らせると宣言した。当初の目標には9万9400台届かなかったとはいえ、やがて彼は長年の夢を叶えた。モデルSが2014年に、『コンシューマー・レポート』誌の「総合優秀賞」に選ばれたのである。その同じ年、時価総額は300億ドルに達する。これは、GMの時価総額の半分をわずかながら上まわる数字である。

だが、ガゼルタイプのダイヤモンドには、横暴で頑固だという批判も多い。テスラモーターズの最初のCEOは、自分は誹謗中傷され、創業時の手柄を横取りされたとして、マスク相手に訴訟を起こしてもいる。『ニューヨーク・タイムズ』紙がモデルSに辛口の評価を下すと、マスクは記事が「でたらめ」で「倫理違反」だと噛みつき、記事を書いた記者を1か月ものあいだ個人攻撃したのだった。

ジョブズの「現実歪曲フィールド」、ジョナサン・アイブの感傷

ダイヤモンドは輝く。だが、「輝きがすべて」という場合も多い。

究極のダイヤモンドといえば、やはりスティーブ・ジョブズだろう。彼は輝かしいキャリアのあらゆる段階で、現実を歪めて自分のビジョンに合わせてきた。マック（Mac）のデザインチームは、ジョブズの頑固さと創造性とを、『スタートレック』の現実歪曲フィールドになぞらえた。「彼の前では、現実は曲げ延ばし可能なのです」。あるエンジニアはそう語った。そしてその信念のせいで、ジョブズは相手（顧客を含む）を無視して、スポットライトを独り占めしようとした。

アップルのCDO（最高デザイン責任者）を務めるジョナサン・アイブは、ジョブズに新しいアイデアを提案すると、どうなるかを説明している。「僕のデザインをひと通りチェックして、こんなふうに言うんです。『これはよくない。それじゃ駄目だ。ああ、それはいいな』」。アイブは続ける。「聴衆と一緒に座ってジョブズのプレゼンを聞いていると、僕のアイデアを、あたかも自分のアイデアのように話すんです。その着想をどこから得たのか、僕は病的なほど神経を使います。アイデアをびっしり書き込んだノートも残してあります。それなのに、彼が僕のデザインを自分の手柄にしてしまうんですから、それは僕だって傷つきますよ」

ダイヤモンドは、従業員にとって最高の友人とは言い難い。

ダイヤモンドが全員、急成長と利益を追い求めるガゼルではない。なかには、非営利部門で働くドルフィンもいる。エンデバーを立ち上げた際、わたしも共同創設者のピーター・ケルナーも、エンデバーは革新的なアイデアだと強く信じていた。ふたりだけに見える未来像をもとに、独自の価値をつくり上げると誓った。その自信はふたりの強みだった。一方、わたしたち共通の欠点は頑固さである。さらに、わたしは気まぐれで、周囲の人間と協力して働く術も学ばなければならなかった。ケルナーの場合には、アイデアは豊富だが、1年もすると、すぐにエンデバーの日常業務をほったらかして、別のプロジェクトに夢中になってしまった。そのため残されたわたしは、エンデバーに集中し、優れた人材を雇って仕事を引き継いでもらうほかなかった。

「ダイヤモンド」への3つのアドバイス

どのタイプにもリスクは伴う。だが、自分の致命的な欠点――わたしは〝危険信号〟と呼んでいる――を知れば、失敗を未然に防ぐことも可能だ。ダイヤモンドには、次のアドバイスを贈ろう。

アドバイス1：人の意見に耳を傾ける

「人の下で働くのは嫌だ」とダイヤモンドは言う。だがどんな人間も、ひとりでは成功できない。何かを成し遂げるためには、メンターやパートナー、従業員などの強力なチームが必要だ。強情を張って、人の意見や批判に耳を傾けないと、問題の発見が遅れる。

アドバイス2：成功を分かちあう

チームをつくるだけでは充分ではない。チームのがんばりに報いるのだ。みながあなたと同じ考えではない。ねぎらいの言葉がほしい従業員もいる。ほしい役員もいる。難しい課題を克服したい者もいれば、何よりも休暇を望む者もいる。給与以外の特典がほしい役員もいる。各メンバーのやる気を引き出す要素を見つけ出して、うまく刺激するのだ。手柄を盗まない。成功を分かちあい、戦利品を分配するのだ。

アドバイス3：顧客が正しいこともある

あなたの最大の長所が、夢を描く能力と強い意志だったとしても、残念ながら、あなたはスティーブ・ジョブズではない。顧客を大切にすること。あなたの企業や組織がどれほど革新的な製品やサービスを提供したとしても、顧客が手放しで受け入れてくれるとは限らない。フィードバックを受け入れるシステムをつくり、顧客の声を反映させよう。

タイプ別診断②「スター」
カリスマ性たっぷりの流行仕掛人

オプラ・ウィンフリー。マーサ・スチュワート（ライフスタイル・コーディネーター）。リチャード・ブランソン。エスティ・ローダー。ジョルジュ・アルマーニ（ファッションデザイナー）。ジェイ・Z（ラッパー）。彼らは大胆な流行仕掛人であり、幅広いファンに愛される魅力の持ち主だ。

スターは次の流行を本能的に察知する。世間の2歩先を歩く。コミュニティや文化や国の誇りでもある。世界的な名声をつかむ者も多い。だが、気まぐれなワンマンショーで終わる者や、時間やお金にルーズな者も少なくない。

エンデバーのアントレプレナーであるアントン・ワージョーノは、「ジャカルタきってのDJ」という評判だけでは満足できなかった。カリフォルニアでビジネスの勉強をしていた留学生の頃、インドネシア生まれの彼はレコードをまわして、ちょっとした小遣いを稼いでいた。帰国後も、利益を度外視してダンスミュージックのビジネスに熱中し、すぐに「インドネシアヒップホップ界のゴッドファーザー」の異名を取るようになる。MTVインドネシアは、ワージョーノを「ミダスの手を持つ10人」のひとりに選んだ。その手で触れたものをすべて黄金に変えるという、ギリシャ神話のミダスになぞらえたのである。

ジャカルタのナイトシーンは活気を帯び、その熱気に触発されたワージョーノと4人のパートナーは、4日間限定のファッションマーケットを続けて開催し、7万5000人が来場した。厳選した衣類や雑貨を取り揃えた、「ザ・グッズ・デプト」というデパートもオープンさせた。さらに「ア・グッズ・カフェ」と、新たにデパートを2店開いたあとに、オンラインショップも開設した。情報に敏感で知的創造力に溢れた「クリエイティブ・クラス」と呼ばれる新たな層が登場すると、ワージョーノの店は洗練された都会人のたまり場となり、ワージョーノはそのアイコンとなった。あるいは、自称「クールなものの何でも屋」になったのである。

ワージョーノに会ったとき、彼の長所は明らかだった。カリスマ的。ヒップ。トレンドを見抜くセンスもある。熱狂的なファンを惹きつけ、彼らが望む体験も提供できる。流行仕掛人だ。その反面、彼の弱点もまた明らかだった。アーティスティックな感性だけで事業は成り立つのか。次の流行を見つける才能はすばらしいが、いずれ会計帳簿も必要になってくる。彼自身が日々の運営業務を行うのか。もしそうでないのなら、彼はCEOではなく、CCO（最高キュレーション責任者）として、情報や商品の企画管理業務に集中すべきではないか。トレンドを生み出す勘も、年齢とともにいつかは衰えるのではないだろうか。

アントン・ワージョーノは「スター」だ。輝きつづけるスターもいれば、華々しく燃えてすぐに消えゆく者もいる。

「スター」タイプがみずからに問うべき4つの質問

事業を大きくするためには、スターは次のような問いに答えなければならない。

・それは、スターのカリスマ性を超えて成長するアイデアか。それとも個人崇拝、すなわち単なるワンマンショーで終わってしまうのか。
・スターはたいていプレミアム価格を設定するが、顧客が商品や体験にプレミアム価格を支払ってくれるほど、確固たるブランドを築いているか。
・マーケティングや創造性やアーティスト独自のビジョンだけでなく、データや分析も重視しているか。
・優れたブランドだけでなく優れた組織も築けるか。

世間は多くのスターをカリスマ的で魅力的だと、ことあるごとに褒めそやす。彼らはまさにロックスターである。ところが、事業を大きくするためには協業者《コラボレーター》の存在が欠かせない。事業拡大を狙うスターに、わたしはこうアドバイスする。「ロックスターじゃなくて、ロックバンドを目指しなさい」

レストラン界のロックスターが踏みかけた「地雷」

レストラン業界のロックスターを考えてみればいい。

ウルフギャング・パックは、オーストラリアで炭鉱作業員の父と菓子職人の母とのあいだに生まれた。14歳のときにレストランで働きはじめ、24歳でアメリカに渡った。1970年代半ばに、LAの高級フレンチレストラン「マ・メゾン」の厨房で働いたあと、独立して自分のレストランを持つことにした。当初は壁にベスビオ火山のポスターを貼り、テーブルに赤と白のチェックのクロスをかけた、カジュアルなイタリアンレストランを考えていたが、婚約者のバーバラがこう提案した。大きく開放的な窓と、白いテーブルクロスのレストランがいい。そのうえ、カリフォルニア・キュイジーヌを調理するシェフの姿が見える、世界初のオープンキッチンにしてはどうか、と。

バーバラの読みは当たり、「スパーゴ」はたちまち大繁盛する。パックはトークショーに出演し、レッドカーペットの上を歩いた。レシピ本が書店の棚を飾り、スーパーマーケットにはパックブランドの食品が並んだ。こうして4億ドルのフード帝国に君臨する、アメリカ初のカリスマシェフが誕生したのである。

自分にビジネスのことはわからないと、パックは率直に語る。財テクの知識もなく、会計士の話を聞いていると眠くなり、お金のことを考えるだけでストレス太りすると白状する。「優れたシェフは管理者であり、経営者であり、優れた料理人でなければならないが」と、彼は続ける。「この3つを兼ね備えるのは難しいですね」

その問題を解決するために、ハーバードビジネススクール卒のMBA取得者を雇ったものの、諸経費があまりにも膨らんだために、クビにしてしまう。しばらくは、鋭いビジネスセンスを持つ妻のバーバラがレストランを運営し、契約の交渉にも当たったが、やがて離婚してしまった。今日のパックはブランドの顔に徹し、キャンベルスープのような企業とパートナー契約を結んで、彼の名前で事業を展開している。彼が学んだスタータイプの教訓はこうだ。「ブランドは、個人よりも大きくなければならない」

協業者と組んで事業を大きくするのか、あるいは小さな組織のままで満足するのか。

スターには他の地雷原もある。創業者のパーソナリティを中心に事業を展開するとき、そのスターがスキャンダルにまみれてしまう危険性である。ドナルド・トランプが頻繁にゴシップページを飾る（あるいは、大統領選に出馬して過激な発言を繰り返す）とき、トランプが開発して運営する高級不動産のブランドイメージは失墜する。タイガー・ウッズの不倫スキャンダルに、スポンサーは頭を抱えた。カリスマ主婦として絶大な人気を誇ったマーサ・スチュワートが、インサイダー取引容疑で起訴されたとき、売上げ数十億ドルのライフスタイル帝国は崩壊した。

スター中心の非営利組織の場合、不祥事は特に痛手だ。ランス・アームストロングは、癌に冒されながらツール・ド・フランスを7連覇した、自転車プロロードレース界の英雄だった（のちに、ドーピング問題ですべてのタイトルを剥奪される）。1997年に設立された「ランス・アームストロング財団」は世界的に有名な非営利組織であり、2004年には「リブストロング（強く生きよう）」キャンペーンを展開して、黄色いリストバンドを発売した。このキャンペーンは、アントレプレナーの独創的なアイデアのケーススタディとして、頻繁に取り上げられたものである。

ところが、闘病生活を終えてレースに復帰したアームストロングには、常にドーピング疑惑がつきまとい、その噂が無視できなくなるほど大きくなると、財団への寄付金が3年間で45％も減少する。2013年、アームストロングはついにドーピングを認めた。財団は彼に理事職の辞任を求めた。名称を「リブストロング財団」と変更した財団の広報責任者は言った。「有名人を組織の顔に据えるとき、活動内容をいちいち説明する必要はありませんね。ですが、今のわたしたちは、おおいにその必要に迫られています」

「スター」への3つのアドバイス

スターとともに生きるとき、スターとともにブランドも滅びる。

そのような間違いを犯さないために、次の3つのアドバイスに注意しよう。

アドバイス1：スターのパーソナリティを管理する

ひとつの食材だけでは完全な料理をつくれないように、スターひとりの名前だけでは、永続的なブランドを築けない。世間が望むスターのパーソナリティを維持するためには、運営からカスタマーサービスまでのあらゆる面に目を配る人間が必要だ。

アドバイス2：足りないスキルを補完するブレーンを集める

強いパーソナリティの持ち主のまわりには、強いパーソナリティの持ち主が必要だ。チームをつくるときに、追従者だけでまわりを固めないこと。スターを褒めちぎる取り巻きではなく、スターの足りないスキルを補完してくれるブレーンを探そう。

アドバイス3："左脳型"の人間を探す

スターはたいてい右脳型だ。直感的で想像力に溢れ、クリエイティブでもある。それはそれで結構だが、スターの事業には左脳型の人間も必要だ。分析力があり、厳密で、大量のデータ処理を厭わない左脳型のスタッフである。

タイプ別診断③「トランスフォーマー」

変化を起こす触媒

ハワード・シュルツ。レイ・クロック（マクドナルド創業者）。イングヴァル・カンプラード（イケア創業者）。アニータ・ロディック（ザ・ボディショップ創業者）。ブレイク・マイコスキー（トムズ・シューズ創業者）。彼らは変化を起こす触媒だ。

たいていは保守的な業界で起業して、イノベーションと近代化とを通して、みずからの企業や業界に新たな風を吹き込もうとする。レイ・クロックは、ドライブスルーの平凡なハンバーガーショップをフランチャイズ展開して成功をつかんだ。イングヴァル・カンプラードは、面白みのない家具のショールームを、流行の倉庫を活かしたお洒落なスウェーデンテイストの家具ショップに生まれ変わらせた。変化はすばらしい。だが、輝きを失った産業に成長を呼び戻すためには、変化だけで充分だろうか。

工業用グリースを〝セクシーな製品〟に変えた過激な戦略

エンデバーのアントレプレナーである、ルネ・フレーデンバーグを紹介しよう。２００６年、フレーデンバーグはメキシコのグアダラハラにある、父が経営する工業用グリース会社を引き継いだ。工業用グリースほど、華やかな魅力とは無関係な製品もないだろう！　それでも機械用油やサビ止め油は、世界中で年間80億ドル規模に及ぶニッチ市場である。

　彼の父はラテンアメリカで最初のグリース会社を創業した人物だが、息子のフレーデンバーグは変革を起こしたかった。「僕も父の哲学をよく理解してはいましたが、ある時点で父に対する敬意が薄れました。新しいことには何も挑戦せず、毎日が同じことの繰り返しだったからです」。そして父の事業を引き継ぐと、ハイエンドの市場と環境保全技術《グリーン・テクノロジー》に焦点を絞った。こうして、インタールブ社は環境に配慮した企業として業界を牽引し、効果も価格も高い特注製品を手がけた。年間成長率20％という、野心的な目標も掲げた。

　その目標を達成するために、フレーデンバーグは会社のブランドを構築し直した。工業用油を、何と言うか、〝セクシーな製品〟と捉え直したのだ。そして自社を、「摩擦学《トライボロジー》分野の世界的リーディングカンパニー」と定義した。ウェブサイトでジャズを流し、キャッチフレーズを「Xトリームな潤滑油」に変えた（訳注：エクストリームは「過激な」「先端の」などの意味）。その戦略は功を奏した。インタールブはメキシコ市場の半分を押さえ、輸出先も世界30か国に拡大したのだ。2013年には2700万ドルの収益をあげ、利益も倍加した。

フレーデンバーグは優れたアントレプレナーだ。魅力的とは言い難い製品を製造する創業数十年のメーカーを、最先端の製造業者へと生まれ変わらせた。取引先はその必需品に高い金額を支払う。そのうえ、生分解性という新たな価値もつけ加えた。

だが、フレーデンバーグとインタールブにも欠点はある。第1に、いろいろな魅力があるとはいえ、19世紀の製品である工業用グリースを製造していることに変わりはない。第2に、もっと規模が大きく資金の潤沢な競合が現れたら、市場シェアを奪い取られてしまう危険性がある。第3に、フレーデンバーグは経営者には向いていない。「冷徹になりきれない」。彼はみずからをそう分析する。「人を守ることが気になって」しまい、「決断力にも劣る」のだという。それで、今後も大きな成長を維持できるのだろうか。

フレーデンバーグは「トランスフォーマー」だ。彼のような変革者は社会的志向が強く、世界をよくしたいという気持ちが強い。トムズ・シューズをご存じだろうか。創業者のブレイク・マイコスキーは、「靴が1足売れるたびに、貧困国の子どもたちに靴を1足寄付する」というビジネスモデルを立ち上げた。アニータ・ロディックは、ザ・ボディショップでは動物実験を一切行わないと宣言した。彼らは、理念や使命をつけ加えることで、古い事業を新しく見せようとする。

「トランスフォーマー」タイプがみずからに問うべき4つの質問

トランスフォーマーは、次のような問いに答えなければならない。

・その〝変革〟は真に意義のあることか、それとも単なる見せかけか。
・「世界を変えよう」という使命は、確かなビジネスモデルに裏打ちされたものか。
・その業界に長らく立ちはだかってきた頑固な障壁を、乗り越えられるか。
・使命を断念したり信念を曲げたりせずに、事業を大きくできるか。

サウスウエスト航空の破壊的なアイデアの最大の敵とは？

トランスフォーマーの及ぼす劇的な影響力――と潜在的な弱点――を示す絶好の例が、ひと世代前に活躍したひとりのアントレプレナーである。テキサスの弁護士だったハーブ・ケレハーと彼の共同創業者は、1967年にサウスウエスト航空のコンセプトを――もちろん――カクテル・ナプキンの裏に書きつけた。そして、競合他社との4年に及ぶ熾烈な法廷闘争を経て、ようやく就航に漕ぎ着けた。

ケレハーの考えたビジネスモデルは、ことごとく既存の航空会社を脅かした。競合がいろいろなタイプの旅客機を飛ばす一方、サウスウエスト航空は機種をボーイング737型機に絞って、整備コストを極力抑えた。フライト中のサービスを一切行わず、その分、格安運賃を提供した。大半の航空会社が「ハブ&スポーク方式」(中継機能を持った空港を拠点として、そこから各都市に旅客機を飛ばす方式)を取り入れたのに対して、サウスウエスト航空では主要都市を往復する「ポイント・トゥ・ポイント方式」を採用し、しかも各都市の第2空港を発着地点とした。そして、1973年の運行以来、毎年利益をあげつづけた。

サウスウエスト航空のイメージの中心にあるのは、創業者自身のイメージだ。ケレハーは反逆者である。ステットソン帽を被り、バーボンを嗜《たしな》み、立て続けに煙草を吸った。競合の機内サービスは「安っぽい」と歯に衣《きぬ》着せぬ物言いをし、またそうすることで、サウスウエスト航空の特長を鮮明にアピールした。

他の航空会社を挑発するような広告も展開した。「競合の新しい運賃と張りあうためには、我が社は運賃を値上げしなければなりません」。競合が機内サービス料を値上げすると、サウスウエスト航空は新聞に折り込み広告を挟んだ。「おいっ、いいかげんにしろよ!」。その大きなコピーの下には、「このクーポンは、サウスウエスト航空でしか使えません」とあった。さらにその下には「機内預け入れ荷物、フライト便変更、燃油サーチャージ、スナック、電話予約。サウスウエストではどのサービス料もいただきません」と謳っていた。

『マネー』誌は、ケレハーを、当時を代表するアントレプレナー10人のひとりに選んでいる。

2008年に引退したとき、ケレハーは変革者という評価を受けた。一方、新しいCEOのゲアリー・ケリーは数字を重視した。そして、過剰なサービスを行わないという長年の方針を前面に打ち出す戦略を改めて、「我が社はアメリカ最大級の国内線航空会社です」と宣言する広告を掲載した。サウスウエストはすでに大企業になり、運賃ももはや格安とは言えなかったからである。機内預け入れ荷物を2個まで無料とするサービスさえ、ケリーは見直そうとした。トランスフォーマーはポジティブな因襲打破主義者だが、彼らが築いた企業や組織も、結局のところは、その業界の方針や手法に立ち返ることが多い。

エコな化粧品パーツビーズを襲った「現実的」すぎる問題

あるトランスフォーマーの〝理想を求めて現実にぶつかる物語〟からも、その矛盾が鮮やかに浮かび上がる。それは、バタフライのトランスフォーマーだった。1984年、33歳のロクサンヌ・クインビーは運に見放されていた。シングルマザーであるうえに、職もない。ある日、メーン州デクスターの郵便局に行くためにヒッチハイクをしていたところ、40代後半のバート・シャビッツが拾ってくれた。養蜂家のシャビッツは七面鳥小屋に寝泊まりし、瓶に詰めた蜂蜜をピックアップトラックに積んで売り、毎年3000ドルほどの収入を得ていた。地元の人間は、彼を「蜂男《ビー・ガイ》」と呼んだ。やがて、ふたりは恋人どうしになる。

ある日、シャビッツはクインビーに、使われずに山積みになっている蜜蝋《みつろう》を利用してロウソクをつくり、地元のクラフトフェアで売ってはどうかと提案した。クインビーはせっせとロウソクづくりに励んだ。家具用ワックスやリップクリームもつくった。「リップクリームがワックスの10倍近く売れることが、すぐにわかりました」。クインビーは続ける。「次に売れたのが、モイスチャークリームでしたね。ワックスよりもたくさん売れました」

グラフィックデザイナーだったクインビーは、シャビッツに似た男性のロゴマークをこしらえた。日焼けした顔に輝く瞳、かすかな微笑みをたたえた、髭もじゃの男性の顔である。そして、そのロゴに「バーツビーズ（バートの蜂）」のブランド名を組み合わせて、容器の缶に貼りつけた。タイミングも完璧だった。環境に優しい商品に、世間が注目しはじめた頃だったのだ。素朴な包装デザインと自然素材だけを使ったクインビーの化粧品は、時代の空気を完璧に捉えていたのである。1993年には年間売上げが300万ドルに、2000年には2300万ドルにまで急増した。

クインビーとシャビッツは究極のトランスフォーマーだ。ふたりは、リップクリームやスキンクリームといった利益率の低い製品で旧弊な産業に参入し、最先端のオーガニックブランドで、業界に新たな命を吹き込んだのである。そのようなブランドに、顧客は喜んで高いお金を払いたがる。数週間、ポケットのなかに入れて持ち運び、使いきる前になくしてしまうかもしれないリップクリームに、躊躇なく高いお金を払ってくれるのだ。大きな成功物語に違いない。ところがその後、トラブルがふたりを襲った。

まず、ふたりの関係に亀裂が入った。そして、節税のために本社をノースカロライナ州に移転したあとで別れてしまう。当時、ふたりはすでにバーツビーズを法人化して、クインビーが株式の3分の2を、シャビッツが3分の1を所有していた。ところが、シャビッツがメーン州に帰ってしまったために、クインビーは13万ドルの住宅を購入して渡すことで、シャビッツの株式を買い取った。数年後、クインビーは手持ちの株式の80％を、民間投資会社に1億7500万ドルで売却する。シャビッツの持ち分はその時点で約5900万ドルの価値があったことになる（シャビッツが不満を申し立てたため、クインビーは彼に400万ドルを払って示談が成立する）。その数年後に、今度はクロロックス（第1章を参照）が、バーツビーズを9億1300万ドルで買収し、クインビーの手元には新たに1億8300万ドルが転がり込んだ。

そして、バーツビーズを真の問題が襲う。他のトランスフォーマーと同じように、クインビーも「社会意識」「自然素材」「手づくり」という評判の上にブランドを築いてきた。ところが、これらのイメージは大企業のクロロックスとは相容れない（バーツビーズの買収は、クロロックスがグリーンワークスシリーズを展開する数か月前のことである）。クロロックスの経営陣は、「今回の買収を通して、自然製品について学びたい」という声明を出したものの、世間はそう簡単には信用しない。大企業に売却したことで、顧客はクインビーを激しく非難した。社会変革活動を支援する「Change.org」というサイトに誓願を投稿して、「クロロックスが、バーツビーズの製法に勝手に変更を加えようとしている」と訴える、熱心なファンまで現れた。

バーツビーズに限ったことではない。100％天然成分を謳う練り歯磨きを販売するトムズ・オブ・メーンは、株式の過半数をコルゲート・パーモリーブに1億ドルで売却した。ザ・ボディショップはロレアルに10億ドル以上で買収され、アイスクリームブランドのベン＆ジェリーズは、ユニリーバに3億2600万ドルで買収された。その4年後、ベン＆ジェリーズの「社会的実践に関する社内監査報告書」はこう述べている。「我が社は、他のアメリカ企業のようになりはじめている」

それこそが、このタイプが抱える最大の矛盾である。トランスフォーマーは産業に変革を起こすにしろ、その成功はたいてい、一時的な優位点や創業者の直接的な関与によって築かれる。そして当初の優位点が消え、創業者が手を引けば、変革も後退する。

「トランスフォーマー」への3つのアドバイス

以上を念頭に、トランスフォーマーは次の3つの危険信号に注意する必要がある。

アドバイス1：使命と同じくらい、魅力的なビジネスモデルを開発する

トランスフォーマーは、伝統的な産業にもまだ、イノベーションの余地があることを証明しようとする。だがイノベーションだけでは充分ではない。確固たる戦略がなければ、やがて変革も失われる。

アドバイス2：本気でイノベーションを守る

トランスフォーマーは変化を謳うが、現実的というよりも表面的な変化である場合が多い。コストとリスクをかけてでも、イノベーションを守る覚悟を持とう。そして、チームが一丸となって批判や非難と戦うのだ。

アドバイス3：データと向きあう

社会的目標の達成にこだわるあまり、このタイプのアントレプレナーは利益を軽んじ、煩わしい数字を無視しがちだ。社会的目標はもちろん重要だが、客観的な分析にも目を配る必要がある。収支が合わなければ、変革を起こすことは難しい。

タイプ別診断④「ロケット」

あらゆる面を改善しつづけるアナリスト

ジェフ・ベゾス。ビル・ゲイツ。フレッド・スミス（フェデックス創業者）。マイケル・デル。マイケル・ブルームバーグ。

彼らはものごとを鋭く見通し、数字や測定基準にレーザー光線のように焦点を合わせて、成長と変化を加速させる。改善と修正を好み、衝動に駆られて執拗に効率を向上させ、あらゆる面を改善して、より安く、より速く、よりよいものを追求する。数学、科学、システム、マネジメントなどを学んだ経歴と優れた分析力によって、明確に目標を設定し、成功のための公式を見つけ出す。彼らはアントレプレナー界のロケット・サイエンティスト、すなわち数学やコンピュータや金融に強い、頭脳明晰な切れ者である。データ主導型の世の中で、大きな成功をつかみやすい。だが数字へのこだわりは、明らかにリスクを孕《はら》んでいる。

コロンビア発のスポーツジムベンチャーを成功に導いた数字の力

エンデバーのアントレプレナーである、ニコラス・ロアイザとジリオラ・アイカルディは、数字や計算が大好きだ。コロンビアの首都ボゴタでビジネススクールに通い、MBAの取得を目指していた頃、この国には設備の整ったジムが少ないという、スポーツ好きの友人の不満をたびたび耳にした。そこでふたりは、コロンビアの個人フィットネス産業市場を分析して、個々の会員に運動療法を処方するジムに大きな可能性があると判断した。

そして、ふたりは「ボディテック」を開設する。これは、ジムというよりも医療スポーツセンターといったほうが近く、有能な医療専門家が個々の会員に医療サービスを提供する一方で、会員の教育プログラムにも力を入れ、慢性疾患を防ぐ方法や、エクササイズ目標を設定する方法も提供した。当初の目標として、半年後の会員数を1000人と見積もっていたが、わずか1か月で1800人もの入会者が殺到した。アンケートによれば、その半数が、それまで定期的なエクササイズをしたことがなかったという。

この成功に刺激を受け、ふたりは急速な事業拡大に乗り出した。そして10年のあいだに、コロンビア国内の6都市に26施設をオープンし、5万人の会員を集めた。チェーン展開する競合を買収して、会員数をさらに34%増やした。近隣諸国の市場を徹底的に分析したところ、ラテンアメリカのジムの普及率が、北米とは比べものにならないほど低いことも突き止めた。ふたりは資金を調達して、果敢に事業を拡大する。こうして2012年には、南米最大のジムチェーンに成長していたのである。

ロアイザとアイカルディに会ったとき、わたしはふたりの強さに感銘を受けた。分析力に優れ、データを重視し、事業拡大にレーザー光線のように焦点を合わせている。行動力もある——しかも、非常に有能でちゃんと結果も出している。目標を設定して達成しては、新たな目標を設定する。闘志に溢れ、成功を手に入れた。

だが、そんな彼らにも弱点はある。自信過剰の印象を受けるのだ。早口で喋る。どんな質問にも即答する。否定的な言葉をかけようものなら、数字や統計の砲撃が返ってくる。彼らは、本当にわたしの話を聞いていたのだろうか。優れた行動力の裏で、従業員の要求を見過ごしてはいないだろうか。〝頭〟だけで判断しているのではないか。時には〝ハート〟も必要なのに。

「ロケット」タイプがみずからに問うべき4つの質問

ふたりは「ロケット」である。測定基準を重視する、最近のビジネス界の寵児と言えるだろう。だが、数字の重視は問題ももたらす。彼らは次の問いに答える必要がある。

・自信を持つことはすばらしいが、自信過剰は問題を生みやすい。周囲の意見や批判にも耳を傾けているか。

・細かい点にこだわることは悪くないが、それは現在の製品やサービスとのあいだに、どれほどの差異を生むものか。

・効率性を容赦なく追求する一方、情熱や創造力も充分に発揮しているか。財務会計ソフトを重視するだけでなく、直感に基づいたアイデアも提案するか。
・顧客満足を追求するあまり、従業員の満足を犠牲にしていないか。いざというときに、従業員の力を結集できるか。

ベゾスの「後悔最小化フレームワーク」とその限界

ジェフ・ベゾスは典型的なロケットである。1994年、ベゾスはニューヨークの金融機関で上級副社長を務め、インターネットの研究をしていた。やがて、大きな可能性を秘めたインターネットの世界で働きたいと考えるようになる。だが、情熱に任せて会社を辞める前に、ちゃんと手順を踏んだ。まず、ウェブによって事業活動がどう変化するかを徹底的に分析した。そして、製造業者と顧客とのあいだに入ってあらゆるものを世界中に販売する事業に、ビジネスチャンスがあると判断した。とはいえ、あらゆるものに一挙に手をつけるのは不可能である。そこで、販売アイテムを20ほどリストアップし、最終的に書籍に絞ると、上司のもとに行ってこう切り出した。「こんなクレイジーなアイデアを思いついたんです。オンラインで書籍を売る事業を始めてはどうか、と」。すると上司が答えた。「それは優れたアイデアだ。だけど、君みたいなすばらしい職業と地位に恵まれた人間が始めることだろうか」。そう言って、ベゾスを説得して引き止めようとした。

ベゾスもいったんは思いとどまった。そして、いかにもロケットらしい行動に出たのである。「後悔最小化フレームワーク」という理論を考え出し、後悔の可能性を最小限に抑えるためのリストを作成したのだ。彼はこう説明する。「自分が80歳になったときのことを想像して、『自分の人生を振り返ったときに、後悔の数を最小限に抑えたい』と思ったんだ」。今の会社を辞めて、オンラインビジネスに身を投じたことは後悔しないだろう。たとえ失敗したとしても、後悔はないはずだ。「だけど、ひとつだけ後悔するとしたら、それはこのアイデアを試さなかったことだ」

そうと決めたベゾスはアマゾンを創業して、「データ」「分析」「効率性」に焦点を絞った。どんな小さなことも疎かにしなかった。プレスリリースには必ず目を通した。コアメッセージにそぐわない言葉を、プレスリリースからひとつ残らず削除した（のちに「本」を「あらゆるもの」に差し替えた）。毎週火曜日には、全部門が「測定基準ミーティング」を開くように決め、従業員はあらゆる決定を、数字に基づいて説明しなければならなかった。

ベゾスはまた、自分のメールアドレスを公開して、顧客からの苦情を直接受けつけている。そうして送られてきたメールを、今度はただ「クエスチョンマーク」をつけただけで、関連部門の担当者に転送する。「？」がついただけのベゾスの無言メールが送られてくるほど、従業員を恐怖に陥れるものはない。社員旅行の席で、ある従業員が質問した。「なぜチーム全体がただちに仕事の手を止めて、その疑問符つきの苦情に対応しなければならないのか」。すると、事情に詳しい同僚がこう説明した。それが、「顧客の声が何よりも大切だ」という姿勢を徹底させる、ベゾス独特のやり方なのだ、と。

それでは、ロケットの弱点とは何だろうか。アマゾンの効率のよさは顧客にはありがたいが、従業員には苛立ちのもとだ。ベゾスは摩擦や衝突を成長の糧とする。調和ではなく対立する仕事環境を好む。彼にとって、リーダーシップの基本方針のひとつは倹約だ。顧客満足に直接関係のないものには、まったくお金をかけない。１９９０年代後半のドットコムバブルの頃でさえ、アマゾンの従業員には他のＩＴ企業のような特典がなかった。無料マッサージも、無料ランチもなし。駐車場代でさえ無料ではなかった。無料《ただ》だったのはアスピリンだけ。だがＩＴバブルが弾けると、ベゾスは投資家に経費削減を約束し、無料のアスピリンもなくなってしまった。

ロケットは強靭な精神力の持ち主だが、周囲の者にとってはまさに〝頭痛のタネ〟である。

なぜビル・ゲイツはインターネットを見くびったのか

同じことは、非営利分野のロケットにも当てはまる。ビル・ゲイツは、営利と非営利の両方の世界で先駆者となった希有なアントレプレナーである。「データ重視」「効率追求」「測定基準第一」という彼の信念は、その両方の世界において、ゲイツの成功を支えるとともに弱点でもあった。

ゲイツはよく「パソコン革命の推進者」と称えられるが、実のところ、彼は発明者《インベンター》というよりも、企画管理責任者《キュレーター》といったほうが近い。最初のウィンドウズは、ゲイツが開発したわけではない。彼の功績は、そのＯＳに一連のサービス（表計算や文書処理、メールなど）を抱き合わせたビジネスをつくり出し、ハードウェアメーカーにプリインストールさせたことにある。

ゲイツはまた、容赦ない競争相手でもあった。初期の支援者は語る。「彼は、競合の製品を競合以上に知っていた」。しかも、徹底的に収支にこだわる。従業員にこんなメールを送ったこともある。「気を抜いてぼんやりしていると、その態度が株価に有害な影響を及ぼしているかもしれないぞ」

だがやがて、ロケットらしい彼の特徴が高くついた。インターネットの重要性を認めなかったために、そのビジネスチャンスはゲイツの脇を素通りしてしまったのである。

さらに、スティーブ・ジョブズにはわかっていたことも、見逃してしまった。つまり、人びとは機能やサービスではなく、創造性や情熱によってもまた、テクノロジーに愛着を抱くということが、ゲイツにはわからなかったのである。案の定、アップルの製品にはあると言われるアート性が、マイクロソフトの製品にはないと言われる。そして、その上にブランドロイヤルティを築くことは、難しい。

だがそれ以上に多くを物語るのは、CEOを辞任して慈善活動に専念すると発表したゲイツが、成果主義を非営利の世界に持ち込んだことだろう。とかく感傷的で主観的に陥りがちな慈善活動の世界において、ゲイツの成果主義は大きな影響を及ぼした。ビル・アンド・メリンダ・ゲイツ財団では、毎年30億ドル超を支出する助成金の成果を、フレームワークを使って定量的に測定する。同財団ではこう説明する。成果主義は「意思決定から主観性を排除し、客観的データを与えて、我々が取るべき行動を教えてくれる」。

営利から非営利へと活動分野を変えた例として、ゲイツの物語はとりわけ興味深い。ガゼルのロケットだったゲイツは、財団を設立してドルフィンのロケットになった。活躍の舞台が変わっても人間は変わらない。だから、彼のパーソナリティもロケットのままである。

「ロケット」への3つのアドバイス

ロケットタイプのアントレプレナーには、次の3つのアドバイスを贈ろう。

アドバイス1：数字以外のものを見る

ロケットは分析が大好きだ。だが、いつも100％の自信が持てるデータが手に入るとは限らない。データのない、曖昧で不確かな状況にも慣れ、経験に基づいたリスクを負おう。ユーザーの体験談や意見は〝感傷的〟で、信頼の置けないもののように思えるかもしれない。だが、彼らの生の声が、データではわからない重要な事実を教えてくれる場合も多い。

アドバイス2：創造力を育てよう

ロケットは、変化に対して他のタイプとは違うアプローチを取る。イノベーションそのものを受け入れるよりも、市場の隙間を埋めようとするか、顧客ニーズを解決することに関心を示すのだ。効果が証明されていない新しいモデルを見つけるよりも、すでに効果が証明されたモデルを修正しようとする。そのほうがリスクは減るが、それではロケットの成長を妨げてしまう。時には、新しいイノベーションも混ぜ込もう。

アドバイス3：〝ハート〟も大切

人の気持ちや感情は定量化できないが、それでも重要だ。ユーザーと従業員の心に訴えることで、大きな成功をつかんだブランドも多い。数字や分析を重視したいのであれば、〝ハート〟を重視するブレーンを周囲に置こう。

まずは自分自身を知ることから

パーソナリティタイプを見つけ出すという試みは、はるか遠い昔に始まった。古代ギリシャ人は、人間の体液（血液、黄胆汁、黒胆汁、粘液）と気質との関係を探ろうとした。200年前の科学者は、頭蓋骨の突起を調べて、パーソナリティの特徴を突き止めようとした。「自分自身について、その本人に質問する」ことが一般的になったのは、1世紀ほど前の軍隊からである。それ以来、パーソナリティテストは受け入れられ、アメリカだけで年間5億ドル規模の巨大産業に成長した。

今日、ビジネス界で増えつづけるアントレプレナーに対しても、厳正なパーソナリティテストを導入するときが来ている。

本章で紹介した4つのタイプについて、こんなことが言えるだろう。アントレプレナーになるための道がひとつではないように、アントレプレナーのパーソナリティもひとつではない。多様な道があるように、アントレプレナーのパーソナリティも多様である。それぞれに長所と短所がある。

だから、外を見渡して手本となる英雄を見つけ出し、その理想像を必死で真似ようとするよりも、自分の内面を見つめよう。自分の長所――と短所と――を見極めて、強みを伸ばすのだ。事業を拡大するための第1歩とは、まずは自分自身を知ることなのだ。

第5章
The Whiteboard

成長のために何を行い、何を諦めるべきか？
――迷いを断ち切るための「ホワイトボード6か条」

フォードに訪れた「エンジンが砕け散った瞬間」

試練の瞬間を迎えたとき、ヘンリー・フォードはすでに、ある程度の成功を収めていた。だが、それほどまでの重圧は、予想だにしていなかった。

そのようなプレッシャーがかかる瞬間は、どんなアントレプレナーにも訪れる。しかも、予期せぬときにやってくる――世の中の流れを変えるような製品を発表するときに。大口の顧客を捕まえたときに。新たな分野に参入しようとした矢先に。待ちに待ったゴーサインが出て、これでようやく自分のアイデアを世界に発信できると意気込んだ、最悪のタイミングで……。事業を大きくしようとした矢先に、試練は訪れる。さて、あなたならどうするだろうか。

わたしは、その瞬間と、アントレプレナーがどう対処するかについて、長いあいだ調査を重ねてきた。彼らがもっとうまく危機を切り抜けられるよう、何らかのパターンを見つけ出そうとしてきた。まずは、「クレイジー・ヘンリー」と呼ばれた人物の物語を紹介しよう。

ヘンリー・フォードがその試練に直面したのは1908年、彼が44歳のときである。ミシガン州生まれのフォードは1896年、33歳のときに、自宅の裏庭の小屋で初めて4輪自動車の製造に成功する。その後まもなく、勤めていたエジソン照明会社を辞めて、デトロイト自動車会社を創業した。だが、品質は低く、価格は高く、1台の自動車も世に送り出せないまま終わってしまった。次に目を向けたのが、レースカーの製造である。そして彼のつくった自動車が、あるレースで優勝を飾ったのを機に、資金援助を得てフォード・モーターを創業した。それから2年のうちに、フォードは3つのモデルで年に1700台もの自動車を生産するのである。

それでも、彼の頭から離れない考えがあった。「計画を立てずに、まずは行動する」タイプのフォードは、事業計画を嫌い、直感に従って会社を経営した。当時、手っ取り早く金を稼ぐためには、一部の富裕層を相手に高級車を売りさばけばよかった。ところが、フォードが生産したかったのは大衆車だった。「充分な給料を受け取っている人なら誰でも買える、手頃な価格の自動車」である。4気筒エンジンで5人乗りの幌型自動車を生産して、825ドルという低価格で売り出そうとした。

デトロイトのピケットアベニュー４６１番地にあった工場（現在はミュージアム）の３階の一部を柵で囲って、フォードは優秀なデザイナーを集めた。その狭いスペースを〝実験部門〟と呼んで、黒板やフライス盤、ボール盤などの工作機械を押し込めるようにして並べた。フォードはその真ん中に、母から譲り受けた〝幸運の〟ロッキングチェアを置いて座った。つまりこのガゼルは、みずからスカンクチームを立ち上げたのである。

ところが、この計画が支援者の怒りを買ってしまう。利益軽視だとして、投資家が激怒したのだ。銀行は融資を拒んだ。部品供給業者は厳しい納期に反発した。熱心なのは競合だけだった。彼らは、「いつフォードが破綻するか」とささやきあった。

そして１９０８年初め、フォードと40名のスカンクチームは、とりわけ辛辣な意見を浴びせた投資家や関係者を招いて、彼らの前で初のプロトタイプカーを組み立てることにした。約15メートルのロープで巻いたエンジンを、技術者が空中に持ち上げて、車体のなかにゆっくりと降ろしはじめた。ところが会社の将来を担う、そのエンジンが突然、勢いよく回転しはじめたかと思うと、ロープが切れてエンジンが床に落ちて砕け散ってしまったのである。

それが、フォードにとっての試練の瞬間だった。事業を大きくするのか、それとも撤退するのか。

フォードは関係者の前に静かに歩み出ると、「私が組み立てましょう」と告げた。T型フォードが売り出されたのは、それから半年後のことである。かつては無謀と嘲笑《あざわら》われ、社会主義者扱いされた、「大衆車を届けたい」というフォードの夢はついに実現し、20年間で

1500万台が販売された。T型フォードは自動車時代の最も輝かしい発明であり、史上最も大きな影響を与えた消費財と称えられている。

コンクリートの床で粉々に砕け散ったT型フォードのエンジンは、リスクを負うアントレプレナーの誰もが遭遇する転機の象徴である。わたしが知るアントレプレナーたちは、エンジンが床に散乱する瞬間を、少なくとも1度は味わっている。それまでの努力がすべてかかっている重大な岐路に立ち、彼らは決断を迫られる。アイデアが大きく羽ばたくのか失敗に終わるのかは、そのたったひとつの決断が決するように思える。その瞬間、彼らの目に浮かぶ恐怖を、わたしは見たことがある。重圧に堪えきれずに、泣き伏す姿も目にした。そのときの彼らに必要なのは、「あなたはひとりではない」という慰めと励ましである。

そう、あなたはひとりではない。解決方法もある。アントレプレナーの誰もが体験するその瞬間を目にするたびに、わたしは共通点を探し出して頭のなかに記録してきた。やがて、夜中にメモを書きつけるようになった。そのメモ書きがベッドの脇にたまりはじめる（朝起きた夫が文句を言いはじめる）と、メモ書きをどうにかしなければと思い、ホワイトボードを購入した。

わたしは、アントレプレナーがやって来て助言を求めるたびに、普段はデスクの裏に立てかけてあるそのボードをつかんで彼らに見せる。ひとつずつ説明して、問題の解決策について一緒に知恵を絞る。アントレプレナーは喜ぶ。前へ進む道があるとわかって、ほっとするからだ。わたしも嬉しい。絶望的な気持ちの相手を助けられるからだ。そのホワイトボードにはこう書いてある。

ホワイトボード6か条
①ドアを閉める
②義理の母をクビにする
③ミノベートする
④ペンを諦める
⑤大きく夢見て、小さく成果を積み上げる
⑥1度にひと口ずつ、象を食べる

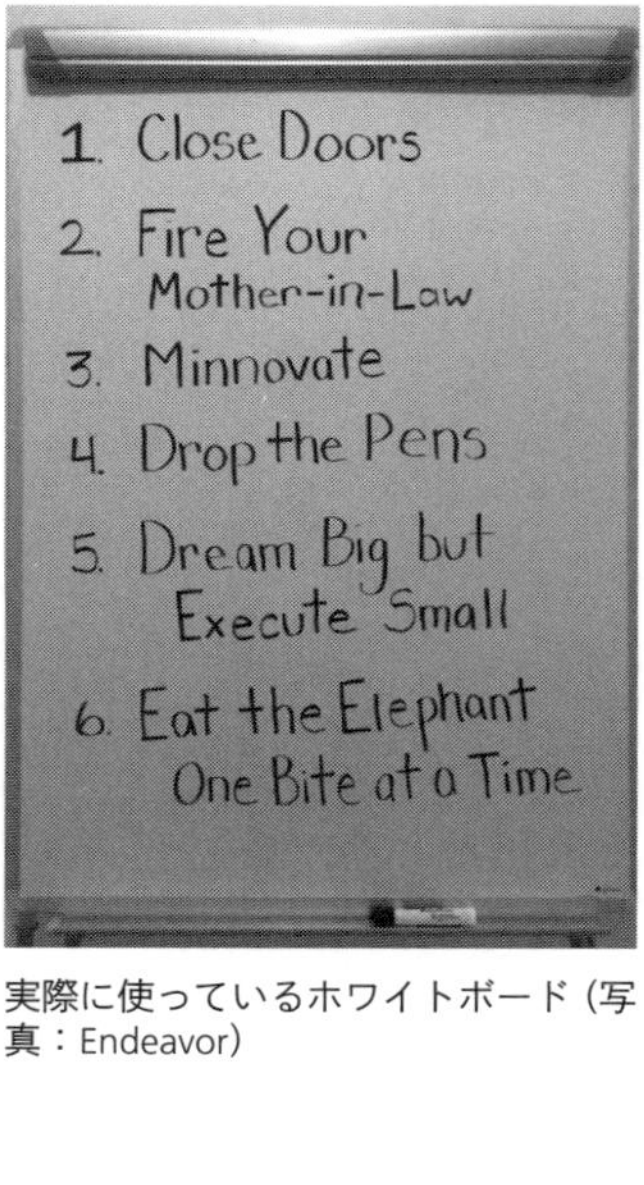

実際に使っているホワイトボード（写真：Endeavor）

もちろん、この6か条がすべてではない。あなたに当てはまるものも、当てはまらないものもあるだろう。だが、エンデバーで調査した結果、6つのうちのほとんどが役に立つという裏づけを得た。実のところ、この6か条はわたしの〝実験部門〟から生まれたリストである。事業拡大を目指すアントレプレナーが、運命を決する危機に瀕したときに役立つ解決法を、こうして1か所――ホワイトボード――にまとめたのである。

今度、床にエンジンを落としてしまったときには、これらの方法のどれかがあなたの役に立ち、再び前へ進めるようになるだろう。

ホワイトボード6か条①

ドアを閉める

ある日の午後、エンデバー・ヨルダンのアントレプレナーがわたしのオフィスを訪ねてきた。ラムジ・ハラビーとザファー・ユニスは追いつめられていた。ふたりは、ソーシャルメディア戦略の開発や分析を手がける、「オンライン・プロジェクト」を経営している。70名を超える従業員を抱え、一流企業とも取引がある。だがほとんどの顧客企業は、高い訓練を受けたスタッフではなく、創業者のハラビーたちと直接仕事をしたがるという。ふたりはそんなふうに説明し、3人で解決策を話しあった。それでも、ふたりはなぜか落ち着かない。若い彼らのアドバイザーというよりも、つい母親のような気持ちになって、他にも何か心配ごとがあるのかと訊いてみた。

「ええ、それが、アンマンにラジオ局を所有してるんですが」と、ハラビーが打ち明けた。「その仕事に20%ほども時間を取られてしまうんです。買収の話が持ち上がっているんですが、売却すべきタイミングなのかどうか、いまだに迷っていて……」

わたしはホワイトボードをつかんで、ふたりに見せた。「ドアを閉める必要があるわね」

アントレプレナーになりたての頃は、なかなか決心がつかないのも無理はない。スパンクスで成功したサラ・ブレイクリーは、オプラ・ウィンフリーが番組で絶賛してくれるまで、ファックスの訪問販売をやめなかった。ヘンリー・フォードは、エジソン照明会社で働きながら最初の自動車をつくり上げた。わたし自身、エンデバーが軌道に乗るまで、追加資金を得るために、こっそり助成金申請書を書きつづけていたのだから。

だが、いつかの時点で〝保険〟も棄てなければならない。これは、エンデバーの国際選考パネルでもたびたび持ち上がる話題だ。エンデバーでは国際選考パネルを開いて、事業拡大を目指す応募者のなかから、支援するガゼルを選び出す。そのとき、選考メンバーを務める企業の経営陣やベンチャーキャピタリストはこう言う。「他のプロジェクトをすべて諦めて、この事業に賭ける覚悟でなければ支援は行えない」と。

同じことはドルフィンにも当てはまる。わたしが以前働いていたアショカのビル・ドレイトンも、支援の前提条件は、それ以外のプロジェクトを何もかも棄てることだと、力説する。「だいたい3年はかかりますね」。ドレイトンは続ける。「まずはアイデアを試して、磨きをかける。組織を立ち上げて、ムーブメントを起こすまでに、3年はかかるという意味です」。そのソーシャル・アントレプレナーが昼間の仕事をやめて初めて、アショカは資金を提供する。

修正液の生みの「親」が下した果敢な決断

昼間の仕事をやめたがらないのは、たいていが金銭的な理由だ。生活費が必要だからだ。もちろん、最初はそうだろう。わたしだってすべてを賭けることには反対だ。だが、いったん事業を立ち上げて走りはじめ、多少なりとも収入が見込めたら、事業に全力を注ぐべきだ。今以上のリスクを負わずして、事業の成長は望めない。

だが、その段階に達するまでには、どれくらいの月日がかかるものだろうか。ベティ・グレアムの物語は、その答えを教えてくれる絶好の例だろう。

ダラス北部で暮らしていたグレアムには、離婚歴があった。画家志望だったものの、女手ひとつで息子を育てなければならず、1951年に銀行の秘書として働きはじめた。ところが、彼女はタイプが苦手だった。当時、打ち間違えた文字を直すためには、最初から打ち直すしかなかった。タイプの苦手な彼女には、それこそ拷問のような作業である。

ある日、彼女はこんな光景を目にした。クリスマスを前に、銀行のウィンドーに絵を描いていた塗装工が、ちょっとした描き間違いをした。すると塗装工は、失敗を白いペンキで塗りつぶしてしまったのである。「わたしも、あんなふうにして、打ち間違いを紙と同じ色で塗りつぶしてしまえばいいんだわ！」。グレアムはそうひらめいた。

その夜、彼女は家に帰ると、テンペラ絵の具を混ぜ合わせた。そして、その白い絵の具を職場に持ち込んで、打ち間違えるたびに細い絵筆で塗って、タイプを打ち直したのだ。グレアムはその絵の具を「ミステイク・アウト（ミス消し）」と呼んだが、自分の発明を5年間も、誰にも、上司にさえ秘密にしておいた。だが結局は同僚にバレてしまい、彼女たちにせがまれて、1956年、瓶に詰めた修正液を初めて同僚に売ったのである。

従業員を雇う余裕がなかったグレアムは、ハイスクールの化学教師に声をかけて、修正液の速乾性を高めてもらった。息子まで引き込み、自宅のガレージで瓶詰めの作業を手伝わせた（ちなみに、その息子とは、のちに一世を風靡する「モンキーズ」でボーカルとギターを担当したマイク・ネスミスである)。1957年には、毎月だいたい100本を売上げるまでになり、製品名を「リキッドペーパー」と改めた。それでもまだ、グレアムは昼間の仕事を続けていた。ところが、リキッドペーパーの取引に銀行のレターヘッド入り便箋を使ったことがバレて、銀行を解雇されてしまう。

それが、彼女が初めて「ドアを閉める」かどうかの決断を迫られたときだった。次の職場を探すのか、それとも事業を立ち上げるのか。そしてグレアムはバタフライになる道を選んだ。昼間の仕事というセーフティネットを棄てて、修正液を製造して販売する事業を立ち上げたのである。その3年後に、2度目の「ドアを閉める」かどうか——息子とふたりでやっていくのか、事業を大きく育てるのか——という決断が訪れた。そして、今度もまた果敢な行動に出た。初めて人を雇い、最初は自宅の裏庭の小屋で、やがて工場を買って修正液を製造しはじめたのだ。

1969年、リキッド・ペーパー・カンパニーは年間100万本を売上げていた。さらにその10年後には、剃刀製品で有名なジレットに4750万ドルで会社を売却し、特許ライセンス契約を結んだ(訳注:ジレットはその後、P&Gに吸収合併される)。

グレアムがドアを閉めるまでの年数は、多くのことを教えてくれる。彼女は5年間、修正液のことを誰にも秘密にしておいた。同僚に製品を売りはじめてから次の2年間も、ドアを閉めずに秘書として働きつづけた。ついに解雇されてドアを閉めたものの、3年間は息子とふたりで細々と事業を営んだ。そして、テンペラ絵の具を混ぜ合わせた夜から10年が経ってようやく、大きなリスクを背負って事業の拡大に乗り出すのである。

ドアを閉めるタイミングを慎重に見極めた、さらに絶好の例――そしてその朝、ヨルダンからやってきたハラビーとユニスにわたしが話した物語――には、もっと驚くかもしれない。なぜなら、その主人公が〝一か八か〟のイメージが強いガゼルだからである。

フィル・ナイト自身に訪れた「ジャスト・ドゥ・イット！」

オレゴン州で生まれ育ったフィル・ナイトは、10代の頃に陸上選手として活躍した。彼は、アメリカ製の不格好なランニングシューズが大嫌いだった。ほとんどがタイヤメーカー製だったせいもある。陸軍の任務を終えたナイトは、スタンフォード大学経営大学院に進学して、高品質で低価格の日本製スポーツシューズについて論文を書いた。

1962年、MBAを取得したナイトは日本を訪れ、オニツカタイガー（現アシックス）の製品を輸入してアメリカで販売する契約を結んだ。ナイトはタイガーのランニングシューズを、オレゴン大学時代の陸上コーチとふたりで、自家用車プリムス・ヴァリアントのトランクに積んで販売した。それでも彼はまだ、父の言葉が忘れられなかった。会計士という〝まともな仕事〟に就くように、と父から強く言われていたのだ。そこで、ナイトは靴の販売を人に任せ、自分は会計士の仕事に就いた。

1971年、同僚が「ナイキ」という企業名を考え、デザインを専攻していた地元の学生に35ドルで「スウッシュ」をデザインしてもらった（「僕自身はあまり気に入ってはいないんだが、でもまあ、だんだん好きになるだろう」とナイトは語った）。そして、ついに会計士の仕事をやめて、ウィングチップの靴を履かなくなったその翌年、ナイキのスポーツシューズの売上げが320万ドルを記録する。「ジャスト・ドゥ・イット！」の瞬間がナイトに訪れたのは、彼が日本を訪れた10年後のことだった。

誰もが事業を大きくしたいわけではない。ライフスタイル系の事業を立ち上げて、バタフライのままでいたいアントレプレナーもいる。ブルックリンのフリーマーケットでジャムを販売した、ふたりの女性を覚えているだろうか。ひとりは事業を大きくしたいと考え、もうひとりは地元に根づいた事業を望んだ。どちらがいい、という話ではない。

だが、昼間の仕事に固執するアントレプレナーは多い。そして、必要だからではなく恐怖心から、上司のためにタイプを打ち、顧客のために税金の計算をする。事業が充分な利益を生み出しはじめたあとでも、仕事をやめない。だから、わたしはこうアドバイスする。命綱を切りなさい。若いうちは、「できるだけたくさんのドアを開けておくように」とアドバイスされる。だが、事業拡大を狙うアントレプレナーにとって重要なことは、ドアを閉めることなのだ。

ホワイトボード6か条②

義理の母をクビにする

メキシコシティに住むガブリエルとギリェルモのオロペッサ兄弟には、夢があった。父が創業した文書ストレージ会社「ドク・ソリューションズ」を、改革したいと考えていたのだ。まずは父の会社を引き継ぎ、高度な情報プラットフォームを導入した。エンデバーの国際選考パネルの席に現れたとき、ふたりは最新技術やメキシコ市場の魅力を誇らしげに語った。どちらの履歴書も文句なしにすばらしい。ギリェルモは、MIT（マサチューセッツ工科大学）を卒業後、ボストンコンサルティングで働いた。MBAを持つガブリエルには、コカ・コーラとジョンソン・エンド・ジョンソンで働いた経歴があった。

だが、ふたりの前には危機が迫っていた。しかも、わたしが知るアントレプレナーのなかでも、最大級の危機に見舞われる恐れがあった。ところが、たいていのアントレプレナーと同様に、ふたりもその危機にまったく気づいていない。

彼らは、仕事とプライベートとを混同していたのである。

ガブリエルとギリェルモはともに30代前半。営業担当取締役と企画担当取締役のふたりが、それぞれ16・67％ずつ株を所有する。一方、CEOの肩書きを持つ父が株式の50％を所有していた。すでに日常業務から離れ、最新のITプラットフォームもさっぱりわからないというのに、依然として父親が実権を握っていたのである。

エンデバーの選考メンバーは、ふたりに対する支援を却下した。あるメンバーはこう助言した。「お父さんに、業務執行権を持たない会長に退いてもらうことが先決だ」

驚くことにその1年後、オロペッサ兄弟は再び選考パネルの席に現れたのである――しかも、父親を伴って。「こんにちは、リンダ」。そう挨拶すると、父親はわたしと握手を交わした。「今日は会長として出席させていただくよ」。そして、会社のことはふたりの息子に任せているという証拠に、自分は後ろに座って、一切口出ししないと約束した。そしてその通り、黙って後ろに座り、オロペッサ兄弟は晴れてエンデバーのアントレプレナーになったのである。現在、ドク・ソリューションズでは、1200万ドルの収益をあげ、1000人近い従業員を抱えている。

業績最悪の企業の75%に共通すること

数年前、わたしは内部の調査チームに命じて、エンデバーのアントレプレナーのうち、業績が最高の企業と最悪の企業とを突き止めてもらった。トップ4分の1とボトム4分の1の企業の共通点を探るためである。

すると、次のような発見があった。全体の4分の3がパートナーと事業を立ち上げていた。そのパートナーのうちの70%がごく親しい間柄だった。親友、家族、配偶者、義理の家族である。創業後しばらくは、とんとん拍子に物事が進む。「僕たちは気心が知れてるから!」。選考メンバーに向かって、彼らは嬉しそうに話す。

「足りないところを、お互いに補いあってるんです!」

「相手の言いたいことが、すぐにわかるんですよ!」

そして、問題が持ち上がる。資金繰りが悪化し、経費の削減を迫られる。ビジネスチャンスがめぐってきたが、一方が事業拡大を望み、もう一方が今のままの事業継続を主張する。あるいは、次のフェーズを目指す段階になって、パートナーにその技術や能力が欠けていることが発覚する。

ところが、問題を解決する仕組みや方法が彼らにはない。親しさは、馴れ合いを生む。業績が悪いボトム4分の1のうち、その半数には共通点があった。共同経営者のあいだで、株主間契約が結ばれていなかったのである。

エンデバーのスタートアップの多くは、創業者の兄弟が営業開発を担当し、親戚が財務責任者を務め、「経営には口を出さない」と言いつつ、いまだに父親が実権を握って過半数の株を所有している。ウェンセス・カサレスもふたりの妹を雇っていた。わたしもそうだ。最初の2、3年、妹のレベッカをエンデバーのマーケティング責任者に据えていたのだ。このやり方はしばらくはうまくいく。だが会社の成長に伴い、問題が起きる。それぞれの異なる思惑が表面化する。妹のレベッカは、自分のやりたい仕事を見つけてエンデバーを去っていったが、たいていは、健全な範囲を超えてまでその会社や仕事にしがみつこうとする。

そのときこそ、ホワイトボードの第2条「義理の母をクビにする」が重要になる。厳しいと思うかもしれない。だが、波風を立てずにクビにする方法もあるのだ。

パートナーや家族とのトラブルに巻き込まれるのは、エンデバーのアントレプレナーに限らない。アメリカ企業の80％以上が家族経営だ。アメリカ以外の国では、その割合は90％にも及ぶという。しかも、ゴシップ誌では、セレブたちの〝お家騒動〟や〝骨肉の争い〟は少しも珍しくない。イケアは非上場のファミリービジネスだが、高齢になった創業者のイングヴァル・カンプラードが、3人の息子の誰に会社を継がせるのかをめぐって世間の耳目を集めた。メディア王ルパート・マードックの場合には、3人の妻とのあいだに儲けた子どもたちが後継者争いを繰り広げた。ビヨンセと、長年マネージャーを務めてきた実父との確執。歌手のアッシャーと実母との争い（「俺は母をクビにしたんじゃない。母を任務から解放しただけだ」。アッシャーはオプラ・ウィンフリーにそう語った）。

仕事で一緒の家族は、プライベートの時間を一緒に過ごさなくなる。リアリティ番組でお馴染みのシェフ、ゴードン・ラムジーは、ビジネスパートナーであり、仲のよかった義父のクリス・ハッチソンを解雇した。ラムジーが稼いだ金を、30年にわたって愛人とその家族につぎ込んでいたからである。ラムジーの番組『ヘルズ・キッチン〜地獄の厨房』では、怒りっぽいラムジーが若手シェフを激しく罵倒する場面が人気だが、義父の悪行がバレたときには、それこそ地獄のような騒ぎが勃発したに違いない！

こうした醜い争いを避けるためには、〝スタートアップ版婚前契約書《プリナップ》〟の作成をお勧めする。アメリカでは特にセレブのあいだで、結婚生活の約束ごとや離婚時の財産分与などについて、結婚前に詳しく決めて契約しておく。そのスタートアップ版をこしらえ、共同経営者それぞれの権利と責任とを明記した契約書を作成しておくのだ。

愛しあう若いふたりが、結婚前に離婚を前提とした契約書を交わすことには抵抗があるように、親子や幼なじみのあいだで堅苦しい契約書を交わすことは、相手を侮辱する不自然な行為に思えるかもしれない。だが、それを怠った場合の修羅場を、わたしはあまりにも多く目にしてきた。本書の冒頭で紹介したレイラもそうだった。彼女も慎重にことを進めて、共同経営者の夫と離婚し（夫は会社を辞めた）、もうひとりの共同経営者である元義理の妹のジーカと、改めて交渉しなければならなかった（レイラが正式にＣＥＯに就任し、ジーカが「ベレーザ・ナチュラル」のブランドの顔にとどまった）。

こうした契約書は重要だ。ファミリービジネスに詳しい、ハーバード大学のジョン・デイヴィスの調査も、わたしの主張を裏づける。「ファミリービジネスの基本ルールのひとつは、仲間どうしの経営で成り立っていることだ」。デイヴィスはそう指摘する。問題を避ける最善の方法は、誰かが辞めるか、株を売却するか、海辺でもっと時間を過ごしたいと思ったときにどうするかについて、事前に契約書を交わしておくことだ。「決めてあれば、その後も家族が集まる行事にみなで顔を揃えられる」

ＴＶ界に君臨した女王と王に学ぶ婚前契約書《プリナップ》の重要性

株主間契約の重要性を教えてくれるのは、ルシル・ボールとデジ・アーナズの物語だろう。赤毛のコメディアンと短気なキューバ人は、１９４０年に映画セットのなかで出会った。ルシルのほうが6歳年上であり、ふたりは出会ってすぐに駆け落ちする（訳注：当時、年上の女性と年下の男性との関係を世間は容認しなかった）。

波瀾に満ちた結婚生活が10年を迎える頃、ふたりはシチュエーション・コメディをつくることにした。アメリカ人女性とキューバ人の夫という組み合わせにＣＢＳが二の足を踏むと、ふたりはデジル・プロダクションを設立した。こうして、アメリカ初の独立系ＴＶ番組制作会社が誕生する。ふたりは５０００ドルを投じて、ＴＶドラマ『アイ・ラブ・ルーシー』のパイロット版を制作した。

ふたりは目端の利く先駆者だった。生放送が多かった時代に、番組のフィルム撮影にこだわり、『アイ・ラブ・ルーシー』は史上初めて再放送された番組になった。また自分たちの出演料を減らしてまで、番組の所有権を手に入れた。そして５００万ドルで放映権を売却すると、その資金でサウンドステージ（撮影スタジオ）を33棟も所有した。これは、ＭＧＭや20世紀フォックスのサウンドステージを上まわる数だ。『ディック・ヴァン・ダイク・ショウ』や『メイベリー１１０番』、『マイ・スリー・サンズ』といった当時の人気番組が、そのサウンドステージで撮影された。

だが、ＴＶ界に君臨する女王と王の関係は修復できず、ふたりは１９６０年に離婚する。ビジネスパートナーとしての関係は続いたものの、その関係までもが悪化すると、ふたりは冷静な方法を選んだ。「わたしたちの失敗で離婚弁護士を儲けさせるよりも、その失敗からうまく利益を得てやろうと思ったのよ」。ルシル・ボールは言う。そして、一種の〝スタートアップ版婚後契約書《ポストナップ》〟を交わし、ルシルが別れた夫の株を２５０万ドルで買い取り、史上初めて大手制作会社の女性ＣＥＯに就任した。５年後には、会社を１７００万ドルでパラマウント映画に売却。彼女にとっての最後の仕事は、『スタートレック』と『スパイ大作戦』の制作にゴーサインを出すことだったという。

コメディアンだろうと技術者だろうと、カラーリングの資格を持つ美容師だろうと、アントレプレナーが陥りやすい過ちを避けるためには、株主間契約を結んでおくことだ。ルーシーを愛するのは結構だが、その愛が消えたときにどうするかを、きちんと決めておく必要がある。

ホワイトボード6か条③
ミノベートする

アントレプレナーの魅力が増すにつれ、華やかな物語があちこちで語られるようになった。アップル、フェイスブック、ツイッターには共通点がある。飛躍的なアイデアが、それまでには存在しなかった新しい市場をつくり出した、という点である。

そのような成功物語は次代のアントレプレナーを強く刺激する一方、逆効果に働く場合も多い。夢を追い、次のフェーズを目指す者のやる気を削いでしまうのだ。なぜだろうか。それは、アップルやフェイスブックの成功物語が、世間に誤った印象を与えるからである。「アントレプレナーとして成功する唯一の方法は、大きな、飛躍的なアイデアを持っていることだ」と。だが、実際はその逆である。大半のアントレプレナーが抱いているのは大きなアイデアではなく、小さなアイデアなのだ。

バブソン大学のダン・アイゼンバーグは、「ミノベーション」という言葉を考え出した。成功をつかむアントレプレナーは、イノベートしない。彼らは、ミノベート（少しだけイノベート）する。つまり、いきなりグーグルを創業しない。それまで見過ごされてきた市場や地域に的を絞った検索エンジンをこしらえる。エンデバーのアントレプレナーの3分の2が、ミノベーションによって事業を立ち上げていた。そのほうが利益が大きいからだ。証明済みのビジネスモデルのほうが、リスクを軽減できる。微調整したほうがコストも削減できる。失敗も少ない。

イーベイを見事にミノベートしたアルゼンチンのベンチャー

１９９９年、スタンフォード大学を卒業したマルコス・ガリペリンとエルナン・カザのふたりのアルゼンチン人が、メルカドリブレ（スペイン語で「フリーマーケット」の意味）を創業した。イーベイをモデルにしたオンライン・オークション会社である。なかには、「単なる物真似ではないか」と陰口を叩く者もいた。だが実のところ、ふたりはミノベートしたのである。

彼らが創業した頃、ラテンアメリカ諸国のインターネット普及率は2～3％でしかなかった。また処理能力が低く、腐敗したアルゼンチンの郵便制度を、バイヤー（購入者）もセラー（出品者）も信用していなかった。そこで、メルカドリブレではイーベイのビジネスモデルを次の3点で調整した。第1に、取り扱う商品を中古ではなく新品に絞った。そうすれば、バイヤーも出品物の質を信用できるからである。第2に、応札者が集まらないときには固定価格を設定し、最初に購入を申し出た者が商品を手に入れる仕組みとした。第3に、バイヤーとセラーがカフェなどで顔を合わせて、直接、商品と金銭の受け渡しを行う方法を取り入れた。

ガリペリンとカザはエンデバーのアントレプレナーになった。そして、ふたりのオークションサイトは、ラテンアメリカ最大の電子商取引プラットフォームに成長した。ユーザーは、12か国で1億人を突破。２００７年、ＮＡＳＤＡＱに上場したときに4億ドルだった時価総額は、わずか6年後には60億ドルに跳ね上がったのである。

腹立ち紛れに生まれた「ゴアテックス」

ミノベーションは、事業を立ち上げる段階でも重要だが、事業の拡大を狙う段階には――それもエンジンが床で砕け散ったときには――、なおさら重要である。製品の売上げが伸びず、市場が拡大せず、アイデアが社内の冷水器のまわりで噂にならないとき、つい作戦帳を投げ棄てて、ロングパスを放り投げ、逆転のタッチダウンを狙いたくなる。だが、このときに必要なのは派手な行動ではなく、小さなピボットなのである。

1957年、化学エンジニアのウィルバート・〝ビル〟・ゴアは、デュポンの「スカンク」だったときに、PTFEの新しい用途を発見した（訳注：PTFEとは、ポリテトラフルオロエチレンのこと。フッ素樹脂であり、一般にはテフロンの商品名で知られる）。ところが、彼が発見した新用途にデュポンが関心を示さなかったために、ビルは会社を辞めた。5人の子どもを抱えた45歳のビルと妻のヴィーヴは、デラウェア州にある自宅の地下で事業を立ち上げた――ちょうど23回目の結婚記念日に。

「友だちには、口々に反対されましたね」。ヴィーヴが打ち明ける。「会社を辞めた主人を、家で好きにさせておくことがどういうものか、なかなか言いにくいものです」。ビルの計算によれば、ふたりは2年で結果を出さなければならなかった。結果が出なければ、ビルはこそこそとデュポンに戻らなければならなくなる。

そして、ビルはPTFEをひたすらミノベートした。まず、電線や導管を絶縁するリボン状のケーブルをつくったが、2年間はまったく売れなかった。ビルがみずから課した期限が迫っていた。「もう諦めるほかない、という寸前のことでした」。ヴィーヴが当時をそう振り返る。ある日、ビルが用事で出かけているときに、地下の電話が鳴った。粉末のPTFEをひとりでふるいにかけていたヴィーヴが、受話器を取った。デンバーの水道局で働く男性だった。製品開発の責任者と話したいんですが。ただ今、出かけていると、ヴィーヴは答えた。それでは、営業部長をお願いします。ええ、彼も出かけています。社長ならいますよね？　ただいま、電話には出られません。「まったく、どんな会社なのかね？」。受話器の向こうで、ぶつぶつ言う声が聞こえたという。

ふたりの夢物語が叶おうとしていた。結局、水道局の男性が10万ドル相当のケーブルを注文してくれたからだ。これで何とか先行きが見えたものの、それでも売上げはまだ控えめなものでしかない。その後の10年間も、売上げは伸び悩んだ。ところが、1960年代中頃に息子のボブが研究に加わると、あるミノベーションによって事態は一気に動き出すのである。

電線と導管の絶縁に絞った事業では、いずれ売上げが鈍化する――そう考えたボブは、1969年に、可鍛性《かたん》（外力によって破壊されずに変形できる固体の性質）を試すためにPTFEを限界まで引き延ばす実験をしていた。柔軟性が高いほうがコストを削減でき、利益も大きい。だが、実験は失敗続きだった。ある日、実験用の白衣を着て、アスベスト用の保護手袋をはめたボブは癇癪《かんしゃく》を起こして、オーブンから取り出したばかりの棒状のPTFEを、腹立ち紛れに思いっきり引っ張った。すると30センチメートルの棒が、150センチメートルほどにも延びたのである。「我が目を疑いました」。偶然ではないかと思い、その日は誰にも言わなかった。翌日、同じ実験を繰り返したところ、やはり5倍にも延びたため、父や同僚を集めて実験を再現した。「誰も、ひと言も発しませんでしたね」。ビルが言った。「私たちは全員、経験を積んだ科学者です。だから、息子の発見の重要性をみなが認識したのです」

こうして、ボブは「ゴアテックス」を発明したのである。癇癪から生まれたこのミノベーションは、会社を大きくピボットさせ、水蒸気は通すが雨は通さないという通気性のある素材をつくり出した。ビルが活用した息子の発明は、昔ながらの顧客にも愛された。たとえば、1969年に初めて月面着陸に成功したとき、NASAはゴア社のケーブルを使っていた。そして、1981年にスペースシャトル「コロンビア号」を打ち上げたとき、宇宙飛行士はゴアテックスの宇宙服を着ていたのである。

ゴア社は防水加工アウターウェア市場の7割を独占し（わたしの娘のスノーブーツもそうだ）、アメリカの非公開会社のトップ200社入りを果たした。70年にわたる同社の成功は、たったひとつのコア製品を、ただひたすらミノベーションしつづけてきた結果である。

この物語の教訓はこうだ。アントレプレナーには、原点となるアイデアの実現を追い求める頑固さとともに、さらに魅力的な製品や市場が現れた際には、ピボットを図る柔軟さも必要である。それはまた、〝エスカルゴ姉妹〟の場合にも当てはまる。

いつでも「ピボット」できる柔軟性を――〝エスカルゴ姉妹〟の場合

マリアとペニーのヴラシュー姉妹は、ギリシャのコリントスで育った。2007年、スイスを旅行中だったマリアがペニーに電話をかけて、エスカルゴの値段が高すぎると不平を洩らした。たったの1ダースで37ユーロもするのよ！ そう聞いたペニーは寝室の窓から外を覗いて、「それじゃ、わたしが裏庭でカタツムリを育てようかしら」と冗談を言った。「あら、わたし、買うわ！」とマリアは即答した。

そして数か月後、ふたりは本当にカタツムリ養殖場を開いて、食料品店やレストランにエスカルゴを卸していたのである。ところが、大量のカタツムリを養殖することが難しいとわかると、ふたりはピボットを図った。需要に応じてすぐにカタツムリを手に入れられるよう、養殖家のネットワークを築いたのである。

ふたりがエンデバーの国際選考パネルの席に現れたとき、わたし自身はかなり懐疑的だった。「エンデバーは、〝ハイ・インパクトな〟アントレプレナーを対象にしてたんじゃなかったっけ？」とわたしは言った。すると、エンデバー南アフリカ共和国の会長エイドリアン・ゴアと、数字に厳しいことで有名な選考メンバーが答えた。「リンダ、ふたりのビジネスモデルにケチをつけたいところだが、欠点が見当たらないんだよ」。アーンスト・アンド・ヤング（世界4大会計事務所のひとつ）のトップ会計士が、あとを引き取る。「その通りだ。今の仕事をやめて、私も養殖場を始めたいところだよ！」

しかも選考メンバーを唸らせたのは、マリアとペニーが重要な場面でうまく戦略を修整したことである。消費者が生きたカタツムリを調理する手間をかけたくないとわかると、缶詰を売り出した。経済危機のせいでギリシャの国内市場が頭打ちになると、海外に活路を見出した。「ギリシャでは今以上の売上げを期待できません」。マリアが説明する。「だから、海外に目を向けました。どんな問題にも解決策はあるものですね」。今日、収益の7割を占めるのは、スペイン、イタリア、フランスへの輸出だ。ふたりは、ギリシャ産エスカルゴを、本場フランスへも輸出しているのである。ミノベーション万歳《ヴィーヴ・ラ・ミノヴァション》！

ティッシュ、バービー人形、T型フォード——ミノベーションの本質

危機に瀕したときには、古い商品の新しい用途を見つけ出すことも、ミノベーションのひとつである。

1914年、ヨーロッパへ視察旅行に出かけたキンバリー＝クラークの経営陣は、「紙綿」と呼ばれる綿の代用品を見つけた。そして第1次世界大戦中には、紙綿をガスマスクのフィルターとして米軍に卸した。戦争が終わると膨大な在庫を抱えることになったために、生産ラインの閉鎖も考えたが、新たに油性クリームの拭き取り用（つまり化粧落とし）として、女性向けに売り出すことにした。評判は上々だったが、「夫や子どもが、その化粧落としで鼻をかむので困る」という手紙がたびたび送られてきた。そこに目をつけた社内のスカンクチームが、その製品を〝使い捨てできるハンカチ〟とポジショニングし直して、「クリネックス」という名前で売り出したのである。

ミノベーションの別の方法は、商品の販売戦略を工夫することである。

1959年、マテルを創業したルースとエリオットのハンドラー夫妻は、ニューヨークで毎年開かれる玩具の見本市に新たな人形を出品した。ドイツの大人用人形リリをモデルとした、豊かな胸とセクシーな衣装が特徴の人形である。化粧は控えめにしたものの、メリハリのあるからだつきはそのままにしておいた。幼い女の子たちのロールモデルになるためには、「胸が扁平ではおかしい」と考えからである。そしてその人形に、バーバラという自分の娘の名前を取って、バービー・ミリセント・ロバーツと名づけた。

ハンドラー夫妻も最初、既存の玩具会社の戦略を踏襲して、バービーを母親層に売り込もうとした。ところが、母親たちは「10代の少女のからだをした」バービー人形を見るなり、拒否反応を示した。こんなからだは現実離れしている、と誰もが言った（そのうえ、夫がその人形に見とれるのを避けたがった）。このときが、ハンドラー夫妻にとって「エンジンが床で砕け散った」瞬間だった。だが、ふたりは慌てずにピボットを図り、前代未聞の戦略に打って出たのである。バービー人形を直接、子どもたちに売り込んだのだ。1959年、バービーは『ミッキーマウス・クラブ』の時間帯にCMデビューを飾った。そしてその年、35万1000体も売上げるのである。

20世紀が誇る究極のミノベーターと言えば、ヘンリー・フォードだろう。T型フォードでトランスミッションの性能を高め、エンジンを改良し、サスペンションの向上を図った。バナジウム鋼《こう》を採用して車体を軽量化し、3倍の強度を実現した。彼は言った。「わたしは新しいものを何も発明していない。何世紀もの努力によって人々が発明したものを使って、ただ車を組み立てただけだ」（フォードのミノベーションのなかでも特筆すべき点は、右側通行のアメリカにおいて、ハンドルを右から左へと移し替えたことだろう。それ以前の右ハンドルの時代には、運転手は溝に落ちないよう車輪に注意を払っていた。ところが交通量が増える将来には、運転手は溝よりも対向車を確認し、車両がすれ違う際の安全を確保するようになるとフォードは予測し、運転席が道路の中央部に位置したほうが安全だ、と考えたのである）。

わたしは、アントレプレナーにこうアドバイスする。「一気に高い望みを果たそうとしてはいけない」と。成否を分ける状況では、時には、少しずつ修正や調整を積み重ねることが大切だ。イノベーションは華々しいヘッドラインを飾るかもしれないが、市場シェアをより獲得するのはミノベーションのほうなのだ。

ホワイトボード6か条④

ペンを諦める

だが、ミノベーションしすぎて焦点を失ってもいけない。あれもこれもと複数の製品を手がけ、さほど重要とも思えないプロジェクトにまで手を広げたい衝動を抑えよう。焦点を絞るのだ。

２０１１年、カリフォルニアを拠点とする、あるアクセラレーター（スタートアップの活動や成長を加速《アクセラレート》させ、事業拡大に焦点を絞って支援を行う）が、事業拡大に成功したスタートアップと失敗したスタートアップとを追跡し、その原因を突き止めようとして、次のような調査を行った。「ピボットを図る正しい回数はあるのか」。そして、それぞれのスタートアップがその製品ラインに加えた変更回数を調べ、「変更回数がゼロ」「1、2回」「2回以上」の3つの選択肢で答えてもらった。

その結果、「変更回数がゼロ」と「2回以上」よりも「1、2回」のほうが、売上げが2・5倍多く、ユーザーが4倍増加し、また事業拡大の時期を早まるという失敗も半分に抑えられていた。つまり教訓はこうだ。「変更を恐れるな。ただし、変更しすぎてもいけない」

2010年、スギアント・タンディオは、妻の家族が営むインドネシアのプラスチック加工会社ティルタ・マルタを引き継いだ。創業40年というその会社は、レジ袋から食品や家庭用洗剤の商品パッケージまでを販売していたが、タンディオにはアイデアがあった。3Mに勤めていたときの経験を活かして、「環境に優しい」イノベーションに事業の焦点を合わせたのだ。

特にタピオカ――スイーツとして人気のあのタピオカだ――を原料としたプラスチック・ポリマーの開発に成功すると、そのバイオプラスチックは、世界で初めて「フェア・フォー・ライフ」のフェアトレード認証を受けた。しかも環境の改善に貢献するだけでなく、地元タピオカ農家の生計も助けるという二重の利益ももたらした。小売業者から絶大な支持を得たティルタ・マルタのプラスチック製品は、地元市場の90%を席巻《せっけん》する。エンデバーのアントレプレナーに応募したとき、タンディオはすでに強力なグリーンカンパニーを築いていた。

ところが、エンデバーの専門家のひとりが、その欠点を指摘した。「彼の会社はインドネシア経済のすばらしい促進剤であり、世界的な問題の解決にも貢献できるんだが、ビジネスモデルも製品も多すぎるんだよ」。エンデバー理事会メンバーのジョアンナ・リーズが引き取った。「ブランドネーム入りのペンをつくると盛んに話していたけれど、それはまったく違う方向の事業ね。彼はもっと焦点を絞るべきだわ」

審査に1時間以上もかけた末、エンデバーはタンディオの会社を支援することにした。だが、「何か助言はありますか?」という声に、ジョアンナがすかさず答えた。「ペンは断念しなさい!」

1年後、ティルタ・マルタは海外進出と、環境に優しいレジ袋に焦点を合わせていた。生分解性のペンを開発・販売する予定はないという。

「何をしないかを決めること」の難しさ――ジョブズがすごい本当の理由

次から次へとアイデアが湧くことは、アントレプレナーの最大の強みかもしれない。だがそのせいで焦点がぼやけてしまえば、破滅的な結果を招きかねない。アントレプレナーの多くが、国内で盤石の地位を築く前に海外進出を考える。ようやく事業が軌道に乗りはじめたところで、新たな製品ラインに乗り出そうとする。

ふたつの象徴的な企業の話をしよう。1社はアップルである。スティーブ・ジョブズは、厳格なまでに統制と集中にこだわった。彼がその哲学を最初に学んだのは、大学を中退して夜間にアタリで働いていたときである。アタリのゲームにはマニュアルがない。だから、ドラッグでハイになった大学1年生でも楽しめるほど単純でなければならない。スタートレックのゲームの場合、指示はふたつだけだ。「1、25セント硬貨を入れる」「2、クリンゴン人から逃げる」

ジョブズが10年後にCEOに復帰したとき、アップルは、コンピュータも周辺機器もでたらめなほどたくさん製造していた。マックだけでも十種類を数えた。「友だちにすすめるとしたら、どれにしたらいいんだ？」。ジョブズが訊ねた。

製品を絞り込みはじめて数週間後、ついにジョブズの堪忍袋の緒が切れた。「もういい！」。ある戦略会議の席で、そう怒りを爆発させた。マーカーをつかむと、靴を脱いで靴下を履いただけの足でホワイトボード（そう、ホワイトボードである。彼はホワイトボードを使うと集中しやすくなると考えていた）に向かい、大きく「田」の字を描いた。そして、枠の外の縦列に「消費者」「プロ」と、横列に「デスクトップ」「ラップトップ」と書いたのである。「君たちの仕事は」と、声を張り上げる。「この4つに集中して、各分野でひとつずつ、4つのものすごい製品をつくることだ」。それ以外の製品はすべて中止する。部屋は静まり返ったという。

だが、ジョブズは黙らなかった。そして、今度は経営陣に詰め寄ったのである。「次にすべき10個のことは何だと思う？」。経営陣はさんざん話しあったあげく、10のリストをこしらえた。すると、ジョブズは上位3つを残して、あとの7つをマーカーで消して宣言した。「我々はこの3つだけに取り組む」

ジョブズは言った。「何をしないかを決めることは、何をするかを決めることと同じくらい大切だ。会社についても、製品についてもそうだ」

一方、対照的なのがソニーである。２０１２年に、『ニューヨーク・タイムズ』紙はこう指摘した。

かつてイノベーションの指針とまで謳われたソニーは、この4年間、赤字続きだ、と。ソニーの元幹部もその事実を認めて、こう述べた。「ソニーはたくさんの機種をつくりすぎていますね。しかも『これこそが我が社が誇る最先端技術だ』と、胸を張れる製品がひとつもありません」

レゴを〝破綻の淵〟から世界一に導いたものとは？

たくさんの周辺製品やサービスで、ブランドの魅力をぼかしてはいけない。コア製品や得意分野に焦点を合わせ、存分に活用し尽くすのだ。

世界的に有名な玩具メーカーを例にあげよう。1932年、オーレ・キアク・クリスチャンセンというデンマーク人の大工が生活に困って、木の玩具をつくりはじめた。豚の貯金箱、ヨーヨー、自動車、紐で引っ張って遊ぶ動物や電車などである。彼は見習い社員のあいだで会社の名前を募集し、採用者には自家製ワインを与えると約束した。最終的に2案が残ったが、クリスチャンセンは結局、自分の案を選んだ。それが、デンマーク語で「よく遊べ」を意味する「レゴ」だった（おそらく、自家製ワインも自分で開けて飲んだのだろう！）。

第2次世界大戦中、デンマークの親たちは、他に楽しみらしい楽しみもない子どもたちにレゴ社の木の玩具を買い与えた。ところが戦争のせいで、木材が不足する。そこで1947年、クリスチャンセンはプラスチックの射出成形機を購入して、連結したり、積み上げたりできるプラスチックのブロックをつくりはじめたのである。だが、木の玩具を好む顧客にはあまり評判がよくなかった。クリスチャンセンは改良を重ね、会社も少しずつ大きくなった。1970

年代、親になったベビーブーム世代がレゴを知育玩具とみなしたことから、需要が急増し、レゴ社の収益は5年ごとに倍加していった。

ところが、1990年代に入って、中国製の安いコピー製品が市場に出まわりはじめると、売上げは深刻な打撃を受けた。対抗手段として、レゴ社はイノベーション攻撃に出た。あらゆる色のブロックを揃え、『スター・ウォーズ』や『ハリー・ポッター』のキット製品を充実させ、指輪やネックレスなどレゴのアクセサリーまで発売する。レゴの数は7000種類から1万2400種類にまで激増。そして、そのことが会社の息の根を止めかけてしまう。

2003年には、〝4歳の子どもがつくったフランケンシュタインのように〟もはや自力では立つこともできず、破綻の淵に追い込まれてしまうのである。「危うくイノベーションと心中するところでした」。ある上級幹部はそう洩らした。そこで、マッキンゼーの元コンサルタントをCEOに迎えて事業を縮小し、大幅な人員削減を敢行して、生産も外注した。コア事業を原点のブロックに戻した。どんな製品も、デザイナーのあいだで投票して発売か不採用かを決定する。それにより、レゴの数はもとの7000種類に戻った。

すると売上げが伸び、1年で25%近くも増加した。2012年、レゴ社の企業評価額は150億ドルに達した。2014年にはマテル（とバービー！）を抜いて、世界一の業績を誇る玩具会社に躍り出たのである。

アントレプレナーにとって、3つのE——実験《エクスペリメンティング》、探索《エクスプローリング》、拡大《エクスパンディング》——は重要だが、その反対も大切だ。時には、きらきらと輝く新しいものから目を背けよう。目を眩《くら》ませ、注意を逸らすものを無視しよう。トラブルの元をつくり出さない。エンジンはひとりでに床に落ちたのではない。「本当に大切なものに目を光らせておかないから、あなた自身が落としてしまったのである」

焦る必要はない。事業を拡大するための時間はたっぷりある。だが今はペンを諦めて、あなたの事業をここまで成長させてきたコアアイデアに集中することだ。

ホワイトボード6か条⑤

大きく夢見て、小さく成果を積み上げる

それは、アントレプレナーが夢見る〝PRの神様がくれた思いがけないプレゼント〟だった。時事問題や政治、カルチャーを扱うオンラインマガジン「スレート」のコラムニストであるファルハド・マンジューは、2012年、サンフランシスコを拠点とするアパレル系スタートアップ「アメリカン・ジャイアント」のフードつきパーカーの記事を書き、史上最強のパーカーと呼んで絶賛した。「競合メーカーのパーカーとは、比べものにならないほど着心地がいい」。マンジューはさらにこう続けた。「そのパーカーを着れば、なぜ他のメーカーもこんなふうにつくれないのか、と不思議に思うはずだ」

この評判はまたたく間に広まった。ABCニュース、NPR（ナショナル・パブリック・ラジオ）、さらにはイギリスのBBCも取り上げた。記事がアップされて36時間も経たないうちに、アメ

リカン・ジャイアントではすべてのパーカーを売り切ってしまった。「棚がすっからかんになってしまったんです」。創業者のベイヤード・ウィンスロップは言った。

売れて当然の商品が馬鹿売れしたという、勇気の出る話だと思うに違いない。ところが、そうではなかった。アメリカン・ジャイアントは、需要に対応しきれなかった。その棚はその後、半年間もすっからかんのままだったのである。腹を立てて、スレートのコメント欄にこう投稿した顧客もいた。「この会社が世界一スゴいパーカーをつくってるのは本当なんだろう（それは自分で判断するよ。いつか僕の手元にも注文したパーカーが届いたら、の話だけどね）。けれど、彼らの在庫管理がお粗末なのは間違いない。この記事で殺到した注文に、まったく対応できなかったんだから」

この失態がなおさら痛ましいのは、創業者のウィンスロップがそもそも事業拡大のエキスパートだったからである。事業拡大に苦戦する企業に声をかけられては、あちこちの企業を渡り歩いてきたウィンスロップが、自分で創業したスタートアップの事業拡大に失敗した。「在庫計画、増産システムに増産能力……理論的には何の問題もありません」。ウィンスロップは言う。ところが、その計画通りに生産が間に合わず、ある記者が言うところの「破滅的な成功」に見舞われたときには、一夜にしてつかんだ名声が一夜にして事業を破滅へと陥れてしまうことになる。

スタートアップが失敗する最も大きな要因とは何か？

大きな夢を見ることはすばらしい。だが、小さく成果を積み上げる力があってこそ、夢は叶えられる。

「ブラックボックス」を名乗るシリコンバレーのアクセラレーターは、2011年、いわゆる〝テック系スタートアップの遺伝子《ゲノム》〟を特定する調査に乗り出した。そして「スタートアップ・ゲノム報告書」をまとめ、「スタートアップの9割以上が失敗に終わるが、そのおもな原因は競争ではなく自滅だ」と指摘した。しかも、たとえ成功したとしても、彼らは途中で何度も破綻ぎりぎりの体験をするという。

ブラックボックスでは、成長著しいインターネット関連のスタートアップ3200社をデータベース化して、そのなかの650社から詳しい回答を得た。そして、次のような結論を導いた。「スタートアップが失敗するいちばんの理由は、時期尚早の事業拡大にある。スタートアップの実に4分の3が、慌てて会社を大きくしようとして失敗する」

考えてもみてほしい。事業拡大の最大の障壁が、質の悪い製品でも、ひどいデザインでも、資金不足でもなく、早まった拡大計画にあるというのだ。もしくは報告書の言葉を借りれば、アントレプレナーは「先走りしすぎて、早い段階で戦いに負ける傾向にある」。

これらのスタートアップが失敗したのは、次のような理由を抱えていたせいである。

・つくった製品が問題を解決しなかった。
・製品の完成度を上げることよりも、顧客獲得に資金や時間を費やした。
・ユーザーのフィードバックを得ないままに、前へ突き進もうとした。

こんな教訓が学べるだろう。先走りしすぎるな。インタビューでこう答えた者もいる。「事業拡大とはつまるところ、クルマがそのスピードに耐えうることを確かめてから、アクセルを強く踏み込むことだ」。「スタートアップ・ゲノム報告書」では、数字まで割り出している。1歩ずつ事業を大きくする企業は、平均よりも20倍速く成長する。

〝カーバウ方式〟で謙虚に成功したマレーシア「ジョブストリート・ドットコム」

エンデバーのアントレプレナーの例を紹介しよう。

1997年、マーク・チャンはマレーシアに「ジョブストリート・ドットコム」を開設した。就職情報ポータルサイト「モンスター・ドットコム」のようなオンライン求人サイトである。チャンはそのサイトを、ただ「定期的な収入をもたらしてくれるだろう」くらいにしか思っていなかった。「まあ、家族経営の小さな事業くらいのつもりだったんですよ」。だが事業が大きくなるにつれ、周囲から頻繁に「なぜ、アジアの他の国に進出しないんだ？ NASDAQ上場を狙わないのか？」と訊かれるようになった。チャンは続ける。「当時は投資熱が高かったので、彼らのアドバイスを無視するのは本当に大変でしたね」

ところが、生まれつき保守的なチャンは事業拡大よりも、まずはシェルやデルのカスタムツールを含むソフトウェアを書く仕事に集中した。ベテランのCEOを雇って経営を任せ、自分はエンジニアリング技術を思う存分発揮した。急速な事業拡大を避けた。そして、その結果は？2000年にドットコムバブルが弾けたとき、競合の多くは破綻したが、チャンは混乱を生き延びた。2008年の世界金融危機も耐え抜いた。

現在、チャンはエンデバー・マレーシアの理事会メンバーを務めていて、ジョブストリートは東南アジアで最も成功したインターネット企業のひとつに数えられている。2014年には、5億2400万ドルの収益をあげた。

だが、チャンはその実績をいかにも彼らしい謙虚さで受け止める。「僕たちは〝カーバウ方式〟しか知りませんからね」。カーバウとは、インドネシア語で「水牛」を指す。水牛が水田を耕すように、「一生懸命に働いて、あとは恵みの雨を待つ」というわけである。

実行あるのみのアントレプレナーにとって、水牛は幸運のシンボルだ。水牛になろう。懸命に働いて、あとは恵みの雨を待つのだ。

だが、それが簡単でないことを身をもって学んだのが、メキシコで起業したミゲル・アンヘル・ダビラである。周囲から猛烈な圧力がかかるときには、懸命に働くのも恵みの雨を待つのも難しい。

ハーバードビジネススクールでMBAを取得したダビラは、メキシコもそろそろ、映画館へ出かけるときの〝レンガと棒切れ方式〟を卒業すべきだと考えた。すなわち「映画館にレンガと棒を持って出かけ、レンガの上に腰をおろし、棒でネズミを追い払いながら映画を観る」という意味である。そして、ダビラと友人は「シネメックス」を開業した。最先端のプロジェクションとサラウンドサウンド・システムとを備え、スタジアム形式の椅子席を完備した映画館チェーンである。ダビラによれば、彼の最大の長所はミノベーションだという。たとえば、ありふれたバター味ではなく、ライムジュースとチリソース味のポップコーンを館内で販売した。

とはいえ、彼が直面した最大の問題は、ハリウッド映画のようなきらびやかなものではなかった。メキシコの組合は70年ものあいだ、映画館業界に不可解な決まりごとを押しつけてきた。「ソフトドリンクを売る映画館では、食べ物を売ってはならない」という馬鹿げた決まりも、そのひとつである。そして組合が、ダビラの映画館のオープニングデイに嫌がらせをすると、ダビラは反撃に出て、労働委員会にその不当行為を訴え、結局、シネメックス側に有利な判断が下った。のちに、組合員も柔軟な考えのメンバーに入れ替わった。

ダビラは、顧客と従業員の両方を満足させるために懸命に働いた。そして、10年後に恵みの雨が降った。シネメックスが3億ドルで買収されたのである。

エンデバー・メキシコの理事会メンバーを務めるダビラは、こうアドバイスする。急激に成長する、電光石火の成功物語と張りあってはならない。「そういう企業はハレー彗星みたいなものだ。100年に1度しか現れない」。ダビラは言う。それよりも、「顧客のニーズを探して、他の誰よりもそのニーズをうまく満たす方法を見つけ出すことだ」。

教訓。アクセル全開で、いきなりゼロから時速100キロメートルまでスピードを上げようとするな。大きく夢見て、小さく成果を積み上げるのだ。

ホワイトボード6か条⑥

1度にひと口ずつ、象を食べる

ある日、ホワイトボードを壁に立てかけていたとき、わたしはこんなことに気づいた——いろいろな人との会話やたくさんの事例から導き出したにもかかわらず、ホワイトボードの6か条には共通するテーマがある。そしてそのテーマは、事業を立ち上げる段階で、わたしがアントレプレナーに贈るアドバイスにも共通している。

わたしたちは起業家精神を、大それた、恐怖を伴うことだと考えがちだ。やみくもに信じ、一気に破壊的な行動に出ることだ、と。ところが、実際はまったく違う。起業家精神とは、現状を打ち破るときには気持ちを奮い立たせることだが、問題に直面したときには冷静さを取り戻すことだ。勇気をもって世界を揺るがすが、その方法はあくまでも慎重な行動を通してであって、あなた自身の心を揺るがせることによってではない。リスクを負いながら、リスクを軽減することでもある。

起業家精神とは、大胆な夢を堅実なステップで実現することなのだ。

つまり、「周囲の人間とは反対の行動を取る」ことが大切だ。それは、あなた自身の直感に反する行動かもしれない。目の前の道が平坦で安全に見えたなら、波瀾を起こそう。新しいことを想像し、危険なアイデアを考え出して、日常業務に驚きをもたらそう。わたしの口癖を実行するのだ——みながあっちに行くときに、ひとりだけこっちに行く。

その反対に、目の前の道がでこぼこで不安定に見えたときにも、慌てて逃げ出してはいけない。平静を保つ。選択肢を絞る。ふさわしい人材をバスに乗せ（ふさわしくない人材をバスから降ろし）、行き先を変更して、約束を果たす。

前へ進みつづけるのだ。

リード・ホフマンから「開拓者」へのメッセージ

ベン・シャーウッドは、空中分解した飛行機事故の生還者からライオンに噛み殺されそうになった人まで、奇跡のような体験を生き延びた人をインタビューしたジャーナリストである。シャーウッドは『サバイバーズ・クラブ』（講談社インターナショナル）のなかで、生還者には共通の心構えがあると分析する。「彼らは絶体絶命の危機に瀕しても、警戒を怠らず、集中し、頭もよく働く。そして考え、計画を立てて、行動に移す」。パニックを起こさず、凍りつかず、怖じ気づかない。

シャーウッドによれば、アメリカ空軍のサバイバル学校では、混沌とした状況を乗り越えるために、こんな印象的な格言を教えるという。「象をひと口で食べようとするな」。体重が7トンもある、この厚皮動物を一気に食べようとすれば、途中で諦めざるを得ないか、消化不良を起こすかのどちらかである。生き延びるためのカギは、「1度にひとつだけ行動する」ことだ。「まずは少しかじる。噛む。呑み込む。そして、またひと口食べる」

同じことは、アントレプレナーにも言える。リンクトインの共同創業者であるリード・ホフマンは、エンデバーのサミットに出席したとき、参加者のアントレプレナーに同様のメッセージを贈ってくれた。アントレプレナーの仕事を、マラソンやローラーコースターに喩えるグルーは多い。だが、ホフマンは違う。事業を立ち上げて大きく育てるという難しい仕事を、ホフマンがなぞらえたのは、西部に旅立った開拓者が直面した仕事である。「新天地の地図をつくるときには」と彼は言う。「大平原をたった1日で描いたりはしませんよね。旅をいくつもの行程に分けます。そうやって1歩1歩、1日1日、夢に向かって近づいていくんです」

事業拡大とは、必ずしも大急ぎの拡大を意味しない。会社を大きくする段階で次々と直面する試練を乗り越えるためには、その都度、ペースを落とす必要がある。ヘンリー・フォードも言ったではないか。「小さな仕事に分けてしまえば、とりたてて難しいことは何もない」

フォードの実験部門から、わたしの実験部門が導き出したアドバイスをひとつ――あなたの夢が今度、床に落ちて粉々に砕け散ってしまったときには、まずは深呼吸しよう。そして夢を拾い上げ、仕事に戻るのだ。その瞬間を、あなた自身のT型フォードを生み出すための転換点だと思ってほしい。

第6章
Leadership 3.0

失敗を糧に進化するチームをつくるために
——これからのリーダーに求められる4つの「A」

わたしがエンデバーを「クビ」になった日

エンデバーを共同創業して4年が過ぎた頃、わたしはアシスタントにクビを言い渡された。その日、わたしはマサチューセッツ州ケンブリッジを訪れ、ハーバードビジネススクールの1年生を前に講演した。エンデバーをケーススタディとして取り上げた、第1回目のクラスだったのだ（ビル・ソーマン教授に「ストーカー」と紹介された日でもある）。

講演を終えたわたしは、気分が高揚していた。アントレプレナーであるわたし自身の旅を祝う重要な記念日のように思われ、舞い上がっていたのだ。そこへ、アシスタントのベルから電話がかかってきた。

「リンダ、今月の給与支払いの書類に確認のサインをしてくれましたか？」

「あら、忘れてた。でも誰かが代わりにサインしてくれたはずだわ。ねえ、それより今日どんなことがあったか、聞いてくれる？」

「誰かですって！」。ベルが大声を出した。「CEOはあなたですよ。あなた以外にその権限を持つ人間はいません」。しばらくしてベルが言った。「もう結構です」。そして、こう宣告した。「あなたはクビです。給与支払いを管理していないなんて……。事情をよくわかっていないかもしれませんが、職員は家賃を支払わなくてはいけないんですよ」

「職員？」。わたしはそう思った。「うちに職員はいないのに」

当時、エンデバー・ニューヨークで働いていた8名を、わたしはチームメイトと思っていた。それに、わたしは上司ではない。あくまでもパートナーだ。うちに上司や職員という上下関係はない。官僚的な仕組みもなければ、煩雑な手続きもない。エンデバーはスタートアップなのだ。みな、一緒にがんばってきた仲間なのである。

こうして、わたしが一人前になるための教訓を教えてくれたのは、エンデバー・ニューヨークで最も若いベルだった。わたしは創業者であり、チームメイトであり、アントレプレナーだった。だが、それだけではなく、リーダーでもあったのだ。だから、わたしを頼りにしてくれるチームを率いるためには、そのスキルを学ばなければならなかった。

この一件以来、事業を拡大する段階で、同じような間違いを犯すアントレプレナーをわたしはたくさん見てきた。スタートアップを立ち上げ、経営してきた創業者たちは、自分が実際にそのスタートアップを運営しなければならないという事実を、つい忘れてしまう。かつてはパジャマのままで働き、自宅のガレージで創業し、深夜にメールを送っていたかもしれない。だがその彼らも、今ではちゃんとしたオフィスを構え、ちゃんとした従業員を抱え、ちゃんとした会議を開く。なのに、相も変わらずスタートアップ・モードのまま、いい加減に会社を運営する。それは彼らが、それ以外のリーダーシップのとり方を知らないからである。

勘に頼るだけの方法ではうまくいかないが、横柄な態度でもうまくはいかない。リーダーシップ術を説く本はたいてい、陸軍大将やオリンピックの金メダリスト、実業界の大物の教訓を披露する。だがそのような教訓は、電光石火のごとく登場し、ネットで緊密につながった今日のスタートアップの役には立たない。航空母艦とサーフボードとが似て非なるもののように、経営の神様ことジャック・ウェルチと今日のアントレプレナーとのあいだにも共通点は少ないのだ。

わたしが見つけたいのは、アントレプレナーのようにリーダーシップを発揮する、〝ゴルディロックスな（ちょうどいい）ルール〟である（訳注：ゴルディロックスは、『三匹のクマ』というイギリスの童話の主人公の名前）。ボタンダウン着用の企業にしか当てはまらない「厳格すぎる」ルールでも、ラフなTシャツ姿のスタートアップにしか当てはまらない「寛容すぎる」ルールでもない。そして、その新しい「ちょうどいい」スキルを、わたしは「リーダーシップ3・0」と名づけた。それは、事業拡大のさなかにあって俊敏な動きを失わず、ソーシャルメディアの奔流を泳ぎ渡り、チームメンバーに生身の自分をさらけ出すリーダーシップ術である。

スタートアップに「ちょうどいい」リーダーシップを求めて

わたしが知るアントレプレナーの誰もが、リーダーシップのルールを探していた。飛躍を目指すガゼルにとっては必須のルールである。事業を大きくするために何が最も必要かと訊ねると、エンデバーのアントレプレナーは必ず、リーダーシップ術と答える。使命に燃えるドルフィンや、フリーランスのバタフライも例外ではない。ある朝、わたしは双子の娘を学校に送り届けた際、ひとりの母親と会話を交わした。自宅のリビングでデザインの仕事をしている彼女は、初めてアシスタントを雇うことを考えているという。「でも、もしその人がわたしの言うことを聞いてくれなかったら、どうしたらいいの？」。彼女はひどく心配していた。

ところが驚くことに、リーダーシップ術をとっくに身につけているはずの、一流企業の経営陣やスカンクでさえ助言を求めてくる。ここ数年、わたしは「フォーチュン100」に名を連ねる多くの企業に招かれて、「リーダーシップ3・0ワークショップ」を開いてきた。5か年計画を持つ大企業のベテラン経営者が、5分おきに計画を変更するスタートアップから何を学ぶことがあるのかと、最初は不思議でならなかった。ところが今日、業界のリーダーたちは、大企業の複雑な組織や入念な意思決定方法を、不利益をもたらすものと考えている。企業の経営陣にとって、最大のリスクとは「俊敏な動きを失うこと」なのだ。

そして彼らはスタートアップを横目に、映画『恋人たちの予感』のなかで、メグ・ライアンとビリー・クリスタルがデリカテッセンで食事をする、あの有名な場面の有名な台詞をつい口走るのである。「わたしにも、彼女と同じものを」

それでは、成功したスタートアップのリーダーはどうしているのだろうか。わたしは、4つの共通点を見つけた。

1：アジャイル（**A**gile）――アイデアを下から上へ
2：アクセシブル（**A**ccessible）――リーダーにすぐアクセスできる
3：アウェア（**A**ware）――欠点を自覚して「フローサム」になる
4：オーセンティック（**A**uthentic）――弱さをさらけ出し、ありのままの自分で

学校では3つのR――「Reading（読み）」「Writing（書き）」「Arithmetic（算術）」――が重要だと学ぶが、リーダーシップ開発にとって重要なのはこの4つのAである。詳しく紹介しよう。

リーダーシップ4つの「A」①

アジャイル（Agile）――アイデアを下から上へ

数年前のある夜、夫のブルースがベッドルームに入ってきて、わたしたちを「アジャイルな家族」にしたいと言い出した。そんな文脈で「アジャイル」という言葉を聞くのは初めてだったが、ブルースは熱心に話しはじめた。

だが、まずはその前に、アジャイルについて簡単に説明しよう。1983年、大手金融機関の最高技術責任者（CTO）だったジェフ・サザーランドは、社内のソフトウェア開発に不満を抱いていた。当時、彼の会社では「ウォーターフォール型開発手法」に従って、上層部が下した命令が、滝（ウォーターフォール）のように従業員に順々に伝わっていく方法を採用していた。ところがそれでは、現場のプログラマーの声は反映されない。実際、プロジェクトの83％が失敗に終わっていた。

そこで、サザーランドはスカンクになった。新しいシステムを考え出し、アイデアが上から下へと一方的に流れ落ちるのではなく、ボトムから伝わる方法を取り入れたのである。それが「アジャイル型開発手法」である。この手法では、従業員を少人数の開発チームに分け、そのチームが毎日集まってプロジェクトの進行具合を確認しあう。次々に実験を行い、短い開発期間で成功と失敗を繰り返して、プロジェクトの完成度を高めていく。

今日、アジャイルは100か国以上で用いられる標準的な手法である。グーグルやフェイスブックでも採用され、TEDでも紹介されてきた。この方法を活用するエンデバーのアントレプレナーも多い。パタゴニアの羊飼いだったウェンセス・カサレスを覚えているだろうか。彼も、アジャイルの採用は、自分が〝リーダーとして下した最高の決断〟だったと言う。自分自身の意思決定が常に正しいとは限らず、優れたアイデアが組織のどこから生まれるかわからないからだ（ちなみに、カサレスがプライベートで下した〝人生最高の決断〟が何かを訊いてみるといい。「ベルを人生の伴侶に選んだことだ」と答えるに違いない。わたしにクビを言い渡した、あのアシスタントである！）。

そして、夫のブルースの提案によって、我が家でもアジャイル手法を取り入れることにした。たとえば朝、洗面所を順序よく使う方法や、朝食をもっと落ち着いて済ませる方法を考え出して実行する。そして週に1度、家族会議を開いて、改善できたかどうかを話しあう。子どもたちは野菜を残さなくなり、双子の娘が大声を出したり大騒ぎしたりする（もちろん、親のわたしたちが怒鳴る）回数も減った。「アジャイル手法を家庭に取り入れる」という発想を、TEDの関係者もおおいに気に入ってくれ、ブルースはTEDでプレゼンテーションを行った。タイトルは「ブルース・ファイラー：家族のためのアジャイルプログラミング」である。

アジャイルはアントレプレナーにも有効である。とりわけ、リーダーには次の3つを勧めたい。「①実験を繰り返す」「②自律した小さなチームに分ける」「③失敗を恐れない」の3つである。

（1）実験を繰り返す──ハイアールの「4000のチーム」

アジャイル手法を重視するリーダーは、厳格な5か年計画など発表しない。それどころか、調整を重ねて実験を繰り返すよう社内のチームに働きかける。

中国の家電メーカー「ハイアール」の例で考えてみよう。1993年、張瑞敏《チャンルエミン》がCEOを引き継いだとき、ハイアールは、GEやワールプールなどの世界ブランドに太刀打ちできる可能性もなく、どうにか破綻を免れている冷蔵庫メーカーにすぎなかった。そこでチャンは、従業員を4000のチームに分け、もっと自律した、顧客中心のチームに生まれ変わるよう促した。悪戦苦闘するコールセンターのチームは、チャンの言葉を心に留めた。そして、呼び出し音が3回以内に電話に出て、故障の苦情には3時間以内に技術者を派遣すると誓ったのである。

その後しばらくして、洗濯機の管が詰まって水が流れないという電話が、四川省のユーザーからかかってきた。すぐに駆けつけてわかったのは、その農家はいつも、収穫したばかりの泥のついたじゃがいもを洗濯機で洗っているということだった。だがカスタマーサービスは農家を非難するかわりに、ハイアールの技術部門にその情報を伝えた。さらに調査すると、数百万人の中国人が、泥つきの野菜を洗濯機で洗って管を詰まらせていたことが明らかになったのである。すると技術者は、じゃがいもを洗っても故障しないどころか、皮まで剥ける洗濯機をつくった。他にも、モンゴルの放牧者が、ヤクの乳を撹拌してバターをつくっても壊れない洗濯機もこしらえた。

このような実験が実を結び、ついには洗剤なしで衣類を洗える洗濯機までも開発してしまった。2013年、ハイアールは4年連続して大型家電の販売台数で世界1位に輝いたのである。

（2）自律した小さなチームに分ける——ベゾスの「2枚のピザ」ルール

アジャイル手法を採用するリーダーは、従業員を自律した小さなチームに分ける。「結束力のあるチームのほうが、高い効果を生む」ことを示す証拠は多い。

広告界のグールーことジョージ・ロイスは、ゼロックスやトミー・ヒルフィガー（ファッションブランド）、MTVなどの鮮烈なイメージ広告を仕掛けた、伝説のアートディレクターである。1960年代の広告業界を描いた、TVドラマシリーズ『マッドメン』の主人公ドン・ドレイパーも、ロイスがモデルと言われている。そのロイスも、成功のカギを握るのはチームの人数だという。「ずば抜けて頭のいい人間が10人もいたら——何も生まれない」。さらにこうも言う。「ノーベル賞を取った人間が同じ部屋に何人もいたら、大きな厄介ごとが起きる」。それでは、チームの人数はどのくらいが適当だろうか。「部屋に4人以上いたら、すごいことは何も生まれない」。ルイスは続ける。「なんにも、だ」

ジェフ・ベゾスも同意する。ベゾスが実施するのは「2枚のピザルール」である。夜遅くまで残業するときに、全員の食事が2枚のピザで足りなければ、そのチームは人数が多すぎるという意味だ。ある研修会の場で、「従業員はもっとお互いにコミュニケーションを図るべきだ」と、中間管理職のひとりが提案したところ、ベゾスが立ち上がり、顔を真っ赤にして怒鳴ったという。「いいや、コミュニケーションは最悪だ！」

ベゾスが求めるのは権力分散型の企業だ。一人ひとりのアイデアが集団思考よりも優先される、組織としてまとまりのない企業である。今日、アマゾンの90％がアジャイル型の開発手法で運営されている。

(3)失敗を恐れない——大ヒットした40作目の試作品

アジャイル型のリーダーは、Fワード、すなわち「失敗(Failure)」を恐れない。失敗を受け入れることは、起業段階において常に重要だ。電球を改良するために実験を繰り返したトーマス・エジソンも言った。「わたしは1万回も失敗していない。ただの1度も失敗していない。1万通りの方法がうまくいかないことを証明しただけだ。その1万通りの方法を除外したとき、うまくいく方法が見つかるはずだ」

だが、起業段階以上に失敗が重要なのは、事業拡大を狙う段階である。革新的なアイデアは、大企業のなかでは浮上しにくい。昇進の機会を失い、上司に恥をかかせ、クビになりたいと願うスカンクはいないからだ。2013年にアメリカの企業500社を対象に行った調査のなかで、「イニシアチブを発揮する際の最大の障壁」は何かと訊ねたところ、4割近くの管理職が「誤りや失敗の責任を問われるのではないかという不安だ」と答えた。余計な行動を控え、ただ自分の仕事をこなしていたほうが無難というわけである。

近年では失敗に寛容な企業も増えてきた。失敗をつきものと考え、大きな成果をあげた企業もある。1953年、ノーム・ラーソンはサンディエゴにロケット・ケミカル・カンパニーを創業すると、すぐに航空宇宙産業が長く抱えてきた難問の解決に乗り出した。その問題とは、錆《さび》である。当時、アメリカ初の大陸間弾道ミサイルの開発に取り組んでいた、大手航空宇宙・

防衛企業のジェネラル・ダイナミクスは、機体の外殻の腐食という問題に頭を抱えていた。ラーソンは、金属の表面から腐食の原因となる水分を除去（置換）する「水置換」という理論を応用して、高性能の防錆《せい》・除錆剤を開発すればいいのではないかと考えた。

ところが、最初の試作品はまったく効果がなかった。そして2作目も。3作目、4作目、5作目も失敗に終わる。39作目の試作品でもまだ満足できなかった。だが、ついに40作目の試作品にして、充分な撥水性を備えた、油分と炭化水素との配合を突き止めたのである。

その製品を購入したジェネラル・ダイナミクスでは、そのあまりの性能に驚いて、こっそり家へ持ち帰る従業員があとを絶たなかった。溶剤をランチボックスに入れて持ち帰り、錆びたクルマの部品やドアの蝶番に塗ったのである。その話を聞いたとき、ラーソンはひらめいた。「一般家庭用にも売り出せるのではないか」。そして、それまで缶入りだった溶剤を、家庭でも手軽に使えるようにエアゾール缶に詰めて売り出したのである。青と黄色のデザインがひときわ目立つエアゾール缶は、すぐにホームセンターの棚でお馴染みの商品になった。ラーソンはその製品を、開発ノートに書きつけた記録から「ＷＤ－40」と名づけた。「Water Displacement（水置換）試作番号40」の略である。

１９６９年、ロケット・ケミカル・カンパニーは、その唯一の商品名にちなんで社名をＷＤ－40社と変更し、現在もカリフォルニア州に拠点を置いて活動を続けている。ただ創業時との違いは、ＣＥＯのゲアリー・リッジが、失敗を日常業務の中心に据えた点だろう。３００人を数える従業員は、成功だけでなく失敗についても積極的に話しあう。「成功しなかったからといって、ペナルティはありません」。リッジはそう言う。新しい課題に挑戦してうまくいかなかった者を、周囲がこき下ろす〝もぐら叩き〟のような社風は存在しない。「我が社では、誰も間違いを犯しません」。リッジはさらに続ける。「それは学習時間なのです。うまくいかなかったことを話しあうよう、従業員には奨励しています」

たとえば、WD－40のエアゾール缶にはかつて、赤いストローノズルを別添してあった。だが、そのノズルをすぐになくしてしまうユーザーが多く、改善を望む声が上がった。この問題を解決するために社内でチームをつくったものの、なかなかいい案を思いつかない。そこで外部のデザイン会社の協力を仰ぎ、赤いキャップの先に直接ノズルをつけた「スマートストロー」を考え出した。1缶につき1ドル25セントの費用がかさむが、ユーザーは大喜びした。こう書いた者もいる。「さんざん待った甲斐があったよ！」

リッジがCEOに就任した1997年に1億3000万ドルだった収益は、10年後には3億ドルに増加し、一方、従業員の離職率は全米平均の3分の1にとどまっている。

人気会計アプリを生んだ社内起業家たちの失敗

失敗に寛容なリーダーシップの新しいスタイルを、スコット・クックも熱心に支持する。クックは、財務会計ソフトで有名なイントゥイットの共同創業者であり、経営委員会委員長でもある。

2011年、『エコノミスト』誌が主催した会議の席で、クックは実業界で過ごした35年間で、リーダーシップ像に対する考え方を180度変えたと語った。「私の父は、第2次世界大戦下の陸軍でリーダーシップを学びました」。クックは言う。「その時代、リーダーたる者は選択肢を設定し、意思決定を行い、部下に指示を出しました。ノルマンディ上陸作戦の指揮を執ったアイゼンハワーの姿と重なりますね」。ところが、現代のリーダー像はトーマス・エジソンの姿に近いとクックは考える。「リーダーシップの新しいスキルとは、試行を繰り返すよう従業員に働きかけるリーダーシップです」

クックはその例として、自社製品のターボタックス（個人向け確定申告ソフト）のチームから選抜した、5人のスカンクの話を教えてくれた。そのチームはこんな仮説を立てた——もしスマートフォン上で納税申告書に記入できたら、税理士に余計な報酬を支払わずに済む。5人はさっそく開発に取り組んだが、最初の数回は失敗に終わった。だがその後、度肝を抜くような確定申告ソフトを開発した。まずユーザーがスマートフォンで「W－2フォーム」と呼ばれる源泉徴収票の写真を撮ると、電子申告書ができあがる。そして、いくつか質問に答えたあとに内国歳入庁（IRS）に送れば、そのまま簡単に確定申告を済ませられるという画期的なソフトである。2011年1月に「スナップタックス」という名前でリリースされると、わずか2週間で35万回のダウンロード数を記録し、アンドロイドとiOSでいちばん人気の会計アプリに輝くのである。

「上司が意思決定を行うとき」と、クックは続ける。その決断は「社内政治や説得やパワーポイント」に左右される。だが、自律的に動くチームに権限を与えたときには、最善のアイデアが選ばれるのである。

タタ・グループの「失敗アイデア大賞」

しかも、失敗を受け入れるのに手遅れということはない。インドの有名な実業家ラタン・タタは、会長職を退く数年前になって〝転向〟した。75歳のタタは、ソフトウェアから自動車、製鉄、紅茶まで、1000億ドル規模の年間売上げを誇る、100社以上のタタ・グループ（インド3大財閥のひとつ）を経営していた。会長職を退く年の2012年、タタは一風変わったコンテストを実施した。「失敗アイデア大賞」である。「失敗は宝の山だ」とタタは言う。失敗こそ、イノベーションを促し、企業に新風を吹き込む唯一の方法であり、失敗アイデア大賞は新しいことに挑戦する従業員の努力に報いる方法でもある。

それが、グローバル企業の教訓である。Fワード（失敗）を恐れるな。

アジャイルでいこう。長期計画を放り出して、調整を重ねよう。官僚的な組織に背を向けて、「2枚のピザルール」を取り入れよう。毎日をただ退屈に繰り返すよりも、試行と失敗を高く評価する企業文化をつくり上げよう。

そして、F（失敗）の同僚に、時にはA（優）を与えるのだ。

リーダーシップ4つの「A」②

アクセシブル（Accessible）――リーダーにすぐアクセスできる

その日、ステージ上には豪華な顔ぶれが揃っていた。トークショーの司会を務めたのはマーク・ベニオフ。セールスフォース・ドットコム（企業向けクラウドサービス会社）の会長兼CEOである。ゲストのひとりはコリン・パウエル。2001年から2005年まで、ジョージ・W・ブッシュ政権の国務長官を務めていた人物だ。もうひとりのゲストは、GEのCEOであるジェフリー・イメルトである。3人は「ドリームフォース2012」のステージで、リーダーシップをテーマにトークショーを行っていた。

まずはパウエルが口を開く。「私は生まれつきのアナログ人間ですから、デジタル世界についていくのに必死ですよ」（あなたはよくがんばっていますよ、とベニオフが指摘する。元国務長官のフェイスブックには、300万人ものフォロワーが存在するのだ）。パウエルはまた、これほどいろいろな技術が発達した世の中では、リーダーが自分のチームから取り残される危険性があると言った。「ネットで緊密につながった若者にも、ついていかなければなりません」。リーダーがゆったりと椅子に腰かけて、問題の報告を待っていればいい時代は終わった。今は、自分のほうから積極的に働きかけて、いろいろな人たちと関わらなければならない時代なのだ。

イメルトも同意する。「わたしの場合は、常に規模と官僚的組織との戦いですね」。イメルトは、GEを起業家精神に満ちたルーツに戻すという、野心的なプロジェクトに着手していた。そして、元プロボクサーで〝偉大なる哲学者〟でもあるマイク・タイソンの言葉を引用して、我が社のような大企業はもっと俊敏でなければならないと続けた。タイソンは、「口にパンチを食らうまでは、誰でも計画を持っている」と言ったのだ。だが、口にパンチを食らうような強烈なできごとが起きたときには、企業経営にはより迅速で機敏な対応が必要になってくる。そして、そのような時代の変化に大きな影響を受けたのが、イメルトのような経営陣であり、彼らは従業員に対してもっと機敏に反応する必要に迫られた。そのときに役に立ったのが、テクノロジーというわけだ。

「ソーシャルメディアのおかげで、顧客とも従業員とも接触できます」。イメルトは説明する。デジタルプラットフォームを通して、現場の営業チームから生のデータを集め、その情報をもとに本部の責任者に問い合わせることもできる。「おい、いったいどうなってるんだ？」

またソーシャルメディアのおかげで、自分はリーダーとしてオープンにならざるを得なかったとも言う。「情報を積極的に共有する必要があるのなら、ぜひうまく対応したほうがいいですよね」。イメルトが話しているのは、従業員向け社内ブログのことだ。「始めてから2年になります。わたしの声です。わたしのメッセージ、わたしのやり方なのです」。ただし、自分の法律顧問には見せていない、と素っ気なくつけ加えた。

イメルトだけではない。PR会社のウェーバー・シャンドウィックが2012年に世界10か国の経営者を対象に行った調査によれば、CEOの〝社交性〟が、過去2年間で倍増していた。CEOの3分の2が自社サイトに、半分がイントラネットに投稿していたのである。ホテル会社のマリオットやザッポスのCEOはブログ派だ。ルパート・マードックやマリッサ・メイヤー（ヤフーCEO）、リチャード・ブランソンはツイッター派である。グーグルの共同創業者は、従業員とQ&A形式のやりとりを続けている。WD-40のゲアリー・リッジは、オンラインを介して毎日、従業員に心に残る引用句を紹介し、従業員からの意見や苦情には24時間以内に回答すると約束している。

どの方法にしろ、チームが活気づくことは間違いない。ウェーバー・シャンドウィックの調査では、「ソーシャルメディアに熱心なCEOの下では刺激を受けやすい」と、答えた従業員が半数にのぼった。

急拡大するエンデバーを見舞った危機を救ったのは？

そしてわたしも、その教訓を学ばざるを得なかった。創業から数年間、わたしは権限を委譲しないリーダーと言われた。気まぐれで、何にでも干渉して、コントロールを手放そうとしないと思われていた。しかもチームの拡大に伴い、彼らをどう管理すればいいのか、まったくわかっていなかった。もし本気でエンデバーを大きくしたいと思うのなら、普段、わたしがアントレプレナーに与えるアドバイスにわたし自身が従い、経験を積んだ幹部スタッフを連れてこなければならない。

そういうわけで、わたしは最高執行責任者（COO）を雇った。ところが1年もしないうちに、その女性は「誰もかれもが自分を飛ばして直接リンダに報告する」と不平を洩らして、辞めていった。1年後、新しいCOOを雇った。今度はエンデバーのチームと、その男性との相性がよくなかった。「いかにも大企業のお偉方で、うちの文化には合わないよ」という意見が多かったのだ。彼には辞めてもらった。この頃、わたしは状況をさらに悪化させていた。そして、「気位の高いプリマドンナは、口うるさい騒音になった」とささやかれるまでになっていたのだ。デルやブルームバーグ、シリコンバレーからどれほどすばらしい上席役員を連れてこようとも、反対の声は鳴りやまなかった。

エンデバーは危機的状況に陥っていた。かつてたった1枚のピザで足りたエンデバーも、すべての職員にピザを行き渡らせるためには配送車が必要になっていたのだ。フルタイムの職員が、世界中で300人近くにも膨れ上がっていたのである。わたしにはパートナーが必要だった。そこで、経済学者であり、6年にわたってエンデバー・メキシコの責任者を務めてくれたフェルナンド・ファブレに電話をかけた。彼は、エンデバーのアントレプレナーに慕われ、信頼を集めている。あちこちの国のアントレプレナーがわたしと話したい問題があるときには、彼が連絡窓口になってくれた（そのため、ファブレは多忙を極めていた）。

「こんにちは。元気かしら？」

「ええ、あなたはどうです？」

「絶好調よ！　ところで、エンデバーのCOOになってみない？」

電話の向こうで、ファブレが黙った。

わたしは続けた。「ほら、エンデバーの組織も大きくなったでしょう。だから、わたしは対外的なことに集中する必要が出てきたの。それで、日々の運営を引き継いでくれる、有能な人材を探しているというわけ。もしあなたが……」

ファブレが遮った。「リンダ、話はわかった」。彼が続ける。「だけど、COOという中途半端な立場はお断りだ。エンデバーの理事長なら、喜んで引き受けるよ」

こうしてファブレは理事長になった。彼がメキシコからニューヨークに移り住んだのを機に、エンデバーは新体制の下で歩みはじめた。だが、またしてもわたしが、すぐに台なしにしてしまうのである。ファブレのことではない。彼以外の全員に対してである。新しい理事長も決まり、役員も揃ったことで、わたしたちはエンデバーを一人前の組織のように考えはじめていた。だからわたしは、一人前の組織らしきことをしようと思った。幹部スタッフ会議を開くことにしたのである。

ところが、それが裏目に出た。第1に、その会議の前にファブレは数えきれないほど多くの打ち合わせを開くはめになり、そのあとで報告も受けた。「僕のスケジュール帳は、会議のための会議の予定でいっぱいだよ」。ファブレは嘆いた。第2に、会議がエンデバーの文化を徐々に損なっていったのである。それまでのエンデバーは、ひとつのチームだった。それが今では〝一部の閣僚〟が会議室に集まっていた。しかも、会議室はガラス張りのため、自分がそのメンバーに入っていないことは誰の目にも明らかだった。わたしは、何か別の方法を考え出さなければならなかった。

そして、その方法がソーシャルメディアだったのである。若い職員の助言に従って、エンデバーでは「セールスフォース・チャター」を導入したばかりだった。このクラウド型社内SNSを使って、職員は誰でも質問や意見、懸念などを投稿できた。ファブレはあの手この手を使って、全員をSNSに参加させようとした。いろいろなニンジン（メキシコ出身のファブレにちなんで、テキーラ1本など）をぶらさげて、職員がその週のニュースを投稿するよう促した。ファブレはまず、サッカーの試合について投稿した。「いいね」の数を競って、わたしが彼に〝決闘〟を申し込んだこともある。

この戦略は功を奏した。世界中のエンデバーチームがチャターに引き込まれ、時にはメール以上に好まれた。アイデアが湧き、新たなつながりも生まれた。エンデバーは、みなが協力しあうスタートアップの頃の輝きを取り戻したのである。それで〝閣僚会議〟はどうなったかって？　もちろん中止だ。

オバマ、SNSに降臨す

「リーダーは狭い執務室から出るべきだ」という究極の事例と言えば、世界一特殊な世界で生きているアメリカ合衆国大統領だろう。大統領に選出されたとき、バラク・オバマは、前任者たちと同じように自分も、大統領執務室の厚いカーテンの奥に隠れてしまうことを恐れた。そして友人や側近が直接、自分と連絡を取れるようにブラックベリーの使用にこだわった（セキュリティの問題から、iPhoneの使用は許可されなかった）。

2008年の大統領選挙運動中、側近のなかに、キリスト教ペンテコステ派の牧師である25

歳のジョシュア・デュボイスの姿があった。選挙戦の特に苦しいさなか、デュボイスは頼まれてもいないのに、オバマのブラックベリーに直接メール——旧約聖書の詩篇第23篇——を送ったことがある。これは、上司に説教を試みるスカンクの行為である。

「オバマ候補がどう思うか、わかりませんでした」。デュボイスは、宗教保守票の獲得を目指す「信仰アウトリーチ戦略」の責任者を務めていた。「ところが、わずか数分後に返事をくれて、私のメッセージが役に立ったと言ってくれたんです。しかも、これから毎日、送りつづけてくれないか、とも頼まれました」。聖書から歴史、ジャズ、最新ニュースなど、いろいろな話題を盛り込んだデュボイスのメールを、オバマはことのほか楽しみにして、ホワイトハウス入りしたあとも送りつづけてほしいと頼んだという。「毎朝、心静かに自分と向きあうためのメールが届くんだよ」。オバマ大統領はそう答えている。

他のリーダーがそうであるように、アメリカ合衆国の歴代大統領も、自分のチームとだけコミュニケーションを図るわけでない。オバマ大統領も、より広い世界と接触するためにいろいろと試行を重ねた。「ツイッター・タウンホール」(ツイッターを使った対話集会)を開催したかと思えば、不動産情報サイト「ジロー」の物件についてオンラインチャットも行った。ソーシャルニュースサイト「レディット」の「アスク・ミー・エニシング(何でも訊いて)!」に参加して、いろいろな質問にも答えている。大統領選挙期間中の2012年8月、対する共和党がフロリダで全国大会を開いているときに、オバマはバージニア州シャーロッツビルにある建物の奥まった部屋に入った。フロアランプ、デスク、マックブック・プロだけという殺風景な一室である。

オバマはキーボードを叩き、「やあ、大統領のバラク・オバマだけど、何か質問ある?」と打った。大統領の突然の〝降臨〟に、レディットのコミュニティは騒然となった。このニュースはたちまち拡散し、わずか9分で200件の質問が殺到する。「宇宙計画の予算を増やすお考えですか?」といった真面目な質問もあれば、「歯ブラシの色を教えてください」といった馬鹿げた質問もあった。オバマのネット担当者が質問をふるいにかけて、スピーチライターが大統領の答えを打つために控えていたが、その計画もすぐに変更になった。大統領がキーボードを放そうとせず、「このまま私が打つよ」と言ったからだ。

そして、本当にオバマみずからキーボードを叩いたのである。仕事と家庭とのバランスについて訊かれたときには、「何よりも恵まれているのは、私が職場の上で暮らしていることです。通勤の必要がありません!」と打った。ホワイトハウス特製のビールのレシピを教えてほしいという投稿には、「実際に飲んでいますが、確かに美味しいです」と打ち、最も難しかった決断は何かという質問には、「アフガニスタンに駐留する米軍の増強を決断したときです」と答えた（ちなみに、アフガニスタンの最初の「A」を小文字で打ってしまったことも、答えているのは本当にオバマ大統領に違いないという信憑性を高めた）。わずか45分のセッションのあいだに300万人がサイトにアクセスし、その後の24時間に200万人が立ち寄った。

今日、どんな種類の組織であろうとも、リーダーはアクセスしやすくなければならない――それは共同経営者にとっても、一般の事務員にとっても、僻地の有権者にとっても同じである。リーダーは行動しなければならない。言い換えれば、アントレプレナーのように行動する必要がある。しかも、執務室を離れたリーダーはたいてい新鮮な空気を楽しむものだ。この「何でも訊いて！」の最後に、オバマ大統領はこう打った。「ところで、今回の体験を私がどう思っているか、知りたかったら答えるよ――うん、悪くないね！」

リーダーシップ4つの「A」③

アウェア（Aware）――欠点を自覚して「フローサム」になる

数年前のことだが、500名ほどを数える支援者やメンター、アントレプレナーを前に、わたしはエンデバーの現状についてスピーチを行う機会があった。

夫のブルースにそのスピーチ原稿を見せると、彼はこんな感想を洩らした。「スーパーマンばかりで、クラーク・ケントが足りないね」。クラーク・ケントとはもちろん、スーパーマンに変身する前の人間の姿である。そしてブルースは（優しい声ながらも）、わたしのスピーチ原稿が、エンデバーの成功と業績に分量を割きすぎ、組織が抱える課題や短所を充分に伝えていないと指摘した。「自分を無敵に見せようとすると、嘘っぽく聞こえるんだよ。それに、聴衆をスピーチに引き込んでいない」

夫の意見を聞いて、わたしは考えた。いかにも経験者然とした態度ではリーダーが務まらない時代において、従業員やクライアントや顧客に対して、リーダーはどんな態度を取るべきだろうか。

最近の専門家は、その答えのひとつとして、「リーダーは自分の欠点をもっとオープンにして、積極的に責任を認めるべきだ」と主張する。そしてそのためには、自分の欠点をよく〝自覚〟している必要がある。

ノースカロライナ大学のアリソン・フラゲールと、ペンシルベニア大学ウォートンスクールのアダム・グラントは、現代を代表する組織行動論の2大スターである。そのふたりが豊富な証拠とともに見つけたのは、自分を全能に見せることの危険性である。

ベストセラーになった『GIVE&TAKE「与える人」こそ成功する時代』（三笠書房）のなかで、グラントは「弱気のコミュニケーション」と呼ぶ方法を紹介する。つまり「答えを提供するのではなく相手に質問し、強引に話すのではなく控えめに話し、自分の長所を誇示するのではなく弱点を認め、考えを押しつけるのではなく相手のアドバイスを受け入れる」コミュニケーション方法である。強気のコミュニケーションが、超人的な印象を与えて相手をうんざりさせるのに対して、弱気のコミュニケーションでは「自分は欠点のある人間であり」「そのことを自覚している」という2点によって、相手の気持ちを引きつけるのだ。

言い換えれば、有能なリーダーは超人的ではなく、より生身の人間に近い。

そのような考えを表すのにぴったりの言葉がある。「flawsome（フローサム）」である。英語で「欠点がある」という意味の「flawed（フロード）」と、俗語で「すばらしい」を意味する「awesome（オーサム）」とを合わせた造語である。すなわち、「すばらしいが欠点がある」。ビジネス世界においてこの言葉は、「その欠点に気づいており、しかもそのことを認めている」という意味を持つようになった。パーソナリティについてだけではない。製品や従業員や組織の欠点についても使える言葉だ。

大炎上したドミノ・ピザは、いかにして誇りを取り戻したのか?

2009年、ノースカロライナ州のあるドミノ・ピザのふたりの従業員が、鼻の穴にチーズを突っ込み、サラミにおならを吹きかけて(油断ならない!)、デリバリー用のピザをつくるビデオをユーチューブに投稿した。視聴回数がたちまち100万回を突破して炎上。従業員はすぐにクビになり、逮捕されたものの、ドミノ・ピザは悪夢に陥った。対応に48時間——ソーシャルメディアの世界では、永遠と思われるほど長い時間だ——もかかったうえ、CEOのパトリック・ドイルのビデオ謝罪がおざなりなものだったからである。

だが、ドイルの名誉のためにつけ加えると、彼はここで終わらせはしなかった。この危機によって、「ごろつきがピザをつくる店」という悪評だけでは済まされない、深刻なイメージ上の問題を、ドミノが抱えていることがわかったからである。ドミノは数か月をかけて顧客の声を集めた。あるアンケートでは、味の評価で「チャッキーチーズ」とともに最下位だった(訳注:チャッキーチーズは、ゲームや遊園地エリアを併設した家族向けレストラン。ピザは人気メニューだが、ピザレストランではなく、味も追求していない)。

ドイルは、この容赦ない評価を受け入れた。そしてユーチューブ危機から9か月後に、「ピザ再生」と銘打った〝残酷なまでに正直な〟ビデオをこしらえ、レシピを一新すると発表した。

そのビデオには、ドミノ・ピザをこき下ろす顧客の辛辣な声と、それを聞いて悲痛な心情を吐露するドミノの従業員の姿が映っている。ある顧客の意見に、ドイルの口元が引きつる。「ピザをつくるのが、そんなに難しいっていうの？　ピザに対するドミノの愛情をあまり感じないわ」。ドイルは答える。「厳しい意見を聞いて落ち込むのか、それとも奮起して、もっといいピザをつくるのか」。ある従業員もこうつけ加える。「あの意見は突き刺さったよ。私はピザを25年もつくりつづけてきたんだから」。涙ぐむ従業員までいた。

新しいレシピの発表に伴い、ドミノは自社サイトにツイッターフィードを追加して、好意的な意見だけでなく、批判的な意見も掲載した。注文状況を追跡できる「オンライン・ピザトラッカー」も導入して、顧客の声を厨房スタッフにリアルタイムで届けるとともに、タイムズスクエアの電子広告板でも紹介した。これが評判となって、売上げが急増する。従業員の士気も高まった。ドミノ復活のニュースがあちこちで肯定的に取り上げられると、従業員は「毎日、誇らしげに職場にやってきた」。ニュース専門放送局のＣＮＢＣは、パトリック・ドイルを２０１１年のベストＣＥＯに選んでいる。

パロディのパロディで窮地を脱した「スポレト」創業者

批判を潔く受け入れて従業員の評判の回復につなげた、エンデバーのアントレプレナーもいる。シェフがジャグリングをし、客の目の前で料理をするファストフードレストラン「スポレト」の経営者である（スポレトについては第3章を参照）。幼なじみのマリオ・シャディとエドゥアルド・

ウリビオは、破綻を乗り越え、数年後には300店舗のスポレトを展開していた。

ところが2012年、ブラジルで人気のコメディアンがユーチューブに投稿したショートコント「ポルタ・ドス・フンドス（裏口）」のひとつが、大きな話題を呼んだ。早口でまくしたてるスポレトのシェフを茶化す、こんな動画である。

「こんにちは」。客が挨拶する。

「いらっしゃいませ」。シェフも答える。

「ペンネのパスタに、ええっと……」

「ペンネ！」。シェフがキッチンに向かって、早口で怒鳴る。「ソースは？」

「トマトソースをお願いするわ」

「トッピング？」

「そうね、コーンを」

「コーン。他には？」

「ハ……」

「ハム。それから？」

「ええっと……」

「もっと大きい声で！」

「ちょっと待ってもらえますか」

「他に何をトッピングしたいんだ？」

動画の最後のほうで、シェフが客に向かってパルミット（椰子の新芽）を投げつけると、女性客が泣きそうな声で言う。「わたしはただランチを食べたいだけなの」。シェフがさらに女性を怒鳴りつける。「誰も、地獄でランチを食えと言った覚えはない！」

この動画は大ウケし、900万回の視聴回数を記録する。「ファストフード」というタイトルだったが、これがスポレトを揶揄したものとわからないブラジル人はいない。そのコメディアンは、スポレトの弁護士から電話がかかってくることを覚悟していた。確かに電話は鳴ったが、それは弁護士ではなくスポレトの創業者からだった。「ビールでも飲みに行かないか」。エドゥアルド・ウリビオは誘った。

スポレトのPRチームと法律顧問の反対を押し切って、シャディとウリビオはコメディアンに会いに行った。ビールを飲んでジョークを飛ばし、ひとしきり盛り上がったあとで、ふたりは本来の目的を告げた。第1に、ショートコント「ポルタ・ドス・フンドス」のスポンサーになりたい。第2に、動画のタイトルを「ファストフード」から「スポレト」に変えてくれないか。第3に、シリーズ化してもらいたい。

なぜ、企業の創業者が、よりにもよって自分たちを笑い者にしたがったのか。

「我が社の企業文化に従ったまでだよ」。ウリビオは説明する。「自分たちのことをあまり深刻に受け取らない。悪い状況のなかでも、常にいい面を見つけ出す」

そうしてつくられた第2弾では、その機嫌の悪いシェフはいったんクビになって、カスタマーセンターで働き、顧客からかかってくる電話に答えている。そして、店に戻ったときには

「研修中！」と書いたエプロンをつけている。だが、またしても客にひどい態度を取ったために、今度こそ本当に解雇されてしまう。画面にはこんな文字が現れる。「こんなことは絶対にあってはなりませんが、時には我々のコントロールを超えてしまう場合もあります。スポレトで不愉快な思いをされた方は、どうぞお知らせいただき、サービス向上にご協力ください」。最後にメールアドレスが表示される。

パロディをパロディ化したこの第2弾は、400万回の視聴回数を数えた。それ以上に重要なのは、この動画が従業員のやる気を刺激したことだった。「シェフたちがすごく気に入ってくれてね」。ウリビオが言う。さらに動画は、新たな人材も引き寄せた。「従業員を募集したとき、応募者の40％が、うちの店を選んだ理由にあの2本の動画をあげたんだよ」

今日、〝フローサムな〟会社で働くことは本当に〝すばらしい《オーサム》〟ことなのだ。

なぜ「おもてなしの天才」はサービスとスケールアウトを両立できたのか？

ソーシャルメディアによって企業の欠点が誇張され、半永久的にネット上に残ってしまう時代には、失敗や批判にどう対応するかはますます重要になる。失敗に対する見事な対応によって、優れたブランドを築き上げたアントレプレナーもいる。

ダニー・マイヤーは、ユニオン・スクエア・カフェやグラマシー・タバーン、シェイク・シャックなどの人気レストランの経営者である。マイヤー自身も彼のレストランも、アメリカ料理界のアカデミー賞と称される「ジェイムズ・ビアード賞」を、これまで25度も受賞してきた。

ミズーリ州セントルイス生まれのマイヤーは、10代の頃にヨーロッパを旅行した。そしてローマでツアーガイドとして働いたときに、心のこもったホスピタリティ文化に心を奪われたという。「抱擁とともに出される食事の何と美味しいことか」と、マイヤーは書いている。そう気づいた彼がビジネス戦略の中心に据えたのが、「開かれたホスピタリティ」であり、「もてなしの心」や「お客様の側に立つことの大切さ」だった。『おもてなしの天才――ニューヨークの風雲児が実践する成功のレシピ』(ダイヤモンド社)のなかでマイヤーは、「相手が自分の味方だとわかっているときに、ホスピタリティは存在する」と綴っている。

ホスピタリティに対する考えに、マイヤーは最初に出したレストランで磨きをかけた。経営するレストランが1店舗だけのときには、24時間、目を光らせることが可能だ。ところが、全米で出店が続くなか、自分のホスピタリティ哲学を従業員にどう徹底させるのかが、リーダーであるマイヤーにとって大きな試練になった。事業を拡大した今でも、彼は自分を小さなレストランの経営者と考えたがる。顧客にも、自分がおもてなしを受けていると感じてもらいたい。だが、彼は「顧客の誰もがすべての食事に満足するわけではない」という事実を受け入れ、チームがそれぞれの場面で適切に対応できるようにした。

第1に、採用段階で応募者の素質を見極めた。面接でちょっと変わった質問をしたのである。「ユーモアのセンスは、サービス業で働くあなたにとって、これまでどんな役に立ってきましたか?」。「前の仕事はどこが悪かったのですか?」。「ヘルマンのマヨネーズ派ですか、ミラクルウィップのドレッシング派ですか?」などである。マイヤーによれば、ホスピタリティを提供するとき、ある程度は楽しむ気持ちも大切であり、これらの質問にどう答えるかによって、応募者がその点を理解しているかどうかがわかるという。

第2に、従業員にサービスとホスピタリティとの違いを教えた。彼の考えるサービスとは、何も考えずに顧客に選択肢を与え、口先だけで話すことだ。マイヤーが例にあげるのはザ・リッツ・カールトンである。彼らはどんなときでも、機械的に「喜んで《マイ・プレイジャー》」と答える。「だけど、何度も繰り返し『喜んで』と言われると、しばらくして何だか気持ち悪くなってくるんです」。マイヤーは続ける。「飛行機を降りる乗客に向かって、『またね！』『さよなら！』を200回も繰り返す客室乗務員の声を聞いているみたいな気分になります」。サービスとは客に商品を届ける機械的な行為だが、「商品を受け取ったお客様にどう思っていただくのかが、ホスピタリティなんです」。

第3に、マイヤーはホスピタリティに対する自分の考えを書き留めた。失敗の対処方法をマニュアルとしてまとめたのである。たとえば次のような具合である。

・スープをこぼして、顧客の衣類を汚してしまったときには？
ドライクリーニング代の支払いを申し出る。すぐに新しいスープをお出しする。そのあいだ、同席のお客様には食事を続けていただく。

・失敗したときには？

絶対に言い訳をしない。「今晩は少々、人手不足でして」とは言わない。「誠に申し訳ございません」と謝る。

・食事のあいだに何か不都合が起きた場合には？
お詫びのしるしに、デザートか飲み物を無料で提供する。

どんなできごとが起きても、従業員は〝すばらしい最終章〟を書き上げることが大切だとマイヤーは言う。

ある日、マイヤーが彼のレストランのひとつ「イレブン・マディソン・パーク」でランチタイムに働いていたときに、常連客のボブ・ケリー元上院議員がマイヤーに近づいてきて挨拶した。そのとき、ケリーが愉快そうにこんな話を始めたのである。前日の夜、ケリーがグラマシー・タバーンで食事をしていたところ、友人のサラダに〝カブトムシ〟が入っていた、と。

スタッフはその状況に完璧に対処したとはいえ、その話を聞いてマイヤーは青くなった。そして、すばらしい最終章を書くために、もうひとひねり加えることにした。マイヤーは、イレブン・マディソン・パークの支配人にこう指示したのである——今日、注文があろうとなかろうと、ケリーの席に必ずサラダを提供し、そのサラダに「RINGO」と書いた1枚の小さなカードを添えてほしい。そして、サービスする際にこうお伝えするんだ。「サラダを〝カブトムシ〟で彩るマイヤーのレストランは、グラマシー・タバーンだけではございません」と。ビートルズのリンゴ・スターとカブトムシ（ビートル）とをかけた、マイヤー一流のジョークである。

今日のリーダーシップにとって大切なのは、ただ自分をよく見せることではない。失敗したときにどう対応するかも重要だ。スーパーマンも、24時間スーパーマンではいられない。有能なリーダーであるためには、自分が周囲にどう見られているかを知り、自分の欠点も認めることだ。自分のなかのクラーク・ケントを受け入れるのである。

リーダーシップ4つの「A」④

オーセンティック（Authentic）――弱さをさらけ出し、ありのままの自分で

アントレプレナーに贈る、リーダーシップについての最後の教訓は、最も難しく、何よりも重要ではないだろうか。生身の自分をさらけ出そう。自分が傷つきやすい人間であることを認めよう。

ありのままの自分でいるのだ。

2005年末、全米プロフットボール・リーグ（NFL）のインディアナポリス・コルツは、開幕13連勝を果たした。このまま勝ちつづければ、トニー・ダンジーは、アフリカ系アメリカ人監督として初めてスーパーボウル（年間王者決定戦）を制することになる。ダンジーは異色のリーダーだった。スピリチュアルな生活を送り、自分が信仰に慰めを見出していることも隠さ

なかった。

ダンジーは信念に基づいて、思いやりのあるリーダーシップを心がけた。NFLの監督としては珍しいスタイルである。

彼がタンパベイ・バッカニアーズの監督だったときの話だ。プレースキック（試合が停止した状態で、地面に置いたボールを蹴るプレー）をした選手が、重要な試合で立て続けにゴールを決められなかった。すたいていの監督ならその選手を控えに回すところを、ダンジーはまず本人に理由を訊ねた。すると、選手は自分の母が先頃、癌で亡くなったと打ち明けた。ダンジーは温かい言葉をかけた。「君はチームの大切な一員だ」。次の週、その選手は決勝点を決めた。「監督は僕から重圧を取り除いてくれたんです。他の監督なら、間違いなく僕はメンバーから外されていたでしょう」

2005年のシーズンも終盤に差しかかった11月末、ダンジーは選手に、めったにないご褒美として感謝祭の休暇を与えた。ダンジーには5人の息子がいた。当時、フロリダ州タンパの大学に通っていた長男のジェイミーが、インディアナポリスまで父に会いに来た。短い休暇を一緒に過ごしたあと、ジェイミーは急いで飛行機に乗り込まなければならなかった。父子が別れのハグを交わす時間はなかった。「クリスマスには、またすぐに会えるとわかっていたから、そのときに息子を抱きしめればいいと思った」。ダンジーは、回想録『静かなる強さ（*Quiet Strength*）』（未邦訳）のなかでそう書いている。

12月、コルツの連勝が止まった。その3日後、ダンジーの電話が鳴った。深夜1時45分だった。「選手の誰かが怪我をしたのでなければいいが」。ダンジーは不安に襲われた。だが、それは選手ではなかった。タンパのアパートの1室で、長男のジェイミーが首を吊っているところを発見されたのである。「看護師の話を聞きながら、私はジェイミーのために一心不乱に祈った」。ダンジーは書いている。「だが、彼女の言葉の意味がようやく理解できると、もはや祈りが通じないことがわかった。ジェイミーは死んだのだ」

息子を失った苦悩に加えて、ダンジーは監督としての試練にも立ち向かわなければならなかった。コルツの関係者全員がタンパに飛び、葬儀に参列した。ダンジーは、メンバーの前で息子を追悼した。「ありのままの自分でいてください」。彼は続けた。「自分自身であることに、もっと図太くあってください。なぜなら、男であることの意味について、今日の若者は間違ったメッセージをたくさん受け取っているからです」

コルツのオーナーはダンジーに、今シーズンは休みを取ったらどうかと提案した。ダンジーは家族と相談のうえ、監督を続けると返事をした。プレーオフ進出を決めたコルツにとって、公式戦の最終試合の勝敗はさほど重要ではなかったが、チームにとっては大きな意味があった。そして迎えた最終プレーで、相手チームのクオーターバックの攻撃を阻止すると、地元のコルツファンは喜びを爆発させた。「試合に勝つ必要はありませんでした。でも選手たちは、私と私の家族のために勝利を誓ってくれたんです」

結局、コルツはプレーオフを落とした。だが翌シーズン、ダンジーは、スーパーボウルで勝利をつかんだ史上初のアフリカ系アメリカ人監督に輝くのである。

ダンジーが味わったような個人的な悲劇を、リーダーが自分のチームに隠し通した時代もあった。だが、それはもはや過去の話である。今日のリーダーは、自分自身やプライベートについても、もっとオープンにならざるを得ない。かつて強いリーダーのアンチテーゼだった〝生身の自分をさらす〟ことが、一種の必須条件になったのである。

『本当の勇気は「弱さ」を認めること』（サンマーク出版）の著者である、ヒューストン大学のブレネー・ブラウンは、弱さを認め、無防備な自分をさらけ出すことの大切さを訴える。このような〝軟弱な〟話題は、オプラ・ウィンフリーの番組か、フィル・マグローの心理トーク番組がお似合いだと思うかもしれない。ところがブラウンのメッセージは、ビジネス界でもおおいに受け入れられてきた。『インク』誌のリーダーシップ・フォーラムでブラウンは、アントレプレナーにとって重要なのは、弱さや生身の自分をさらけ出す勇気だと語った。

「アントレプレナーであるとは、毎日が傷つきやすいということです」。アントレプレナーは、リスクを伴う不安定な状況のなかで、感情を傷つけられることが多い。だがたいていの人は、他人のなかに弱さを見つけ出そうとし、自分のなかの弱さを隠そうとする。難しいのは、「弱さは欠点ではない」と認めることだ。それは、「イノベーションと創造力とを生み出す絶対的な心臓部」なのである。

事業拡大の最中の、夫の癌宣告。そのときわたしは——

「弱さを認め、生身の自分をさらけ出し、本当の自分自身である」ことを学ぶのは、わたしにとっても難しかった。そしてそのことを、わたしは悲痛な体験とともに学ぶのである。

2008年、夫のブルースは珍しい骨肉腫と診断された。左の大腿骨に25センチメートルもの大きな悪性腫瘍が発見されたのだ。双子の娘は3歳になったばかり。ブルースは半年間で十数回の化学療法に耐え、何度も入院した。17時間に及ぶ手術を受け、左の大腿骨を切除してチタンを入れ、ふくらはぎの腓骨《ひこつ》を大腿部に移植して、大腿四頭筋も半分切除した。夫の前にこの手術を生き抜いた患者は、たったのふたりしかいないという。そして手術後には、再び4か月の化学療法が待っていた。1年以上、夫は入退院を繰り返した。松葉杖をついて歩き、髪は抜け落ち、げっそりと痩せこけ、癌と闘った。

ブルースが癌になったのは、ちょうどエンデバーが急速な事業拡大を図っていたときだった。進出する大陸と国の数を倍加させ、エンデバーのビジネスモデルを積極的に拡大していた時期だった。夫の病気を知ったわたしは最初、思考が麻痺した。そして、夫の化学療法にも医師の診断にも必ずつきそった。娘の生活を何ひとつ変えるまいとがんばった。だが、仕事の量も責任も増すばかりだった。リーダーとしての、とりわけ女性であるがゆえの本能がこう告げていた。仕事も家庭もきちんとこなす。仕事と私生活とを混同しない。平静を装う。誰にも汗は見せない――そして、涙だけは絶対に……。

だが実際、そんなことは無理だった。平静を装えず、苦悩も押し隠せなかった。だから、わたしは反対の行動に出た。まずは理事たちにすべてを打ち明けた。会長のエドガー・ブロンフマン・Jr. にも電話をかけた。誰よりもエンデバーの事業拡大に熱心だった彼は、「理事会がすべての仕事を引き継ぐよ」と約束してくれた。それまでも常に心の支えになってくれ、優しい言葉をかけてくれたおかげで、わたしは数々の重圧や困難を乗り越えてきたのだ。だからある意味、今回も彼の反応には驚かなかった。そして、わたしがいないあいだに、エンデバーのチームが大きく成長したことにも驚かなかった。彼らはお互いに調整しあって、いろいろな仕事や役割を引き受けてくれたのである。エンデバーは事業を拡大しつづけた。

ところが、わたしが驚いたのはその後の展開だった。

2009年中頃、夫のブルースは定期検査を受け、癌は完治したと言われた。そして、わたしは仕事に復帰した。

だが、夫との体験がわたしを変えていた。わたしはガードを下げて、プライベートなこともオープンにした。ブルースの体調についてチームに報告し、双子の娘の様子も話した。わっと泣き伏したこともある。わたしは、みなを怖がらせ、彼らが離れていくことを恐れた——こんな話を聞かされて、かける言葉に困るのではないか。弱いリーダーと思われるのではないか。ところが、わたしの弱さや無防備な姿は、反対に職員との距離を縮めてくれたのである。

そして、リーダーであるわたしは生まれ変わった。弱い生身の姿をさらけ出した。助けが必要だと周囲に知らせた。会議の席で、メールで、時には涙で「自分は無敵ではない」と訴えた。そしてそのことで、わたしは相手と——とりわけ職員と——以前にはなかったつながりを持てたのである。周囲に助けを求めることで、以前とは違ういろいろな方法で助けや支えを得ることができたのだ。

エンデバーの文化にも変化が現れた。若い職員が数人、わたしのもとへやってきて、こんなふうに教えてくれた。ブルースが病気になる前には、彼らはわたしの情熱や大胆な行動に敬意を払ってはいたものの、わたしを、何と言うか、近寄りがたい存在とみなしていた。ところが〝ひとりの人間〟としてのわたしを知った今では、どこへでもわたしについていこうという決意を新たにした、と。

リーダーは、無敵でなくていい

リーダーは無敵でなければならない、とわたしは思い込んできた。大理石の像になった歴史上のリーダーのように、感情を顔に出すべきではないと思ってきた。だがそうした無表情な顔は、もはや時代遅れなのだ。アントレプレナーはみな、創造的破壊を起こす原動力になろうとする。だからこそ、古いリーダーシップも創造的に破壊しなければならない。そしてその結果、生身の自分がむき出しになるリスクを負う。だが、そのおかげでチームとより深い絆を結べるのだ。大理石やブロンドの像は、シーザーやリンカーンやパットン陸軍大将に任せよう。現代のリーダーは、いろいろな感情を表さなければならない。まずは「リーダーシップ3・0」の4つのA――アジャイル（Agile）、アクセシブル（Accessible）、アウェア（Aware）、オーセンティック（Authentic）――を受け入れよう。

そして4つのAを受け入れると同時に、自分のなかのA（優等生）を蹴り出すのだ。

第7章
A Circle of Mentors

メンターは多いくらいがちょうどいい
——「厳しいアドバイス」を手に入れるための5つの方法

ジョブズもシュミットも一目を置いたシリコンバレーのレジェンド

人は彼を「オタクの心を読む男《ナード・ウィスパラー》」と呼ぶ。アメリカンフットボールの伝説的選手ジョージ・ギップにちなんで「ギッパー」と呼ぶ者も、「コーチ（監督）」と呼ぶ者もいる。シリコンバレーで最も大きな影響力を持つ人間でありながら、その小さなサークルの外で、彼の名前を知る者は少ない。誰にでもハグをする。よく人をからかう。すぐに汚い言葉で罵る。彼は、「アメリカ実業界の舞台裏で、最も有能なアドバイザー」という評判を静かに築いてきた。

その男の名は、ビル・キャンベル。アントレプレナーの最高の友人であり、メンターである。エリック・シュミットはキャンベルをこう評した。「グーグルに対する彼の貢献は、どれだけ言葉を尽くしても称賛しきれない」。ペイニアミー（金融サービス系スタートアップ）のCEOダニー・シェイダーにとっては、「私の人生において父の次に重要な男性」である。かつて毎週一緒に散歩に出かけ、キャンベルをアップルの取締役に据えた盟友のスティーブ・ジョブズは言った。「彼にはとても人間くさいところがある」

ペンシルベニア州ピッツバーグ近郊で生まれ育ったキャンベルは、最初から優れたメンターだったわけではない。コロンビア大学のアメリカンフットボールチームの監督だった時代には、12勝41敗1引き分けという、ぱっとしない成績しか残せなかった。キャンベルによれば、彼の致命的な欠陥は、「フットボールを最優先しろ」と選手に強く言えなかったことらしい。その後、広告業界を経て、アップルのマーケティング担当副社長に就任。反対派の声を抑えて、「1984年」と題する、かの有名なTVコマーシャルを、第18回スーパーボウルで放映するために尽力した。いったんアップルを離れて、スタートアップを立ち上げたものの失敗し、クラリス（アップルの完全子会社。マック用ソフトウェア開発・販売）とイントゥイットでCEOを務めた。

ところが、チーム監督やアントレプレナーとしては大成しなかったキャンベルも、非公式のアドバイザーとしては、大きな影響力を及ぼした。オプラ・ウィンフリーとヨーダ（『スター・ウォーズ』のジェダイ・マスター）、さらにはジョー・パターノ（ペンシルベニア州立大学の元アメリカンフットボール監督）を合わせたようだと、『フォーチュン』誌が評するスタイルによって、キャンベルは、窮地に陥ったシリコンバレーのトップ・アントレプレナーが助けを求める男になったのである。

最初のクライアントは、ジェフ・ベゾスだった。アマゾンの取締役会がキャンベルに声をかけ、ウォール・ストリート出身であるベゾスの「経営手腕」を支援するように頼んだのである。

エリック・シュミットがCEOに就任した際、グーグルはキャンベルを抜擢して、若いふたりの創業者との〝トロイカ体制〟をスムーズに実現させた。最初、シュミットは憤慨したという。「今さら、この私にアドバイザーなど必要ない」。だが、キャンベルはすぐに、経営幹部の引き抜きから取締役会の運営方法まで、あらゆる面でシュミットを助けた。「私が『会議で何を話せばいいんだ？』と訊くと、彼は、最も興味深いことを3つと、経営の基本姿勢についてだと教えてくれた」。グーグルがユーチューブを買収した際には、ユーチューブに赴いて、CEOのチャド・ハーリーにも同じアドバイスをしている。

それでは、キャンベル自身はどう思っているのだろうか。「業界に少しばかり長くいるもんだから、あちこちでちょっとしたアドバイスをしてるんだよ」。キャンベルは続ける。「どのタイミングで事業を大きくして、いつ従業員を雇うのか。資金調達はどうするのか。その資金をどう使うのか。財務担当の人間をいつ雇えばいいのか……」。それで、いったいいくらの報酬を得ているのか。「そのことなら、誰でも知ってるよ」。『ニューヨーク・タイムズ』紙のインタビューに応えて、キャンベルは言った。「無料《ただ》だよ。報酬の件で、私と交渉する必要はないんでね」。だがグーグルでは、みなの羨望の的である駐車スペースを手に入れたという（訳注：キャンベルは2016年4月に癌で亡くなった）。

起業家は「一匹狼」ではいけない

「独立独歩のアントレプレナー」という考えは、彼らが大胆な個人主義者だという、誤ったイメージをつくり上げてきた。世間には、「アントレプレナーは一匹狼だ」という思い込みが蔓延する。たとえふたりか少人数で創業した場合でも、「向こう見ずな一匹狼のアントレプレナーが、既存企業に戦いを挑んで巨人を倒す」と世間は考えたがる。哲学者であるアイン・ランドの小説『水源』と『肩をすくめるアトラス』（ともにビジネス社）にも、そのような考えが見て取れる。今日、アントレプレナーの世界でランドが高く評価されているのは、個人が成し遂げる功績のすばらしさをランドが称えたからである。経済学者のフリードリヒ・ハイエクも、社会の変化をもたらすのは創造的な一匹狼だと説いた。

「誰にも頼ることなく、我が信じる道を独り行く」というイメージは、わたしたちの心をたまらなく魅了し、また誰の心にも深く根づいている。ところが、この自力本願という考えはまったくの誤解に他ならない。ビジネス社会で誰よりも助けを必要としているのが、アントレプレナーだからだ。しかも、彼らは極めて多くの助けを必要とする。エンデバーのアントレプレナーを対象に行った調査によれば、彼らが成功に役立ったと答えたのは（チームのメンバーを除いて）、資金提供者ではなく優れたアドバイスの提供者だった。次のように答えたアントレプレナーもいる。「世間に資金はたくさんあります。どのお金もその価値は同じです。けれども、優れたアドバイスはそう多くはありません」

本章では、そのアドバイスを得るための方法を紹介しよう。エンデバーのビジネスモデルでは、最初からメンター制を重視してきた。創設当時から、ボランティアのメンターが膨大な時間を割いて、アントレプレナーにアドバイスを与えてきたのだ。『ニューヨーク・タイムズ』紙のコラムニストであるトーマス・フリードマンは、著書『フラット化する世界』(日本経済新聞出版社)のなかで、エンデバーを「メンター・キャピタリスト」と呼んだほどである。

ところが、メンターについて世間の思い込みの大半は間違っている。まず、きれいさっぱり棄てるべきは、何年もかけて「自分にふさわしいメンター」を探し出して口説き落とし、生涯にわたる関係を結ぶという誤解である。ソウルメイトのメンターだって?

それは過去の話だ。今の時代に必要なのは、事業を立ち上げた頃と事業拡大を狙うときとでは、それぞれ違うメンターのグループである。リーダーシップを教えてくれるメンター。ブランド構築が専門のメンター。足を引っ張る同僚を厄介払いする術に長けたメンター。次のトレンドを教えてくれる若いメンターも必要だろう。

変化の激しい時代にあって、メンターとの関係も、もはや半世紀続く婚姻生活のようではなくなった。事業を大きくしたいのなら、メンターが必要だ。この分野に詳しい、ボストン大学のキャシー・クラムも述べている。「かつては『メンターをひとり見つけよう』と言ったものでした。ところが最近では、『キャリア開発に積極的に関わってくれる5、6人のメンターのネットワークを築こう』というアドバイスに変わってきています」。一夫一婦制は私生活だけで充分だ。仕事では「一人多メンター制」をすすめたい。

それでは、その「一人多メンター制」とはどんな形態だろうか。わたしにとって、メンターのあるべきモデルとは360度型のアプローチである。つまり、「愛の鞭」「専門的助言」「新鮮な考え」「明確な方向性」を与えてくれる全方位型のアドバイザーのグループだ。既存経済にとってアントレプレナーが破壊的な存在であるように、既存の職場にとってメンターのグループも破壊的な存在である。しかも驚くことでもないが、アントレプレナーは革命を主導する。本章では、その革命に参加するための5つの「メンター活用術」について紹介していこう。

メンター活用術①

アドバイスではなく「愛の鞭」を求める

「メンターとはアントレプレナーの保護者であり、彼らを守り、常にいい気分にさせてくれる存在だ」――これこそが、メンターについてわたしが最初に打ち破りたい定説である。それはまったくの誤解だ。メンターは真実を語る――少なくとも、そうあるべきだ。だが、そうなると問題がある。アントレプレナーは果たして、メンターが告げた真実を受け入れ、そのアドバイスをうまく活かすことができるのだろうか。

「メンター」という英語は、ホーメロスの叙述詩『オデュッセイア』に登場するメントルに由来する。オデュッセウスはトロイ戦争に出かける前に、幼い息子のテレマコスを旧友のメントルに預けた。だがメントルは賢人でもなく、預かったオデュッセウスの息子を励ますこともなかった（それどころが、彼の息子を盗んでしまう）。やがて長い年月が流れたが、オデュッセウスが戦争から戻らなかったため、彼を死んだものと思い込んだおおぜいの男が、オデュッセウスの妻に言い寄った。ところが、臆病な青年に育ったテレマコスは、自分の母の求婚者に立ち向かう勇気すらなかった。

この様子を見た女神のアテーナーは、ついにメントルの姿に扮して介入する。「もはや子どもじみた振る舞いをしていてはならぬ」。アテーナーはテレマコスをそう諭す。「そんな年齢ではないのだからな」。そして彼に、母親の求婚者に毅然とした態度で立ち向かい、死んだと思われている父親を探す旅に出るよう強く促した。それこそが、テレマコスに必要な「愛の鞭」だった。彼はアテーナーの助言に従って父親を探し出し、母の求婚者をひとり残らず討ち果たして、不屈の男になるのである。

この愛の鞭の伝統は、トロイ戦争が起きた土地に今も息づいている。

アメリカにホットドッグがあるように、トルコにはドネルケバブがある。薄く切った肉といろいろな野菜をパンに挟んだ、屋台の食べ物として人気のドネルケバブサンドは、東西文明の十字路と謳われるトルコのシンボルでもある。

ところが、国が豊かになるにつれ、新しい世代の家族は屋台の食べ物に抵抗感を持つようになった。アントレプレナーのレヴェント・ユルマースとフェリドゥン・トンジャーは、そこに商機を見出した。イスケンデルケバブ専門のカジュアルレストランを、チェーン展開することにしたのだ。薄く焼いたパンの上にドネルケバブを載せ、トマトソースとヨーグルトをかけたイスケンデルケバブを、テーブル席のある清潔な店内で提供する計画である。ふたりはベイドネル（トルコ語で「ミスター・ドネル」の意味）という会社を立ち上げると、ショッピングモールのフードコートに出店して、国際的に通用するレストランを目指した。

ユルマースとトンジャーには大きな野心があった。1号店をオープンさせるとすぐに、ベイドネルのブランド名を海外20か国で商標登録した。トルコ全土で、すぐに２００店舗を展開できるに違いない。中東やヨーロッパのあちこちのフードコートに出店する日も、そう遠くないだろう。ふたりは幸先のよいスタートを切った。1年も経たないうちに、旗艦店の収支がとんとんになり、5年間で国内に40店舗を展開するまでになったからである。

それでもふたりがエンデバーに参加したとき、メンターは厳しいアドバイスを与えた。「スピードを落としなさい」

第1の理由は、ショッピングモールの建設ラッシュが一段落して、出店スペースを確保しにくくなっていたからだ。

第2に、じわじわと高騰する人件費が、収益を圧迫しはじめていた。

第3に、海外進出の難しさが予想されたからである。海外の顧客がイスケンデルケバブを好むとは限らない。シェフも、スキルを習得できるかどうかわからない。サウジアラビアのメンターによれば、サウジで成功するためには、シェフはかなりの研修を必要とするはずだという。

サウジでは、誰もケバブのつくり方を知らないからだ。レバノンでコングロマリットを経営するサミ・クーリのアドバイスは、さらに単刀直入だった。「海外進出を考える前に、まずは国内で事業を大きくするべきじゃないのか」

ケバブ帝国の建設を夢見るふたりにとって、このアドバイスは耳が痛かった。だが、その1年後に、「あれほど役に立った助言はありませんでした」と、ユルマースは打ち明けた。「クーリの言う通りでしたよ。国内で250店を展開するのが目標なのに、まだ70店舗にも届いていなかったんですから。海外進出の前に、まずはトルコで事業を大きくしないと。世界に打って出るのはそのあとです」

「冷たいシャワー」をかけてくれる人は誰か？

わたしの経験から言えば、アントレプレナーはメンターに間違ったものを求めている。彼らが求めているのは、アントレプレナーを無条件に受け入れ、思いやりのある言葉で励ましてくれる年配の賢者だ。ところが本当に必要なのは、厳しい言葉で真実を告げる者である。アントレプレナーに必要なのは、温かい湯ではなく冷たいシャワーなのだ。

アントレプレナーにとっては耳の痛いアドバイスであっても、メンターが真実を語ってこそ、メンターとアントレプレナーとの望ましい関係が成り立つ。

インターネットビジネスの先駆者であるケビン・ライアンは、エンデバーで頻繁にメンターとして活躍している。彼はまた、「ギルト・グループ」や「ビジネス・インサイダー」「テンジエン」といったインターネット企業を、次々に立ち上げてきたアントレプレナーでもある。ライアンはアントレプレナーを励ます。だが、厳しいアドバイスを授けてこそ、メンターは役に立つという事実も学んできた。

2009年、ライアンはアミン・アミンと知りあった。中東の教育システムを改革しようと意気込む、若いヨルダン人である。アミンは教師を訓練するスタートアップを設立した。イェール大学の理事会メンバーでもあるライアンは、アミンの考えをたいそう気に入った。「私は何よりも教育分野に情熱を抱いているんです」。ライアンはそう打ち明ける。

だが1年後、アミンのスタートアップは行きづまり、投資家との関係も悪化していた。ライアンは手厳しい評価を下した。「君の狙う分野はすばらしいんだがね」。ライアンはアミンに伝えた。「今の会社は時間の無駄だよ」。ライアンはのちにこう語った。「ほとんどの人にとって愛の鞭は耳に痛い。だからこそ鞭って言うんだが！　だけどアミンの場合には」とライアンは続けた。「メッセージを伝えるのは難しくなかったよ。いろいろな意味で、アミンを勇気づけるメッセージだったからだ。彼は本当に優秀だから、会社を一からつくり直すべきだと思ったし、彼ならそれができると思ったんだ」

1年後、アミンは教育改革を目指すスタートアップを新たに立ち上げていた。会社名は、「Attitude（態度）」「Skills（技術）」「Knowledge（知識）」の頭文字を取った「ＡＳＫ」である。そしてそのわずか2年後には、95人の従業員を抱え、400万ドルの売上げを達成していた。しかも、アミンがかつてつくった教師育成のプログラムが、成果をあげはじめていたのだ。アミンは言う。「僕は、投資家と細かいことで衝突して、身動きが取れなくなっていたんです。僕たちがその状況から抜け出せないのは、僕たちが抜け出せないようにしているからだと、ライアンは気づかせてくれたんです」

ツイッターという「反面教師」

自分に合ったメンターを見つけ出し、適切なアドバイスを得ることは難しい。だがそれ以上に難しいのは、メンターのアドバイスに従うことだ。わたしは経験を通して、こんな格言を思いついた。「直感的に『違う』と思った助言にこそ、じっくり耳を傾けよう」

とりわけ問題になるのが、飛ぶ鳥を落とす勢いのアントレプレナーの場合である。成功すればするほど、彼らは耳を貸さなくなる。

2009年、ツイッターは驚異的な成長を遂げ、無限の上昇気流に乗っていた。だが、組織はまったく企業の体《てい》をなしていなかった。共同創業者のエヴァン・〝エヴ〟・ウィリアムズがCEOを務めていたが、CFO（最高財務責任者）もCTO（最高技術責任者）もCOO（最高執行責任者）もいなかったのだ。この3つの地位を外部の人間で埋めるよう、取締役会は何度もせっつくが、ウィリアムズは決めかねていた。すでにスタートアップを何社も立ち上げた経験があり、「ブロガー」という言葉もつくり出したウィリアムズは、周囲を友だちで固めたかった。信頼が置け、自分に楯突いたりしない仲間がいい。だが、まわりにイエスマンしかいないために、ウィリアムズに耳の痛い真実を告げる者はいなかった。

そこで取締役会が動いた。彼らは——ご想像通り——〝オタクの心を読む男〟ことビル・キャンベルを連れてきたのである。そのときの様子を、ニック・ビルトンは『ツイッター創業物語——金と権力、友情、そして裏切り』（日本経済新聞出版社）で書いている。ウィリアムズは、キャンベルと初めて顔を合わせたミーティングでこう訊ねたという。「CEOが会社を駄目にしかねない、最悪の行動とは何ですか？」。キャンベルが答えた。「友だちを会社に引っ張り込むことだよ」。そして〝コーチ〟は、友情と仕事とを混同した末に招くリスクを、10分にわたってまくしたてた（ホワイトボード第2条を思い出してほしい。まさに「義理の母をクビにする」である！）。

ウィリアムズは、友だちづきあいと仕事とを分けて考えたことがなかった。会議は社交の場であり、夜の飲み歩きはブレーンストーミングだった。キャンベルがそれを〝破滅を招くレシピ〟と呼んで釘を刺すと、ウィリアムズはそのアドバイスを熱心にメモ帳に書き取った。

それにもかかわらず、ウィリアムズは、メンターが禁じたそのままのことを実行してしまう。まずは、実の妹を厨房の食材の調達係に据え、新オフィスを設計するために自分の妻を雇った。それだけではない。グーグルから友だちを何人も引っ張ってきたのである。

ウィリアムズの仲のいい友だちのひとりに、ディック・コストロがいた。コストロは、仲間と共同で立ち上げた「フィードバーナー」を、2007年に1億ドルでグーグルに売却していた。その2年後の2009年、ウィリアムズはあるパーティでこの旧友とばったり再会し、その場でツイッターのCOOをやらないかと誘ったのである。コストロは、のちにこうツイートした。「明日は、ツイッターのCOOとしてフルタイムで働く最初の日だ。仕事その1。CEOの足を引っ張り、権力基盤を固める」

大学卒業後にスタンダップコメディアンの道を選んだという、異色の経歴を持つコストロは、もちろんジョークのつもりだった。まさかこのツイートが、未来を見事に予見しているとは思わなかったに違いない。ウィリアムズとメンターのキャンベルは最初のミーティング以来、1週間に1度は会う約束をした。ウィリアムズはいつもキャンベルのアドバイスを聞いたものの、実行する気はまったくないらしく、その態度に取締役会は不満を募らせた。そもそも、これほどまでに問題が山積みになった原因は、決断を下せないという、ウィリアムズの優柔不断な性格にあると考えていたからだ。一方のコストロはCOOとして優れた能力を発揮し、グーグルやマイクロソフトと契約して、2500万ドルの売上げを獲得した（ツイッターの投稿を、グーグルとマイクロソフトの検索エンジンで検索できるようにしたのである）。

取締役会だけではなく、業界一のメンターのアドバイスにも従おうとしないウィリアムズに業を煮やして、ついに取締役会が決断を下した。ウィリアムズは辞任を迫られる。そして、その代わりにCEOに就任したのが——旧友のディック・コストロだったのである。

優れた想像力と意欲とで事業を立ち上げたからといって、その同じ人間が、会社を大きくするための難しい意思決定を行えるとは限らない。ふたつの能力はまったく別ものだからだ。しかも、ピボットを図るタイミングは、そう簡単に察知できるものでもない。だからこそ、率直なアドバイスを授けてくれる相手が必要になるのであり、そのアドバイスに従って行動する必要があるのだ。

なぜ『アメリカン・アイドル』ばかりがスターを生み出せるのか？

甘い言葉よりも厳しい言葉のほうが効果があることを教えてくれる例といえば、音楽プロデューサーのサイモン・コーウェルだろう。２００1年に始まったオーディション番組『アメリカン・アイドル』で、出場者を辛辣な口調でこき下ろす悪名高き審査員である。彼はよく、こんな酷評で相手をひるませる。

「エンパイアステートビルから飛び降りてる猫みたいな声だね」

「虎になりたいチワワが歌ってるのかと思った」

「君のボイストレーナーが誰だか知らないが、今すぐクビにしなさい！」

コーウェルの容赦ない態度に激しい反発が起きた。ライバル番組の『ザ・ヴォイス』が始まると、若い出場者のメンターとして審査員に抜擢されたのは、ロックバンド「マルーン5」のリードボーカルであるアダム・レヴィーンだった。レヴィーンは番組プロデューサーに言った。「俺たちは出場者を笑い者にしない。審査員席に座って、意地悪な態度で相手を批判しない」

『ザ・ヴォイス』は楽しめるうえに、視聴率も高い（ええ、わたしも観ているわ！）。だが、大ブレークしたスターをひとりも生み出してはいない。一方のサイモン・コーウェルのもとでは、少なくとも数人のスターが誕生した。ケリー・クラークソン。キャリー・アンダーウッド。コーウェルが審査員を務めるイギリスのオーディション番組からは、スーザン・ボイルとワン・ダイレクションが羽ばたいた。「くだらないトロフィーを争う番組じゃないんだ」。コーウェルは言う。「スターになる逸材を見つけて育てる番組なんだよ」

自分をいい気持ちにさせてくれる相手がほしいのなら（あるいは「セクシーな男性」に見とれたいのなら）、アダム・レヴィーンを探せばいい。だが、大きく成長したいのなら、必要なのはサイモン・コーウェルのほうである。

メンター活用術②

「へその緒」を切るタイミングをつかむ

「創業時にメンターを探し出したら、その後もその関係を長く維持すべきだ」――これが、メンターにまつわる第2の誤解である。これも大間違いだ。事業を立ち上げたばかりのときには、問題に直面するたびに、その問題を専門とするメンターが必要だった。だが、創業当時のメンターのアドバイスはいつしか役に立たなくなる。彼らがあなたに飽きたり、お互いに競合関係に陥ったり、あなたのほうで彼らを物足りなく感じたりするからだ。それでも、前に進むためには助言が必要だ。

そのときこそ、「へその緒を切る」タイミングである。

「アラブのアマゾン」と本家アマゾンの美しい関係

ヨルダンで育った読書好きのアラ・アルサラーは、『ハリー・ポッター』の新作が発売されると、アラビア語で読むのが待ちきれなかった。翻訳書が出るまで、たいてい8か月も待たなければならないからだ。そこでみずから翻訳すると、新作が出てからわずか3か月後には無断でオンラインに投稿した。その勇気は称えるべきだが、もちろん著作権の侵害である。彼がそうと知るのは、出版社にサイトの閉鎖を迫られたときだった。

だが、そんなことでへこたれるアルサラーではない。コンピュータサイエンスを専攻していた大学院生のときに、中東初のオンライン書店を立ち上げることにした。その計画は、次の3点で無謀だった。第1に、当時のアラブ世界では、インターネットにアクセスできるのは、特権階級など、ごく一部の人間に限られていたからだ。第2に、詐欺を恐れて、顧客はクレジットカードの情報を登録したがらなかった。第3に、15年前に創業したアマゾンが圧倒的な競合として立ちはだかっていたからである。だが、アルサラーは気にしなかった。「ジャマロン・ドットコム」のドメイン名（ジャマロンはアラビア語で「ピラミッドの頂点」の意味）を登録して事業計画を練り、メンターを探しはじめた。

最初に目をつけた人物は、初期のメンターにはぴったりだった。アラビア系の企業として初めてNASDAQに上場した、物流大手「アラメックス」の創業者ファディ・ガンドゥールである。エンデバーの理事会メンバーも務める彼は、アントレプレナーに対して非常に好意的なうえに、真実を告げる者でもある。「アルサラーにはいい意味で、苛々させられたよ」。ガンドゥールは続ける。「初めて会ったときに、すぐに特別な子だとわかった」。だが、ビジネスモデルが充分ではなかった。「だから、こう伝えたんだ。まずは大学院を卒業してから戻ってくるように。そのときにまた一緒に考えよう、と」

2年後、無事に大学院を卒業したアルサラーは、2000ドルを元手に実家で起業した。注文が入るたびに、出版社から書籍を購入して顧客に発送した。ブランドの認知度を高めるために、実家のライトバンを紫にペイントして、街中を走りまわった。2か月後、ガンドゥールと別の支援者から、創業資金として1万5000ドルずつを調達したものの、それ以外に資金を出してくれる者はいなかった。「アマゾンに叩き潰されるよ」。誰もがそう言った。

その2年後、アルサラーはエンデバーのアントレプレナーになった。事業は着実に成長していたとはいえ、わたしたちも同じ懸念を拭えなかった。そこで、エンデバーでは大胆な行動に出た。アマゾンの国際事業を統括する、ディエゴ・ピアチェンティーニに直接電話をかけたのである。アマゾンがアルサラーのスタートアップを呑み込むのなら、それはピアチェンティーニの仕事に違いない。だが当時、彼はエンデバーのメンターでもあった。「私は、アントレプレナーが羨ましいんだよ」。ピアチェンティーニが本音を洩らす。「まだ若いうちに企業の役員になったものだから、自分の会社を立ち上げる人間に刺激を受けるんだね」

最初、ふたりは協力関係にあった。アルサラーはピアチェンティーニの助言に従って、ビジネスモデルを変更した。注文が入るたびに出版社から本を取り寄せる方法をやめて、倉庫を借り、よく売れる書籍1万5000冊の在庫を取り揃えて、迅速な発送に備えたのだ。ピアチェンティーニはまた、ジャマロンとアマゾンとを仲介して提携関係を結び、中東以外の地域でジャマロンに注文が入った際には、アマゾンが代わりにその注文を処理することにした。アルサラーにとって、ピアチェンティーニとの協力関係は有益であり、戦術的でもあった。「競合とよい関係を維持するのはすばらしいことだね」とアルサラーは言った。

ところが、ジャマロンの事業拡大に伴い、双方のビジネスモデルがあまりに重複しすぎることに気づいたピアチェンティーニには、もはや中立的なアドバイスが不可能になった。「この状況で、両方の面倒を見ることはできない」。アルサラーにそう告げたのである。

一方のアルサラーとしては、大切な命綱を手放したくはない。だが、そろそろ「へその緒を切る」頃だと、わたしは彼にアドバイスした。ふたりは今でも友だちどうしだが、仕事上の関係は解消している。

メンター制度は回転ドアのようなもの――あるコーヒー店をめぐる物語

アントレプレナーが新たな仕事に就くときにも、新たなメンターが必要になる。古い生活につながっていたへその緒を切ったあとで、新しい人生に踏み出すためには「助産婦」が不可欠だからだ。それまでの生活に別れを告げて、アントレプレナーになる道を選んだバタフライの場合には、なおさらである。こうして助産婦の必要性に注目が集まると、オンラインを活用した新しいタイプの解決法も登場した。

50代のジェリー・オーウェンは、テキサス州ガーランドの大きな教会で副牧師を務めていた。ある日曜の午後、内陣の祈願箱のなかを調べていると、1枚のカードが見つかった。「私のために祈ってください。どうか、コーヒーショップが売れますように」。オーウェンは妻に声をかけた。「僕たちで買うかい？」

オーウェンとメリッサは数か月前に結婚したばかりだった（コーヒーショップで結婚式をあげた！）。メリッサは、若い頃からコーヒーショップを開くのが夢だった。とはいえ、ふたりには何の経験もない。メリッサは手術室担当の看護師。夫のオーウェンも、菓子ブランドのフリトレー社の役員を辞めて聖職者の道を選んでいた。コーヒーショップを始めるのならば、メンターが必要だ。そして、ふたりはインターネットでメンターを探しはじめた。

2000年代初め、ダンカン・グッドールは自分の生活にうんざりしていた。イェール大学を卒業して経営コンサルタントになったものの、週に100時間以上も働き、1年中、出張ばかりの多忙な日々が続いた。「実際、妻とは赤の他人みたいだったよ」。彼はそう振り返る。そこで仕事をやめて、コネチカット州ニューヘイブンでコーヒーショップを買った。「オーデュボン通りのコーヒー」（CoffeeではなくKoffeeと綴る）と名前を変えて、店を経営すると同時に、学生相手にケータリングサービスも行った。やがて、グッドールは〝コーヒーショップの（イェール大学）教授〟と呼ばれるようになる。

彼は、ピボットプラネット——スタートアップを立ち上げたい者と、経験豊かなアントレプレナーとを結びつけるウェブサイト——のメンターに登録した。新人アントレプレナーのさまざまな質問に、メンターが電話や動画、時には直接的な個別指導を通して、有料で答えるという仕組みである。「いい収入になるよ。だけど、お金のためにやってるわけじゃない」。グッドールは答える。「僕は、深い哲学的レベルで信じてるんだよ。自分自身の事業を営んでるときのほうが、人はずっと自由で幸せでいられるってね」

そしてオーウェン夫妻は、そのピボットプラネットのサイトでグッドールを見つけたのである。2000ドルを払って、ふたりは2日間、エスプレッソの注ぎ方からペイストリーの並べ方まで、グッドールから徹底的に個別指導を受けた。売上げを伸ばすための秘訣も教わった。

・従業員は喜びをもたらす最大の源であるとともに、最大の不満の元でもある。
・お金は、細部（それも〝正しい〟細部）に注意を払うことで稼げる。
・誰にでも魅力のある店を目指すと、誰にとっても魅力のない店になってしまう。特定のターゲット層を設定したら、そのセグメントに受け入れられるよう全力を尽くす。

祈願箱にカードを見つけた2年後、ジェリーとメリッサはテキサス州プレイノの繁華街に、通りの番地から名づけた「1418コーヒーハウス」をオープンした（グッドールはこう念を押した。「売りに出された店を買って、そのまま続けてはいけない。必ず自分の店として、一から始めることだ」）。ふたりの店では、古びてお洒落なインテリアに、居心地のいいカウチやゲームを揃え、ライブ演奏も行う。グッドールの教えを受けたジェリーは、「アジャスト」と書いたマニュアルを従業員に配った。従業員自身が何度も〝調整《アジャスト》〟を重ねて改善を図り、よりすばらしい店づくりを目指すためである。

以上のような事例から、メンター制度は回転ドアのようなものだとわかるだろう。つまり、事業を大きくするときであれ、新しい階段を上るときであれ、それぞれのフェーズで必要な助言者を探し出すのだ。そして、古いメンターのアドバイスが役に立たなくなったときには、個人として感謝の気持ちを伝えつづけたとしても、仕事上はきっぱりとへその緒を断ち切ることだ。

メンター活用術③
「フレネミー」に電話をかける

「メンターは自分よりも経験豊かでなければならない」——これが、わたしが根絶したい第3の誤解である。なぜなら、今の自分が体験している困難を過去に体験した年配者ではなく、今まさにその困難を体験している相手のほうが、より役に立つアドバイスを授けてくれる場合が多いからだ。

あるとき、わたしは、トルコのテック系アントレプレナーのグループと知りあった。彼らは友だちであり、仕事仲間であり、メンターどうしでもある。ともにポーカーを楽しみ、ともにクラブに出没し、ともに休暇に出かける。そのグループの上級メンバーが、2000年代に知りあったという、45歳のシーナ・アフラと36歳のネブザット・アイディンである。

アフラは「ギルト」のような、時間限定でセールを行う衣料品通販サイトを運営している。一方のアイディンは「シームレス」のような、オンラインのフードデリバリー・ビジネスを立ち上げた。ふたりがいったいどんな仕事をしているのか、まわりの年配者にはさっぱりわからなかったという。「どちらもオンライン企業だから、理解できる人が限られます。だから、僕たちふたりでアドバイスしあうんです」。アフラはそう言う。「若いアントレプレナーは、いろんなところから情報を得られます。何よりも貴重なアドバイスは、同じ辛苦を味わい、同じように変革を推し進めている仲間の言葉ですね」

このように「対等な立場」にあるメンターの利点は何だろう。それは気軽につきあい、頻繁に連絡を取りあえるために、アントレプレナーのお洒落なイメージの裏に潜む問題を、鋭く見抜いて助言してくれることにある。

たとえばこんな具合だ。アイディンが、若いアントレプレナーを仲間に紹介した。宝石のオンラインショップを運営するハカン・バスである。バスはすぐに打ち解けた。一緒にパーティを開き、ツイッターをフォローしあった。そしてある日、バスは大学のトークショーに参加するとツイートした。パネリストの仕事を引き受けたのである。すると、アイディンがリプライした。「会社に残って、日々の仕事をきちんとこなすべきじゃないのか」と。「それは、とてもユーモア溢れるリプライだったんですが」と、バスが続ける。「非常に有益なアドバイスでもありました」

翌年、バスとファッションモデルとのロマンスが雑誌の見出しを飾った。アイディンはバスに電話をかけた。「今の君は会社の経営者じゃなくて、モデルとつきあってる男性として有名になった。仕事よりもプライベートのほうが充実してるってことだ」。バスはぎくりとしたが、ありがたくも思った。「彼にこうしろと具体的に言われたわけではないのですが、世間が私をどう見るかを、彼は教えてくれようとしたんです。私のイメージを気にかけてくれたんですね。

仕事上のアドバイスをくれる人はたくさんいます。でも彼は、リーダーとはどういうことかに絞って、アドバイスしてくれるんです」

老賢人より「ピアメンター」？

世間が一般的に思い描くメンターの姿とは、「アームチェアに腰かけたしわくちゃの老賢人」というイメージではないだろうか。だが、老賢人の言葉よりも、ダンスフロアの隣で踊っている若者の助言のほうが役に立つ場合も多い。そう裏づける調査もある。ボストン大学のキャシー・クラムとバージニア大学のリン・イザベラのふたりが、キャリアが同じステージにある者どうしの「ピアメンター」と、従来のメンター関係とを比較する調査を行ったところ、ピアメンターのほうが優れた相互関係にあり、「お互いに助言しあい、相談しあえる」ことがわかった。「彼らは重要な情報を提供できます。そして支援しあい、プライベートな問題に対処して、仕事のうえでも成長できるのです」

若い世代のリーダーやアントレプレナーのピアネットワークを促進する、YPO（ヤング・プレジデンツ・オーガニゼーション）のような組織の哲学も、まさにそこにある。ブリティッシュ・テレコム（現BTグループ）の「ピア・サポート・ネットワーク」も同じ哲学を取り入れている。「我が社の従業員の78%が、同僚から学びたいと考えています」。そう語るのはBTの経営陣だ。「ですが、これまではピアネットワークに予算も割かず、注目もしてきませんでした」。そして、BTでは「デア・トゥ・シェア（Dare 2 Share）」プロジェクトに着手した。ポッドキャストのプラットフォームを活用して、従業員がそれぞれの知識や体験を共有しあい、アドバイスしあう試みである。

アップルとグーグルの運命の糸——たとえ「競合」だったとしても

だが、その仲間が「競合」だったときにはどうだろう。実のところ、さらに有益なアドバイスを得られるという。経営陣を対象としたリーダーシップコーチであり、『協調的競争（*Collaborative Competition*）』（未邦訳）の著書もあるキャサリン・メイヤーは、メンター関係がより豊かになるのは、お互いのあいだに多少のライバル意識がある場合だと主張する。またメイヤーは、「フレネミー」もよきメンターになりうると説く。「フレネミー」は、「フレンド（友だち）」＋「エネミー（敵）」の造語で、「友人でもあり敵でもある相手」や「友人の振りをした敵対者」「親しくするように見せかけて、相手を陥れようとする人」などを意味する。

現代のテクノロジー業界で、ひときわ注目を浴びた競合関係を例にあげよう。グーグルが誕生して2、3年後の2001年のことである。共同創業者のラリー・ペイジとセルゲイ・ブリンがスティーブ・ジョブズに会いに行った。3人は長い散歩に出かけ、ジョブズはふたりにアドバイスを与えた。それだけではない。自分のライフコーチであるビル・キャンベルを、メンターとして推薦したのである。

ところが、7年後の2008年にペイジとブリンは、いかにもジョブズらしい激しい怒りを買い、これまたいかにもアップルらしい訴訟に持ち込まれるのである。その理由は、アップルは検索事業に首を突っ込んでいないのに、グーグルがアンドロイドでiPhoneの縄張りを侵害してきたから、というものだった。ウォルター・アイザックソン著『スティーブ・ジョブズ』のなかで、彼が怒りを爆発させたときの場面を引用しよう。

「アップルが訴えたのは、つまりこういう意味だからだ。『グーグルよ、よくもiPhoneをカモにしてくれたな。よくも何もかも盗みやがったな』。たいした窃盗じゃないか。もし必要なら、人生最期の息を使ってでも、アップルが銀行に持つ400億ドルを残らずつぎ込んでも、お前らの悪を糾《ただ》してやる。アンドロイドを抹殺してやる。盗んでつくった製品だからだ。水爆を使ってでもやる。ヤツらは今ごろ死ぬほどびびってるはずだ。なぜなら、有罪を自覚しているからだ。検索以外のグーグルの事業は、アンドロイドもグーグルドキュメントも全部クソだ」

さて、下品な言葉遣いと激しい怒りの理由はわかった。だがそのわずか3年後の2011年に、グーグルへのCEO復帰が決まった（2001年に、エリック・シュミットにCEOの座を譲っていた）ラリー・ペイジは、シリコンバレーのある人物に会いに行った。彼と同じように、自分が創業したスタートアップをいったんは追い払われ、のちにCEOに返り咲いた人物である。ペイジの話では、彼に会いたがったのはジョブズのほうだったという。「ひどく体調が悪そうでしたね」。ペイジは当時を振り返る。「会って話がしたいと言われて、光栄だと思いました」

だがアイザックソンの伝記によれば、家に寄ってもいいかと連絡してきたのは、ペイジのほうだったらしい。ジョブズは喜ばなかった。「とっさにこう思ったよ。『ふざけんな！《ファ●ク・ユー》』」。ジョブズはアイザックソンにそう語った。とはいえ、ジョブズは自分も若い頃、ヒューレット・パッカードの共同創業者ビル・ヒューレットに助けてもらったことを思い出した。そこで「ペイ・フォワード」の精神に則り、ヒューレットや他のみなから受けた厚意や善意を、今度はペイジに贈ることで恩返ししようと考えた。「だから、折り返し電話をかけて、いいよと答えたんだ」

ペイジはジョブズのパロアルトの自宅を訪ねた。お互いの自宅は3ブロックも離れていない。ふたりは、グーグルの未来について語りあった。「いちばん強調したのは、集中が大事だという話だったな」とジョブズは言う。「今のグーグルは何でもありの状態だ。だが、5つの事業に集中するとしたら、どれを選ぶ？　それ以外は全部捨てろ。足を引っ張られるだけだ。あれもこれもと手を出したら、マイクロソフトの二の舞になってしまう。悪くはなくても、すごい製品を出せなくなってしまう」

まもなくペイジは従業員を集めると、今後はグーグル＋（プラス）やアンドロイドなどのごく一部の事業に集中して、しかもジョブズのように〝美しさ〟を目指すと伝えた。翌年にはこう発表する。「グーグルは一部の事業を取りやめ、統一した顧客体験を提供する事業に集中する」

それはまさしく、アップルを世界最大の企業に押し上げたジョブスの戦略に他ならない。だが今回、アップルの戦略を「盗んだ」かどで、グーグルが訴えられることはないだろう。なぜならそれは、ジョブズが直接教えてくれたものだからだ。

メンター活用術④

「年下のメンター」から学ぶ

なぜ、ジョン・ドナホーほどの人物が助言を必要とするのか。背が高く、お洒落な銀髪にハンサムな顔立ちの54歳。人生を通してトップを走りつづけてきた男性には、独特の躍動感が漂っているものだが、彼こそはまさにその典型である！　ダートマス大学で経済学を学んだあと、スタンフォード大学経営大学院でＭＢＡを取得。20年近く働いたベイン・アンド・カンパニーでは、６年間にわたってＣＥＯを務めた。イーベイのＣＥＯだった頃は、オークション事業を活性化させた手腕を高く評価された。

彼は、ビル・キャンベルのアドバイスを必要としない、シリコンバレーで数少ない人間に思える（もっとも、ドナホーとキャンベルは友人どうしである）。これほどの成功をつかんだあとで、メンターが必要なはずもない。

ところが、わたしは間違っていた。

イーベイＣＥＯがエアビーアンドビーＣＥＯに教えを乞うた夜

その夜、わたしはドナホーとディナーの席についた。そして彼から聞いた話は、アントレプレナーの時代に起きた、メンター制度の変化をよく物語っていた。イーベイの時価総額が４００億ドルに跳ね上がった２０１２年、ドナホーはベンチャーキャピタリストのマーク・アンドリーセンに電話をかけて、シリコンバレーで最も有望な若いアントレプレナーを紹介してほしい、と頼んだ。イーベイのサイトをあか抜けないと感じていたドナホーは、もっと洗練されたデザインにするためのアドバイスを求めていたのである。このときアンドリーセンが紹介したのが、エアビーアンドビー（オンライン宿泊仲介サービス）の創業者で、弱冠30歳のブライアン・チェスキーだった。

ドナホーはエアビーアンドビー本社までクルマを走らせ、20歳も年下の〝同業者〟を質問攻めにした。常に変化を求める顧客のニーズを、どうやって満足させるのか。デザインをどうやってうまく調整するのか。製品を古びさせない秘訣とは……。「もう夢中でメモを取りまくったよ」。ドナホーは語る。2時間後、ドナホーが立ち上がって帰ろうとすると、「まさか、ちょっと待ってくださいよ！」と、チェスキーが慌てて叫んだ。「それはないでしょう。今度は、僕が教えてもらう番ですから」。そして、ロードアイランド・スクール・オブ・デザイン卒のチェスキーは、経営のグールーに質問を浴びせかけた。チームをどう組織し直せばいいのか。企業運営を一元化する方法とは。リーダーシップを発揮する秘訣は何か……。

その日以来、ふたりは定期的に会った。ドナホーは言う。「私からは、時代を超えて通用するリーダーシップ原則を教えたんだ。そしてメンターのチェスキーには、起業家精神に溢れた、俊敏な企業を経営する方法について教わったんだよ」

今日必要なのは、「愛の鞭をくれる経験豊かなアドバイザー」と「率直な意見を教えてくれる仲間」だけではない。「年下のメンター」も必要なのだ。

その理由はすぐにわかるだろう。まず、彼らは若い世代の流行や習慣に詳しい。トゥワーキングなどという、腰を激しく振るセクシーなダンスが大流行するとは、40歳以上の世代には想像もつかなかったに違いない。あるいは、相手のスマートフォンに送った写真や動画が10秒以内に削除されるアプリが、数十億ドルも稼ぐとは思わなかっただろう。

第2の理由として、若い世代はテクノロジーに明るい。彼らはまさに「デジタル・ネイティブ」であって、デジタル世界にあとから侵入した者ではないのだ。

第3に、彼らは人助けが好きだ。年配のお偉い女性政治家が相手のときとは違って、若いアントレプレナーが相手のときには、ソーシャルメディアで簡単にアポが取れる。スナップチャット（画像チャットアプリ）を送るだけでいい。

ウェルチ直伝「アップサイドダウン・メンタリング」とは？

このようなメンター関係を「リバース（逆）・メンタリング」と呼ぶ者もいるが、わたしは「アップサイドダウン（上下逆さま）・メンタリング」と呼んでいる。このアイデアの正当性を証明したのは、GEの元CEOジャック・ウェルチと言われている。1990年代末、ウェルチは500人の幹部社員にこう指示した。「部下に積極的に働きかけて、インターネットの使い方を教えてもらうように」。それ以来、部下や若手に教わるという考えは徐々に広まり、GMやユニリーバ、ペンシルベニア大学ウォートンスクールでも取り入れられてきた。

この新しいメンター制度について大学が行った調査は数えるほどしかないが、ミネソタ大学のサンガミトラ・チョウドリとラジャーシ・ゴーシュは、今日のアントレプレナー経済において、アップサイドダウン・メンタリングがとりわけ有効に働くことを発見した。なぜなら、この新しいメンター関係によって、企業は従来の階層意識を棄てて、どんな地位の者が提案したものであろうとも、最善のアイデアを採用する必要に迫られるからだ。

チョウドリとゴーシュの発見によれば、アップサイドダウン・メンタリング最大の収穫は、ベビーブーム世代とミレニアル世代とを、ともに参加させたことだという（訳注：ベビーブーム世代は、1946年から1959年までに生まれた世代。一方のミレニアル世代とは、1982年から2000年前後に生まれ、子どもの頃からデジタルに馴れ親しんだ初の世代を指す）。メリルリンチでは、アップサイドダウン・メンタリングのプログラムを導入して、幅広い世代の従業員を率いる方法を管理職に教えた。ロッキード・マーティンも、同様のプログラムによって若手の士気を高めた。

P&Gをなかから変えた女性リーダーの驚異的な成果

176年の歴史を誇り、アメリカで最も古い企業に数えられるP&Gも、やはりこのプログラムを活用して、「会社の幹部に女性の数が圧倒的に少ない」という根強い問題に取り組んだ。P&Gでは1992年の時点で、女性の事業部長や担当部長の割合はわずか5%だった。「会議室のなかを見まわすと、席に着いた30人全員が男性でした」。そう語るのは、CEOのジョン・ペパーである。「異様な光景でしたね」。女性の衛生用品について話しあう会議のときには、とりわけ異様な雰囲気が漂っていたという。

そこでP&Gでは、「女性〝リテンション〟対策チーム」を立ち上げた。そして、この女性だけのスカンクチームの責任者に、洗濯用洗剤「タイド」の担当部長だったデボラ・ヘンレッタを抜擢した。さて、彼女が最初にしたことは何か。それは、チームの名称を「女性アドバンスメント（昇進）対策チーム」に変えることだった（「リテンション」には、確かに「優秀な人材の流出防止・確保」の意味がある。だが、ここで注意！　妊娠した経験のない人にはわからないだろうが、女性にとって「リテンション」には、「赤ん坊が降りて来ない」というまったく別の意味もあるのだ）。

次にヘンレッタは調査を行い、退職者の3分の2が女性である理由を突き止めようとした。そしてそれが、子どもを産むためという会社が考えていた理由ではないことが判明した。50人中48人の女性が、同じようにストレスの高い、さらに就業時間の長い職場へと移っていたのである。彼女たちは、働くのが嫌で退職したのではなかった。〝P&Gで〟働くのが嫌だったのだ。

それでは、ヘンレッタはその問題をどうやって解決したのか。「メンター・アップ」というプログラムを導入して、上司を若手女性従業員の〝弟子〟にしたのである。当初、どちらの側も懐疑的だった。たとえば、ブランドマネジャーを務める29歳のリサ・ゲベルバーは、43歳の事業部長であるロブ・スティールとペアを組んだ。リサはこう思ったという。「上司に何と言って、新しいことを教えればいいのか」。一方のロブはもっと辛辣だった。「こんなこと、私が本当にやりたいことか？」。だがやがて、このメンター関係も成果を生んだ。女性は昇進を見送られるうえ、子どもを持つと軽視されるように感じると、リサは打ち明けた。熱を出した我が子を病院に連れて行くために早退すると、周囲が眉をひそめるとも感じていた。

プログラム開始から5年後に、女性の事業部長と担当部長の割合は6倍に増えた。2012年には、世界のP&Gで働く管理職の43%を女性が占めた。ヘンレッタは、『フォーチュン』誌に6年連続で「最も影響力のある女性50人」に選ばれ、2013年にはP&Gグローバル・ビューティ部門グループ社長にも抜擢される。時代遅れの恐竜に口紅を塗り、女性の活躍を推進するために必要だったのは、女性のスカンクだったのである。

ベストセラーになった『LEAN IN——女性、仕事、リーダーへの意欲』(日本経済新聞出版社)のなかで、フェイスブックCOOのシェリル・サンドバーグは、『フォーチュン』誌のパティ・セラーズの言葉を引用した——「キャリアは梯子《はしご》ではなく、ジャングルジムだ」。つまり、梯子は一本道で広がりがないが、ジャングルジムには、上か下かだけでなく、もっと自由な回り道の余地があるというわけだ。同じことはメンター関係にも言えるだろう。ただ単にジャングルジムの上の横木を見て、自分を引き上げ、指導してくれる相手を探すのではなく、上も横も下も、まわりすべてを見渡して、自分を優しくひと押ししてくれる相手を探すのだ。

メンター活用術⑤

「小さな魚」を育てる

メンターのサークルを築いたら、そのサークルを完璧なものにするために、あとひとつだけステップが残っている。あなた自身がメンターになることだ。

2001年、わたしはメキシコの裕福な実業家の集まりに招かれた。メキシコで最も排他的なクラブと言ってもおかしくない。ホールを歩いているときに、「今日、このビルのなかで、女性の実業家はわたしひとりだけですか」と訊ねると、わたしをエスコートしてくれた男性は「いいえ」と答えた。「もうひとりいらっしゃいますよ」

このとき、わたしをエスコートしてくれたのは、メキシコの元大蔵大臣ペドロ・アスペである。彼は、メキシコでアントレプレナーを増やしたいと考えていた。そしてわたしに、今日は〝実業界のキーマン〟を紹介しますよ、と言った。部屋に1歩足を踏み入れたわたしは目を丸くした。キーマンなどという軽い言葉では言い表せない、錚々《そうそう》たる顔ぶれが揃っていたからである。まさに、メキシコのGDP（国内総生産）の1割を占める大物ぞろいだった。2010年から2013年まで4年連続で、世界一の富豪に輝いたカルロス・スリムの姿もあった（訳注：その後2014年から2016年まで、世界長者番付の1位に返り咲いたのはビル・ゲイツである）。

アスペに紹介されると、カルロス・スリムが勢いよく話しかけてきた。「リンダ、どういうことか教えてくれないか。ブラジルでもアルゼンチンでもチリでも、あちこちで若いアントレプレナーが登場してきた。それなのに、なんでメキシコには現れない？」

「恐れながら」と、わたしは答えた。「あなたは大きな魚ですよね。そして、この国では、その大きな魚が小さな魚を〝食べて〟しまうからですよ」

スリムもまわりの人間も、ぽかんとした表情でわたしを見つめた。みなが黙り込んだので、その沈黙を埋めようとして、わたしはぎこちなく笑った。アスペに目をやると、彼が頷いて、先を続けるようにと合図する。「メキシコでも、次々にアントレプレナーを登場させたいのでしたら」。わたしは言った。「水槽をこしらえてはいかがですか？　そして、大きな魚が――つまりあなたが――、小さな魚を育てるのです」

1年後、ペドロ・アスペを創設時の会長に迎え、そのとき会場にいた別の4人を理事に加えて、エンデバー・メキシコを立ち上げた。それからの10年で、エンデバーではメキシコ国内の9つの州にオフィスを構え、成長著しい80社以上のスタートアップを支援してきた。2012年、メキシコの著名なビジネス誌が、活況を呈する国内のアントレプレナーのエコシステムについて特集を組んだ。見出しはこうである。「大きな魚が小さな魚を育てる」。発言者はもちろん、あのとき、あの部屋にいた実業家のひとりである。

起業家精神は、メンターを通して伝染する

エンデバーが長年行ってきた入念な調査によれば、メンター制度の波及効果は明らかだ。アントレプレナーが他のアントレプレナーに助言を与えるとき、起業家精神は広まる。ウェンセス・カサレスを思い出してほしい。インターネット起業家に転身した、パタゴニア地方の元羊飼いである。

2000年3月に、カサレスは電子商取引プラットフォームを、スペインのサンタンデール銀行に7億5000万ドルで売却した。この成功物語を耳にした地元アルゼンチンの若きアン

トレプレナーたちは、にわかに活気づいた。「カサレスにできるなら、僕にもできるはずだ」。誰もが刺激を受けた。さらに重要なことに、カサレスはアントレプレナーを支援する活動を始めた。エンジェル投資家になり、エンデバーの理事会に加わり、毎日1時間を次代のアントレプレナーに助言を与える活動に充てている。

カサレスにできるなら、あなたにもできるはずだ。

幸福感や離婚のような現象が広まる原因を、専門家は「社会的伝染説」で説明しようとする。人生を変えてしまうような哲学を持つ人間は、それを何とか周囲にも伝えようとする。リスクを承知で挑戦し、変化を起こし、夢を追い求める精神を広めようとする。起業家精神は伝染する。おもにメンター関係を通して伝わる。

エンデバーを立ち上げた頃、わたしは、アントレプレナーが必要とするものの最上位にメンター制度をあげていなかった。重視していたものの、資金こそが最重要だと思っていたからだ。だが20年が過ぎた今では、それが間違いだとわかる。多くのアントレプレナーも口々に同じことを訴える。彼らにとっては、財務資本よりもメンター資本のほうがよほど価値があるからだ。だが、それはなぜだろうか。その理由のひとつを、エンデバーを次のフェーズに進めようとするたびに、わたし自身も体験してきた。エンデバーは成長し、すばらしいアイデアもあった。わたしは情熱と野心に燃えていた。それでも、何度も壁にぶつかった。難しい状況に巻き込まれては孤独に震え、不安に怯え、身を守る術などないように思われた。

岐路に立つたびに、不安や恐怖から逃れようと助けを求めた——非営利世界の同僚に。急成長を遂げる企業の辣腕経営者に。第1世代のワーキングマザーたちに。特にエンデバーの理事会に。エドガー・ブロンフマン・Jr. がエンデバーの会長になると、彼はいつの間にかわたしのメンターとなって、背後からわたしを守り、わたしの背中を押してくれた。彼もまったくの無意識だったと思う。メンタリングが、これほどまでにわたしという人間の中心を成している理由のひとつは、わたしが常に誰かを助けたいと願っているからである。彼らも、かつてのわたしと同じような状況に苦しんでいる。そして、わたしが孤独に打ち震えていたときには、誰かが支援の手を差し伸べてくれたのだ。

さあ、「扉」を開けよう

本書の冒頭で述べた内容の繰り返しになるが、アントレプレナーの時代に成功を阻む最大の障壁は、物理的か財務的、あるいは学歴や国籍の問題ではない。それは精神的な問題である。成功をつかむカギは、自分自身を信じることと、自分を信じてくれる相手を探し出すことだ。だが、その相手を見つけ出すことは非常に難しい。だからこそ、メンター制度が役に立つ。

アントレプレナーの人生は、いろいろな条件に左右される。仕事が面白くないか興味が湧かなければ、従業員は辞めていく。利益か影響力が充分でなければ、投資家は去っていく。製品かサービスの出来が悪ければ、顧客は見向きもしない。家族の支援さえ、条件次第だ。アントレプレナーは常に断崖絶壁にぶら下がった状態だ。見棄てられる不安に怯えながら、いつ、真つ逆さまに堕ちるかもわからない。

だからこそ、メンターの大きなサークルが必要だ。メンターがいれば、バランスを保つことができる。

とはいえ、どうやってそのメンターを見つければいいのだろう。ところが意外なことに、すでにまわりにいるのかもしれない。あるいは、知らず知らずのうちにメンターの助言を得ていることもあるだろう。わたしの経験で言えば、最大の問題は、あなたがメンターを探していることを、周囲の人間が誰も知らないことである。それは、事業拡大を目指す際の共通テーマでもある。時には「自分が弱く、傷つきやすい存在であり、助けを求めている」と自分自身で認めることが、最も重要なのだ。

古い道教の教えにもあるではないか。「学ぶ用意ができたときに、師が現れる」と。優れたメンターを見つけたいのなら、まずは求めよう。優れたメンターを求めていることを、周囲に告げてまわるのだ。

扉を開けよう。そうすれば、メンターが入ってくる。

Part 3

成功する

Go Home

第8章

The Purpose-Driven Workplace

いちばん大事なのは「働きがい」

――創造力と活気に満ちた「いい会社」をつくる4つの方法

ブラジャーを発明した「革命家」の光と影

タイビーとイーデンの双子の娘が小学校3年生の頃、イーデンのクラスがシェイクスピアの『テンペスト』を演じることになった。夕方、その発表会を観るために、わたしとタイビーは小学校まで歩いていた。タイビーは、自分が読んでいる本について興奮気味に話しはじめた。わたしがふたりのベッドルームに半ば強引に置いてきた、女性の自尊心を高めるための入門書である。娘の口調がひときわ熱を帯びたのは、ファッションとボディイメージの移り変わりの話になったときだ。

「ママ、女の人がおしゃれに見せるために、昔はどんなことをしたか、知ってる？」。タイビーが訊いた。「コルセットをきつく締めるために、あばら骨まで取っちゃったんだよ！」

「へえ、そうなの？」

「それにね、1920年代になると胸に包帯を巻くようになったの。男の子みたいに見せるためなんだって」

「ママも最近、その話を知ったわ」。わたしは続けた。「このあいだママは、ただお金を稼ぐだけじゃなくて、世の中をもっとよくしようとがんばったアントレプレナーの本を読んだの。そのなかに、その包帯を巻く習慣をやめにした女の人の話があったわ！」

わたしは、その物語をタイビーに語って聞かせた。

アイダ・カガノビッチは、1886年にベラルーシで生まれた。父はユダヤ教の聖典であるタルムードの研究者だった。そのため、母が小さな食料雑貨店を切り盛りして一家を支えた。10代になったアイダは、ポーランドへ移り住んで数学とロシア語を勉強する一方、あるお針子に弟子入りした。そのあいだに社会主義者になり、「資本主義は女性に正義をもたらさない」と考えるようになった。そしてベラルーシに戻ると、同志の革命家ウィリアム・ローゼンタールに出会った。

1950年、ふたりは迫害を受けて亡命し、ニュージャージー州ホーボケンにたどり着いた。

工場で働きたくなかったアイダはシンガーミシンを購入して、婦人服の仕立て屋を始めた。「なぜ、わざわざリスクを冒すの？」。友だちは訊いた。「だって、誰かの下で働きたくないからよ」。アイダは答えた。こうして筋金入りの社会主義者は、ミシンを踏む資本主義者に早変わりしたのである。

だが、女性らしさを大切にするアイダのドレスとは違って、当時の下着は丸みを帯びた女性のからだを美しく見せるためのものではなかった。ヴィクトリア女王時代にもてはやされた、からだをきつく締めつけるコルセットは、すでに1920年代には人気がなくなっていたものの、この頃の女性は細長い布を巻いて胸を平らに見せようとした。フランス語で「バンドー」と呼ばれる、その布切れは必需品だった。なぜなら当時、足を交互に跳ね上げて踊るチャールストンというダンスが大流行していたため、胸に布を巻いていないと、チャールストンを踊るときに、ほっそりとした直線裁ちのドレスから、女性の胸が飛び出してしまうからだった。流行に敏感な女性は、自分をボーイッシュに見せたがった。

アイダはボーイッシュではない。胸が豊かな彼女は、自分のような〝本物の女性〟のためにドレスをデザインした。「当時の企業は、『あなたも兄弟と同じようなからだに見せよう』という広告を打ったものよ」と彼女は言う。「でも、そんなことは無理だわ。自然は女性に胸を与えたのよ。それなのに、どうして自然に逆らうの？」

アイダとウィリアムは、バンドーを使わない他の方法を考え出し、ブラジャーのカップつきのドレスをつくった。当初はメッシュ状のカップをドレスに縫いつけていたが、やがてカップそのものを望む声に応じて、1ドルで別売した。「ボーイッシュなフォーム（からだつき）」との違いを伝えるために、そのブラに「メイデンフォーム」という名前をつけて売り出したのである（訳注：メイデンは英語で「乙女」「若い未婚女性」などを意味する）。

こうして思いがけずアントレプレナーになったふたりは、ニューヨークの57丁目の仕立屋から革命を起こした。この時代に隆盛となった広告を存分に活用して、「わたしは夢見た」シリーズの有名な広告を打ち出すのである。上半身はメイデンフォームのブラだけという女性が、オフィスで働く、あるいは野球のボールを投げる写真にはこんなコピーがついていた。「メイデンフォームのブラをつけて、働く夢を見た」。「メイデンフォームのブラをつけて、ワールドシリーズで登板する夢を見た」。赤いスカートを穿き、白いブラをつけた女性のまわりに投票箱を置き、花火が上がる写真には、こんなコピーが躍った。「メイデンフォームのブラをつけて、大統領選を制する夢を見た」

ホワイトハウスの大統領執務室に、メイデンフォームのブラをつけた女性を送り込むとは、何とも壮大な夢である！

1930年代には、メイデンフォームは年間5000万枚ものブラを売上げていた。1970年代に入ると、その数は倍加し、年間1億枚を記録する。つけ心地がよく、手頃な値段のアイダのブラが、おおぜいの女性を解放したのだ。「だけど、ママがこの話で本当に面白いと思ったのは、ファッションだけじゃなくて、時代とともにアントレプレナーも変わったってことなの」。わたしはタイビーに言った。かつてアントレプレナーは、画期的な製品を売り出すことで社会に貢献し、収益をあげ、従業員に毎週、小切手を渡せばそれでよかった。その意味で言えば、アイダは成功者に違いない。

だが、時代は変わった。製品、収益、小切手だけでは充分ではなくなったのだ。今日の社会は、従業員待遇にも目を光らせる。企業は社会に対してだけでなく、社内にも同じ価値をもたらしているのかどうか、顧客は知りたがる。従業員を大切にしない企業に、求職者は履歴書を送らない。企業文化はブランドなのである。

そして、その点においてアイダは失格だった。現代的な経営手法を駆使する、チェーンスモーカーのCEOアイダは、流れ作業の従業員をせかし、組合労働者を脅しつけた。「うちの裁縫師は胸が〝ブラで支えられて〟いるから疲れにくく、よその工場よりも長い労働時間に耐えられるはずだ」と主張した。彼女たちはきっと〝メイデンフォーム社で働く夢だけは見なかった〟に違いない！

「働く意味」を無視する起業家に、居場所はない

本書のＰａｒｔ1とＰａｒｔ2では、アントレプレナーにとって「始める」と「成長する」の意味について述べてきた。だが、アントレプレナーのように生きるためには、第3の要素も忘れてはならない。それが重要になるのは、次のような疑問が頭をよぎるときである。

「自分は、どんな目標を達成しようとしているのか」

「自分がしている仕事には、どんな意味があるのか」
「私はいったいどんな人生を送りたいのか」
Ｐａｒｔ３では、これらの疑問について取り上げたい。Ｐａｒｔ１とＰａｒｔ２は、アントレプレナーの基本と考えていいだろう。そして、その土台を磨くときがきた。Ｐａｒｔ３「成功する」は、〝アントレプレナーのように生きるための技術〟と言えるかもしれない。わたしはこれを、「家に帰る《ゴー・ホーム》」と呼んでいる。

まず本章では、効率を最大化するだけでなく、いろいろな価値に溢れた組織を築く方法について述べる。アントレプレナーが最前線に立つ今の時代、組織がビジネスモデルの中心に据えるのは優れた人材である。組織側に選択肢はない。自由な起業家精神を吸って育った若い世代の従業員は、柔軟性を求める。協業を主張し、働く意味をほしがる。

この問題に悪戦苦闘するリーダーを、わたしはたくさん見てきた（そういうわたし自身も苦戦の連続だった）。そして、わたしも学んだ。結束力のある組織を築くために、ただ自分のリーダーシップスタイルについて考えていればいい時代は終わった。従業員の欲求を満たし、人材を育てる方法についても――それ以上とは言わないまでも――同じくらいの時間を割いて、考えなければならない。

それは、リーダーシップ以上に難しい問題かもしれない。なぜなら、少なくともリーダーは、自分自身の態度や行動はコントロールできるからだ。従業員のなかに眠るアントレプレナーの素質――〝従業員起業家精神《エンプロイーシップ》〟とでも呼ぶべき世界観――を、うまく引き出す環境をつくり出すことは難しい。

本章では、そのためのアイデアや秘訣を紹介しよう。

いい会社をつくる法①

精神的価値――ビルではなくコアバリューを

どこの大都市であろうとも、その真ん中に立って周囲を見まわしてみれば、大企業の名前を冠してそびえ立つビルに気づくだろう。ドバイからダラスまで、たくさんの企業が本社ビルの勇姿を誇示して、自社の経済力をアピールしてきた。ビルが立派であればあるほど、ブランドの影響力も強い。

だがブエノスアイレスの摩天楼には、ある成長企業の名前を刻んだビルがない。

それは、アルゼンチンに拠点を置くテック系スタートアップの「グローバント」である。2003年に、4人の友人がバーで話しあって立ち上げた会社だ。血気盛んな共同創業者は、野心的な目標を掲げている。「目標は、革新的なソフトウェアを開発する、世界的なリーディングカンパニーになることです」。彼らはそう胸を張る。ディズニーやアメリカン・エキスプレス、コカ・コーラといった名だたるクライアントのおかげで、グローバントはまたたく間に8か国に進出を果たす。年間総売上げは1億5000万ドルを突破。従業員数は3000人に膨れ上がった。

会社が大きくなるにつれ、共同創業者はお馴染みの決断を迫られた。次の成長段階へと進むために、事業を拡大して、組織を再編成する必要ができたのである。最も手っ取り早い方法は、最先端のど派手な自社ビルを建てて、全従業員をそこへ集結させることだろう。マスコミの注目を集め、脚光を浴びる。競合からも一目置かれる。有力なプレイヤーの登場に、世界からも熱い視線が注がれるはずだ。つまり、誰にとっても都合がいい。

ただしそれは、従業員以外の誰にとっても、という意味である。

グローバントでは、職場文化を中心に企業アイデンティティを築いてきた。そして「ステラー」という、チームづくりのプログラムを促進してきた（訳注：ステラーは英語で「星のように輝かしい」の意味）。グローバントでは従業員を「グローバー」と呼ぶ。そして、企業のコアバリューを高めた功績を仲間どうしで認めあい、同僚のグローバーに〝ゴールドスター〟を贈る。

また、従業員は誰でも新しいプロジェクトに参加できる。ナイキから広告キャンペーンのコンペ参加を持ちかけられたときにも、グローバントではマーケティングチームだけに頼らなかった。クラウドソーシングで社内コンペに参加する機会を設け、従業員全員にチャンスを与えたのである。100人ものグローバーがアイデアを応募した。結局、グローバントの案がナイキのコンペを勝ち取ると、発案者のグローバーには、賞品としてiPodが贈られたのである。

本社の移転をめぐり、今後どこで働くことになるかという問題は、グローバントの従業員にとっていちばんの懸念となった。経営陣は最初、都心にタワービルを1棟建てて、全従業員をそこへ集めようと考えた。だが、従業員の自宅を地図で確めたところ、都心に住んでいる者はほとんどいなかった。通勤時間が長くなれば、プライベートな時間を奪ってしまう。そのうえ、「グローバーは自由に自分のスケジュールを組み立ててよい」という、大切なコアバリューまで損なってしまう。そこで、経営陣は別の方法を編み出した。従業員の通勤時間が最小限になる場所を探し出して、小さな本社ビルを3棟建てたのである。

この話が物語るのは、今日の経営陣が従業員について最も考慮すべき問題である。すなわち「従業員のやる気を引き出すものは何か」。給与だと思うのなら、考え直したほうがいい。起業家精神に溢れた今の時代、従業員が職場に求めるものは大きく変わった。給与が大切なのは間違いない。だが給与を押しのけて、リストの上位を占めるようになったものがある。「影響力」「自由」「生活の質《クオリティ・オブ・ライフ》」である。

この変化は大きな利点をもたらした。なぜなら、資金に乏しい企業であっても、優れた人材を確保できるからだ。だが、その一方でリスクもある。従業員の望みに応えられない企業は、すぐに見棄てられてしまうからだ。

ゴア社の「ラティス型組織」

デュポンを辞めてW・L・ゴア&アソシエイツを創業し、ゴアテックスの開発につなげたビル・ゴアの話は、第5章でも紹介した通りである。

1965年のある日、ゴアはデラウェア州の工場内をいつものように見まわっていた。ところがその月曜日の朝、彼はいつもと違う点に気づいた。従業員のなかに、名前を知らない者がいたのだ。そう気づいたゴアは、嬉しくなる（事業が順調な証拠だ！）どころか、動揺した。そして急いでメモを書きつけた。第1に、今後、我が社ではどの施設（工場やビル）においても、従業員規模が200名を超えてはならない。第2に、施設と施設とのあいだで連携して活動を行うこと。PR部門を孤立させたり、技術部門を〝サイロ化〟させたりして、縦割り式の悪習を築いてはならない。第3に、従業員は同僚全員の名前を覚えられなければならず、チームの誰とでも一緒に働ける立場になければならない。

ゴアはさらに、「ラティス（格子）型組織」と呼ぶアイデアを書きつけた。「たいていの人間は堅苦しい手順を避けて、直接的で簡単な方法でものごとを行おうとする」。ゴアは、階層がなく、平等なメンバーが対等に結びついた、個人が創造力を発揮しやすい組織を目指した。だから、ゴアの会社には肩書きもなければ、細かい職務区分もない。「従業員」も「上司」もいない。全員が「アソシエイツ（同僚）」であり、少数の「スポンサー（支援者）」がリーダー役を務める。自己管理能力を持つチーム（プロジェクト型組織）を、アソシエイツ自身が編成する。

ゴアのアプローチは「アンマネジメント（unmanagement）」として知られるようになり、W・L・ゴア&アソシエイツは半世紀ものあいだ、最も革新的な企業として評価されてきた。今では、医療（心臓修復用パッチ）からクリーンエネルギー（排気ガス処理フィルター）、歯科（歯科用縫合糸）、音楽（「エリクサー」ブランドのギター弦）まで、幅広い分野の事業を展開している。

なかには、このアンマネジメント・アプローチが合わないアソシエイツもいる。ゴアも言ったように、この不定形の構造に適応できない者にとっては「不幸な状況」に違いない。「非《アン》

CEO」――つまり通常の企業であればCEOに当たる――テリー・ケリーは、指示をほしがるアソシエイツも多いと認める。「ロードマップを必要とする者もいますね」と彼女は言う。だが大半のアソシエイツは、自由を楽しんでいる。彼らは、自分の仕事人生を自分でデザインする、アントレプレナー集団のなかのアントレプレナーだ。こう表現したアソシエイツもいた。「ドアを開けて入った瞬間に、この会社はあなたのことを、優れた決断を下す人間として信用してくれるんです」。わずか8%というゴアの離職率は、業界平均の半分にも満たない。

1984年以来、『フォーブス』誌はゴアの会社を、「最も働きがいのあるアメリカ企業」に連続して選んできた。2004年には、『ファスト・カンパニー』誌が「最も革新的な企業」に選んだ。

従業員の創造力を解き放とう

製品の質や価格だけでなく、サービスの質でも企業が競争を繰り広げる時代において、従業員の創造力を解き放つ方法を見つけることは、ますます重要になりつつある。コンサル会社のヘイグループが実施した調査によれば、従業員エンゲージメントの高い企業では、従業員の定着率が50%、顧客満足度が89%、収益成長率が400%も高いという。また、従業員満足度の高い小売店では、1平方フィート当たりの収益が21ドルも高かった。とはいえ、ほとんどの企業では、従業員を積極的にチームに参加させようとしてもあまりうまくいかない。世界各国の企業を対象にしたギャラップの調査では、仕事に積極的に関わっている従業員は13%にすぎなかった。

それでは、どうしたら彼らのやる気を刺激できるだろうか。給与を上げるという、従来の方法では解決しない。2013年にエンデバーが、成長著しい60社の創業者と従業員を対象にアンケートを行ったところ、どのスタートアップも「ラティス型組織」とよく似た戦略を実施していた――階層をなくす。普段からオープンなコミュニケーションを促す。従業員がアイデアを出しあって、プロジェクトを実行する仕組みをつくる。創造的な報酬システムを導入する。レバノンでデジタルマーケティング会社を立ち上げた、ネムル・バディーンもこう言った。「1日の終わりに金銭的なインセンティブを受け取るのも、悪くはない。だけど、経営陣は従業員の心理的ニーズも満たすべきだね。自分がもっと大きなものの一部だと、実感できるような仕組みが大切なんだよ」

わたしは、それを「精神的価値」と呼びたい。

長いあいだ目の前にぶら下げられてきた金銭以外のニンジンを、今の従業員は求めている。そう示す調査も増えてきた。この分野の先駆者である、デューク大学の経済学者ダン・アリエリーは、金銭的インセンティブの影響を調べる実験を数多く行っている。この手の実験は扱いにくい、とアリエリーも認める。なぜなら、学者たちにはウォール・ストリートでこの手の実験を行う財源がないからだ。

アリエリーはまず、インドで実験を行った。そして、87人の被験者に単純な仕事をしてもらい、3つのグループで報酬額に差をつけた。最初のグループにはひとり50セント（現地の1日分の賃金に相当)、2番目のグループには5ドル(1か月分の賃金に相当)、3番目のグループには50ドル(5か月分の賃金に相当)を報酬として渡すという条件を出したのだ。

常識的に考えれば、もらえる報酬額に応じて被験者の仕事ぶりがよくなると思うだろう。ところが、結果はまったくの逆だった。報酬額がいちばん低い最初のグループと、報酬額が真ん中のグループの仕事ぶりに大きな違いはなかった。さらに驚くことに、報酬額がいちばん高い3番目のグループが、最も仕事ぶりが悪かったのである。アリエリーがMITで同じ実験を行い、学生に60ドルと600ドルの報酬額を提示したときにも、同じ結果が得られたという。

世界中のあちこちの国で同じような実験を行ったところ、9回中8回において、報酬額の高いほうが結果が悪かったのである。アリエリーはこんな結論を導いた。人間は本来、喜んでものごとを行うが、金銭が絡むときにはこの限りではない。

金銭以外のインセンティブが持つすごいパワー

アリエリーは、人はお金を受け取って働くべきではない、と言っているのではない。わたしもそうは思っていない。彼が言いたいのは、「従業員は給与小切手だけを必要としている、という考えはもはや古い」ということである。アントレプレナーは、その点をよく理解している。なぜなら、彼らのほとんどが当初、資金不足に悩まされたからだ。お金に頼れないからこそ、従業員のやる気を引き出す創造的な方法を見つけ出さなければならなかった。その秘策のひとつは、肩書きを工夫することにある。

エンデバーのアントレプレナーであるルネ・ランカナーとルイス・ガルザは、出生率は高いのに保育所の数が足りないという、メキシコの問題に気がついた。この問題を解決するために、ふたりはアドベニオを創業し、企業内でオンサイト型保育所を提供するサービスを、まずはメキシコシティで始めた。そして、他の都市へ進出するにあたってサービスの質の低下を恐れたふたりは、スタートアップとしては異例の手段に出た。企業文化の監視役を雇ったのである。彼女の肩書きは「チーフ・マム」。そのチーフ・マムが今度は、従業員の目標達成を支援する「ドリーム・マネジャー」を雇った。このふたつの肩書きは面白くて楽しく、チーフ・マムとドリーム・マネジャーに自信を与えたばかりか、従業員に対しては、「企業成功のカギを握るのは、あなたたち一人ひとりの成功だ」というメッセージまで送ったのである。

金銭以外のインセンティブの必要性をよく理解しているのが、非営利組織で働くドルフィンだ。ナンシー・ルブリンは、社会改革を通して行動を起こすよう若者を促す、「ドゥ・サムシング」という非営利組織を運営している。彼女が採用するボランティアの数は、毎年200万人以上にものぼるという。CEOであるルブリンの名刺には、「チーフ・オールド・パーソン」とある。相手が誇りに思える肩書きを与えることが重要だと、彼女は考える。「誰でもすばらしい肩書きに憧れます。ですから、そんな肩書きを与えればいいのです」。ルブリンは著書『ゼロのちから——成功する非営利組織に学ぶビジネスの知恵11』(英治出版)のなかで書いている。「もっといいのは、従業員や職員が〝自分が評価されている〟と実感できるような新しい肩書きをつくってしまうことです」

同様のアイデアを実行している企業は多い。ピンタレストのデザイナーは「ピクセル・プッシャー」だ。自分を「チーフ・グミベア（クマのかたちをしたグミ）」と呼ぶ、キャンディストア・チェーンの経営者もいる。ある広告代理店では、事務アシスタントを「ファースト・インプレッション・オフィサー」と呼ぶ。

従業員が好印象を発揮できる機会を与えよう。彼らに、好きな肩書きを選ばせるのだ。

グローバントのように従業員に自主性を与えることも、従業員のやる気を引き出す方法のひとつである。従業員が、好きなプロジェクトに取り組める時間を設ける企業も増えてきた。3Mには「15％カルチャー」という不文律があり、勤務時間の15％を自分自身の研究やアイデア開発に使っても構わない。グーグルの場合は「20％ルール」。リンクトインでは、承認を得たプロジェクトに、1年のうちの3か月までなら取り組める。つまり、25％というわけだ。

どの企業が何パーセントかという競争はひとまずおいて、住宅ローン会社のクイッケン・ローンズには「ブレット・タイム」というプログラムがある。毎週月曜の午後1時以降は、各自が実現したいプロジェクトに取り組めるのだ。フェイスブックでは、「プロトタイプフォーラム」と呼ぶプログラミング・マラソン（いわゆるハッカソン）を開催して、実験的な製品の開発を促している。たとえば「フェイスブック・ワイファイ」も、ハッカソンから生まれた。来店者がフェイスブックのアカウントでチェックインするだけで、その店やカフェのＷｉ－Ｆｉを無料で利用できるサービスだ。

バタフライも、従業員がもっと自己表現できる創造的な方法を見つけ出している。シカゴにあるアーティスツ・フレイム・サービスでは、顧客が持ち込んだ絵画や写真に額縁をつけるサービスを行っている。職人は、それぞれ違う色のねじを割り当てられているため、ねじの色を見れば、どの職人の仕事かがすぐにわかる。創業者のジェイ・ゴルツは、その効果をこう説明する。「これは、自分の作品だという職人の誇りを刺激しますね」。匿名性の代わりに自主性を与えたことで、職人の腕も格段に上がったという。「額縁の針金が取れて修理に戻ってきたときには、誰の仕事か、ひと目でわかりますから」

アントレプレナーが、カリスマ性ときらりと光るアイデアとを利用して、ひどい職場環境や労働条件を補った時代は終わった。今日の従業員は、もっと大きな期待を抱いている。

ノンフィクション作家のダニエル・ピンクは『モチベーション3・0――持続する「やる気！」をいかに引き出すか』（講談社）のなかで、従業員の秘めたやる気を引き出す最善の方法は、彼らに「自由」と「目的意識」を与え、「自分の能力を上達させたいという欲求を刺激する」ことだと指摘した。この3つは、わたしの言う「精神的価値」の3要素でもある。

それがとりわけ重要になるのは、ブックエンド・ジェネレーション――ベビーブーム世代とミレニアル世代――に対してだろう。どちらの世代も、金銭的な見返りの重要性を信じていない。ピンクは書いている。「彼らは『すばらしいチーム』から『仕事を通して社会に還元する能力』まで、金銭以外のさまざまな要素を重視する」と。そして、それが見出せないと、会社を去って行く。反対に言えば、経営者は起業家精神に溢れた職場をつくらなければならない。それができなければ、彼らは会社をあとにして、みずからスタートアップを立ち上げるのである。

いい会社をつくる法②

カルチャー――一人ひとりを企業文化の発信者に

2年に1度、エンデバーではサミットを開催する。エンデバーのアントレプレナーに、ビジネス界のリーダーと顔を合わせて、戦略やビジネス動向、組織を成功させるアイデアや秘訣について話しあう機会を提供するためである。

2013年の講演者のひとりは、ジェン・リムだった。ザッポスのトニー・シェイCEOと共同創業した、デリバリング・ハピネス社のCEO兼CHO（チーフ・ハピネス・オフィサー）である。リムの使命は、ザッポスと同じように、ビジネス戦略の中心に〝喜び〟を据えるよう、人びとを触発することにある。ザッポスでは、従業員を「ザッポニアン」、休暇を「ゾリデー（Zappos +Holiday）」と呼ぶ。毎年、『ザッポス・カルチャーブック』を発行する。ザッポスの「10のコアバリュー」とともに、ザッポスに対するザッポニアンのメッセージや写真を満載した冊子である。

2013年のサミットで、リムは次のようなメッセージをエンデバーのアントレプレナーに贈った。企業文化こそ企業ブランドであり、従業員こそ企業の大きな資産である。だからこそ、企業はふさわしい人材を採用しなければならない、と。講演が途中まで進んだところで、リムのある言葉がわたしの胸に突き刺さった。わたしだけでなく、エンデバーのたくさんのアントレプレナーが身をもって学んだ教訓だったからだ。優れたリーダーは「じっくり採用し、すばやくクビにする」。

「じっくり採用する」理由は、あとで時間とお金をかけないために、先に時間をかけておくという考え方だ。ザッポスでは2度にわたって面接を行う。最初は、雇用チームが応募者にこれまでの体験やスキルについて質問する。2度目には、人事部が念入りな面接を行って、ザッポスの文化に合う人材かどうかを見極める。企業文化をことのほか重視するザッポスでは、1週間働いて辞める新人に4000ドルを支払う。ザッポスの企業文化に合わない者を研修して、時間や手間を無駄にしないためだ。つまりこういうことだ。ザッポスでは、新人研修が始まって5日後に、自分はザッポスの文化に合わないと感じた応募者に、大金を渡して辞めてもらうのである！

世界的クッキーチェーンが30年変わらず採用で実践する3つの「S」

ザッポスについてわたしが強く同意するのは、今日の従業員は企業文化の単なる受け手ではない、という考え方だ。彼らは、企業文化のアンバサダー（大使）である。従業員が企業価値を発信するためには、彼らがその価値を理解し、身をもって実現していなければならない。だからこそ、従業員を念入りに選ぶ必要がある。

デボラ・ジェイン・シビヤーほど、その点を深く理解していた者はいないだろう。デボラはハイスクールを卒業すると、野球チームのボールガールや水上スキーのパフォーマーとして働いた。18歳のときに経済学者のランディ・フィールズと知りあい、翌年に結婚する。家庭に入ったデボラはクッキーを焼いては、夫のオフィスに届けた。評判がよかったために、デボラは店を開こうかと考えた。「自分の足りないところはよくわかっていました」。彼女は当時の心境をこう語る。「わたしはまだ若かったし、大学にも進学しませんでした。実家も裕福ではありませんでした。そのうえ、ブロンドだから頭が弱いと思われていたんです」

店を開きたいと打ち明けると、夫は「馬鹿げてる」と言って取りあってくれなかった。父は戸惑った。「わたしが本気でやる気になったのは、どうせ駄目に決まってる、と母に貶《けな》されたからです」

今日、「ミセス・フィールズ」として知られるクッキーチェーンの第1号店が誕生したのは、1977年8月のことである。ところがオープン当日の午後3時になっても、1枚のクッキーも売れなかった。デボラはトレイにクッキーを載せて通りに出ると、道行く人に配った。そして、たくさんの人を店内に呼び入れて、75ドル分のクッキーを売上げたのである。事業は順調に成長し、1980年には15店舗を、1986年には350店舗を展開するまでになっていた(その頃、世界のマカダミアナッツ供給量の10%を、彼女の店が買い占めていた)。だが、デボラには心配ごとがあった。自分の陽気な性格そのままに〝ミセス・フィールズ体験〟を提供してくれる店員を、どうやって見つけ出せばいいだろうか。たとえば、デボラは顧客一人ひとりの誕生日を覚えており、店員にも同じことを求めた。そこで彼女は、工夫を凝らした雇用戦略を考え出したのである。

まずは面接の席で、クッキーの載ったトレイを差し出して食べてもらい、応募者が本当にクッキー好きかどうかを確かめた。次に、そのトレイを持って通りに出て試食を勧めてもらい、応募者の社交性を測った。最後に、店内でハッピーバースデイソングを歌ってもらったのである。店で働くことになれば、顧客の前で歌うことになるからだ。「歌が上手いか下手かは関係ありません」。デボラは言う。「お客様に幸せな気分を味わってもらうために、わたしが頼んだことを嫌がらずにやってくれるかどうかを知りたかったのです。事業を大きくしようと思い、お客様を幸せにしたいと願うとき、必要なことは何でもやらなければなりませんからね」。デボラはそのプロセスを3つのSと呼んだ。「サンプリング」「セリング」「シンギング」の3つである。

なぜザッポスの社員は、解雇されてもファンのままでいられるのか？

じっくり時間をかけた雇用は大切だが、それ以上に重要なのはすばやい解雇である。経営コンサルタントのジム・コリンズは、著書『ビジョナリー・カンパニー2——飛躍の法則』（日経BP社）のなかで、「ふさわしい人材をバスに乗せ、ふさわしくない人材をバスから降ろす」というふたつの重要性を説いた。コリンズによれば、優れたバスドライバー（優れたリーダー）はまず、「どこで」ではなく「誰を」乗せるのかを重視するという。「まずはふさわしい人材をバスに乗せ、ふさわしくない人材にはバスを降りてもらう。そして、ふさわしい人材にふさわしい席に座ってもらうのだ」

スタートアップを次々に創業してきたケビン・ライアンは、20名で始めた「ダブルクリック」を、従業員1500人の世界的なオンライン広告企業に育て上げた。ライアンは、解雇のプロセスを「引き算による足し算」と呼ぶ。「優れたチームづくりの秘訣は、いい結果を出せない従業員をいつ解雇するのか、そのタイミングを見極める術を身につけることだ」。つまり、彼のアドバイスはこうだ。「悪い状況を、それ以上悪化させるな」

わたしも、適切でない人材を解雇する方法を躍起になって見つけようとしてきた。その理由のひとつは、そもそも適切な人材を見つけるのがうまくなかったからだ。もっと端的に言えば、人を雇うのが下手だったからこそ、うまく解雇しなければならなかったのだ。だが、ジム・コリンズやケビン・ライアンの考えには大筋で同意——解雇は必要だ——するものの、クビを言い渡すにもいい方法と悪い方法とがあることも学んだ。

第1に、新興市場のアントレプレナーのほとんどは、狭い世界で生活し、働いている。従業員はかつてのクラスメイトや隣人や、母親の友だちの子どもである。あなたに憧れる近所の若者の場合もあるだろう。そんな従業員を容赦なくクビにして、何の報いも受けずに事業を続け、近所の店にランチを食べに行き、食料雑貨店に買い物に行けるものではない。

第2に、ソーシャルネットワークの時代において、従業員は辞めたあとでも、あなたのブランドの〝広報担当者〟である。解雇された者は、フェイスブックにその体験を投稿し、ツイッターでつぶやく。悪口や非難は半永久的にネット上に残る。そしてその情報を読むのは、グーグルであなたのスタートアップの名前を検索した、次の応募者なのである。従業員が自社の企業情報を投稿できる、「グラスドア」のようなキャリア情報サイトも存在する。就業時間や労働条件はもちろん、最悪の上司の評価までもが匿名で投稿できるのだ。だから、応募者が次々に現れるとは思わないほうがいい。今日のアントレプレナーにとって、最大の脅威は口コミである。もはや何の秘密もないのだから。

そのため、解雇を言い渡す方法はますます難しくなった。もはや必要がないか、そばにいてほしくない相手をどう扱うのか。その扱い方ほど企業文化を物語るものはない。映画では、非現実的な解雇場面が描かれる。メールアドレスを使えなくする。鍵の返却を迫る。営業先リストを回収する。しおれかけた観葉植物と写真立ての入った段ボールを抱えて、解雇された人間が見せしめのように通路を歩いて去っていく……。このような血も涙もない仕打ちは、腹いせの妨害工作を恐れる銀行や証券会社の場合には必要かもしれない。それでも、大半の企業にとって、このような仕打ちは必要がないばかりか、結局は自分で自分の首を絞めかねない。

それよりも、もっといい方法がある。しこりを残さずに辞めてもらう方法があるのだ。解雇を迅速に決めたからといって、すぐに追い出す必要はない。次の職場が見つかるまで、オフィスを使っても構わないと伝える。紹介状を書く。解雇の事実が、本人から同僚に伝わるようにする。わたしは世間知らずの甘ちゃんではない。それでも解雇を言い渡すときは、いまだにぎこちなく、落ち着かない。鏡の前で解雇を告げる練習もした。たくさんの涙も見た。自分にクビを言い渡した相手を、褒め称える者はいないからだ。

それでも配慮を示せば、悪態をついて出ていく者はいないはずだ。しかも猶予期間をもらったことで、たいていの人間は感謝する。今日《おとし》のようにネットで緊密につながった世界では、解雇の方法は極めて重要だ。企業ブランドを貶める者を最小限に抑えることは、その価値を高める者を最大限に増やすこと以上に大切かもしれない。

この新しい解雇方法はあまりにも重要なために、わたしの双子の娘でさえ理解している。娘が6歳のとき、友だちとこんなおかしな歌をうたっていた。ハッピーバースデイソングの替え歌である。

ママは仕事がきらい　(*My mommy hates work*)
嫌なヤツをクビにした　(*She fired a jerk*)
ママが雇ったお猿さんが　(*She hired a monkey*)
わたしの宿題を食べちゃった　(*Who ate my homework*)

歌い終わると、タイビーは友だちに向かって言った。「でも本当はね、ママは誰もクビにしないの。ただこう言うだけ。『どこか他に行ったほうが、ずっと幸せだわ』って」

いい会社をつくる法③

平等な職場づくり——若い者には巻かれろ！

ある夏の日の朝、ソーホーの歴史的建造物パックビルディングの5階は、ファッショナブルなオンライン眼鏡ブランド「ウォービー・パーカー」の新入社員でごった返していた。これから、毎週恒例の全社ミーティングが開かれるという。「今回は、これまでで最大の人数を採用したんですよ」。そう言うのは、共同創業者のニール・ブルーメンタールだ。33歳の彼は部屋でいちばんの年上かもしれない。「こっちへ来て」。ブルーメンタールが呼びかける。「とっておきの面白い事実《ファン・ファクト》を教えてください！」

オンライン眼鏡ブランドの新しい伝統「ファン・ファクト」

「ファン・ファクト」はウォービー・パーカーの伝統であり、若い従業員に合わせた職場づくりを行う方法のひとつである。若い世代は独特だ。待たされるのが嫌い。下積みの仕事はしたくない。単調で退屈な仕事もやりたくない。だから、目をぐるりとまわして呆れ返り、言われた通りにやれと指示したところで反発されるのがオチだ。ある程度までは、企業のほうで彼らのやり方に合わせなければならない。何よりも重要なことに、彼らは自分と世界にとって重要な仕事をしたい。

そのためにウォービー・パーカーでは、平等な職場づくりを行っている。同社が掲げる「8つのコアバリュー」のひとつはこうだ。「仕事に、面白さと特別さとを吹き込もう」。そして、そのひとつが「ファン・ファクト」というわけである。

今までで最も注目を浴びたファクトは、かつてマイケル・ジャクソンの次男のブランケットを預かっていたという、ある女性従業員の逸話だろう。だが今日、どのファン・ファクトも話題が多彩なうえに、若者どうしを結びつける効果を持つ。製品戦略部門のケイトは、バレル・レーシングというロデオ種目のチャンピオンだ。カスタマーサービスのナタリーは、スーパーボウルのハーフタイムショーで、ビヨンセのファンダンサーを務めた経験がある。ジュリーは16歳のとき、クラウドサーフィン（訳注：ステージダイビングした歌手を、フロアの観客が次々と手を伸ばして、頭の上で移動させること）の最中に嗅覚を失った。

ウォービー・パーカーは手頃な価格の眼鏡をオンラインストアで販売する他、小売店も10店舗ほど展開している。ここでの仕事は、現代の基準で言えば、あまり評価される類いの仕事ではない。ところが、従業員はみな自信に溢れ、陽気で仕事熱心だ。「言ってみれば、コールセンターの仕事みたいなものです」。そう言うのは、マイカイラ・マークリッチだ（ファン・ファクト――彼女は故郷のハワイでセグウェイのツアーガイドだった）。「でも、そんなふうには思わないんです。コールセンターで働く人のステレオタイプって、ほら、こんな感じじゃないですか。年を取ってて、惨めで、何の将来性もない仕事をしてる人たち……。でもここで働いているのは、みな若くて頭のいい人たちばかりです。それに、わたしたちは、そこらへんのカスタマーサービス係のような扱いも受けてません。チームの一員と考えてくれてるんです」

若い従業員に、報酬のいい安定した仕事を与えるだけでは、事業は成功しない。それ以上のものを与える必要があると、ブルーメンタールは学んだ。すなわち、帰属意識である。

ウォービー・パーカーの新入社員は、タイレストラン（ブルーメンタールたちが創業期間中に足繁く通った）の食事券を受け取る。ジャック・ケルアック著『ザ・ダルマ・バムズ』（講談社）も1冊もらえる（ウォービー・パーカーの名前は、ケルアックの小説に出てくる、ふたりの登場人物の名前を合わせたものだ）。必要かどうかにかかわらず、眼鏡もひとつ。毎週、従業員は一人ひとり、自分の幸せ度を0から10のあいだで上司に報告する。ブルーメンタールが従業員に、なぜうちで働こうと思い、なぜ辞めないのかと訊ねたところ、「どちらの答えも給与は最下位」だったという。「企業文化が好きだからという答えと、学べて影響力を及ぼせる機会があるから、という答えが多かったのです」

ミレニアル世代を巻き込むための3つのポイント

ウォービー・パーカーで働く従業員のほとんどがミレニアル世代だ。現代の専門家が、最も熱心に調査して研究する世代でもある。なぜなら、アメリカの労働人口の36%を占め、2020年にはその割合が46%にも達する急増中のグループであると同時に、年配の従業員を困惑させる存在でもあるからだ。専門家の調査から、他の世代とは明らかに違う、ミレニアル世代の3つの特徴が浮かび上がった。

第1に、彼らは常にオン状態の騒々しい世界で暮らしているため、職場でもその延長線上で働こうとする。スピードが大事で、何でもすぐに手に入れたがる。その一方、よい面に目を向ければ、9時から5時まで働くという既成概念がなく、従来の就業時間に縛られない。不規則な時間に働いて、一気に仕事を片づけることも厭わない。

第2に、この世代にとっては、会社のブランドよりも自分のブランドのほうが大切だ。しかも親の世代から、「望むものは何でも手に入れられる」というメッセージを聞いて育ってきたために、その会社で自己実現ができなければ、さっさと別の会社を探す。ある調査によれば、会社に残るか辞めるかを、彼らはほんの数週間で決めるという。対照的に、親の世代に当たるベビーブーマーは次の会社に移るまでに、最長4年は働く。

自分のブランドを大切にする若い世代は、自分を「重要な存在」と思いたがる。キャリア開発を支援する非営利組織のネットインパクトが、2012年に行った調査によれば、大学生の72％が「自分の充実感にとって重要なのは、影響力を及ぼせる仕事だ」と答えたという。かつて親の世代は、会社で長時間働いたうえに、PTAのバザーや年末の慈善募金活動に参加した。ところがミレニアル世代にとって、仕事と社会貢献とは別ものではない。しかも彼らは、それを別ものと考える者の下では働きたくない。

連邦航空局（FAA）は、航空輸送の安全維持を担う連邦政府の管轄機関である。60年の歴史を持つFAAも、ミレニアル世代を募集する際の教訓を、否応なく学ばなければならなかった。FAAの人事部は長いあいだ、連邦政府にとってお馴染みの口説き文句を使いまわしてきた。人事部長のベントリス・ギブソンはこう説明する。「私たちのメッセージはいつも決まって、『FAAで働こう。航空管制官か飛行検査官になれば、すばらしい報酬が待っている』というものでした。正直言って、私たちベビーブーム世代にとってこのメッセージは何の問題もありません」

ところが、この決まり文句も、新しい世代にとっては何の魅力もなかった。彼らが求めているのは、報酬ではなく〝働く意味〟だからだ。しかも、若い世代はFAAを面白みのないお役所とみなしていた。ベテラン航空管制官の定年が近づくと、FAAは応募者が集まらないといいう危機的状況に見舞われた。深刻な人材不足に陥った2008年には、ハイスクールの3年生に募集をかけざるを得なくなったほどである。

やがて、ギブソンと人事部のメンバーにも解決への道筋が見えてきた——FAAは退屈なお役所ではない。社会を円滑に機能させる重要な機関である。アメリカでは、1日に200万人が国内線を利用する。航空は家族をひとつにし、個人の視野を広げ、ほぼあらゆるビジネスの繁栄に寄与している。FAAは、アメリカ社会を支える屋台骨だ。

そして、ギブソンは新しい募集メッセージを考え出した。「最近では、こんな考えを強く打ち出しています。『FAAに参加すれば、航空の未来を変える機関に変革をもたらす一員になれます』。さらに、「ミレニアル世代にはこう伝えます。航空宇宙産業を牽引して、そのうえ名前も残せますよ、と」。現在、FAAのサイトは誇らしげにこう訴えている。「FAAでは、他では得られない機会を提供します。航空産業全体にとどまらず、世界に影響力を及ぼせる仕事を体験できるのです」。この新たな定義は功を奏した。「かつて精鋭はなかなか集まらなかったものですが」と、ギブソンは打ち明ける。「バリュー・プロポジション（価値提案）を変えてからは、非常に優秀な人材の応募が増えましたね」

そしてミレニアル世代の第3の特徴とは、常に誰かとつながっていたいという欲求である。家族がチームのような家庭で育ち、生徒がチームのような学校に通った彼らは、もちろん職場でもチームの一員として働きたい。組織図や命令系統にはとらわれない。どこかの部署で締め切りが迫っていると聞けば、喜んで仕事を手伝う。自分が社内のいろいろなことに参加して、いろいろな意思決定に関わっていると実感したい。

そのための方法として効果が高いのは、透明性を保つことだろう。ウォービー・パーカーでは、毎週水曜日にチーム全員が集まって、各部門の最新ニュースを共有する。エンデバーではさらにもう1歩進め、あるアントレプレナーが活用していた方法を導入した。ジョブ・ローテーションである。

エンデバーで働く職員は、他の誰が何をしているのか気になって仕方がない。そこで、職場を定期的に変えて、いろいろな仕事を経験できる制度を取り入れたのである。新人はまず、調査・選考チームで働く。1年から1年半後に、アントレプレナーを支援する部署に移る。さらにその1年後には、新しい国に進出するか別の部門を立ち上げる仕事に就く。大手情報サービス企業のトムソン・ロイターは、新入社員の離職率の高さに悩まされていた。若い世代は企業全体を理解したがり、特定の部署に配置されたがらないからである。そこで、トムソン・ロイターでは、新入社員を9か月ごとに3つの部署に配置して、それぞれの仕事を順番に経験させたところ、定着率が95%にまでに改善したという。

ハッカソンがもたらすのは、斬新なアイデアだけではない

最近、ミレニアル世代に特に人気が高いのがハッカソンである。1990年末にソフトウェア業界で始まったハッカソン（「ハック」と「マラソン」とを合わせた造語）では、大量のカフェインでエネルギーをチャージした従業員が協力しあって、1、2日ほどの短時間で特定プロジェ

クトの完成を目指す。

フェイスブックでは、これまでに数十回ものハッカソンを開催してきた。「いいね!」ボタンやチャット機能、動画機能もハッカソンから生まれた。これは、課題をクラウドソースで解決する究極の方法であり、映画『ソーシャル・ネットワーク』と『アニマル・ハウス』とを足して2で割ったような開発作業である（訳注：1987年に公開された映画『アニマル・ハウス』は、架空の大学を舞台に繰り広げられるドタバタ・コメディ）。

だが今日、ハッカソンはメジャーになり、複数のチームが賞金や賞品を競いあうコンペ形式で開かれるケースが多い。

・2013年にブリティッシュ・エアウェイズは、シリコンバレーの名だたるリーダー100名（エンデバーのアントレプレナー、ヴィニー・リンガムもそのひとりである）を招いて、STEM――サイエンス、テクノロジー、エンジニアリング、マス（数学）――分野で、女性の専門家を増やす解決策を考え出すという課題を与えた。だが、その方法が独特だった！ 彼らはBA9120便に搭乗して、サンフランシスコからロンドンへと向かう上空3万フィートで、機内ハッカソンに挑戦したのである。そしてロンドンに到着したあとで、主催者が開いたイノベーションサミットに出席して、各自のアイデアをプレゼンテーションしたのだった。
・同じ年、ボストン小児病院のスカンクチームが、小児医療の改善策を考え出すハッカソンの共同開催を、MITに持ちかけた。ある週末に、医師や看護師、食事療法士、エンジニアやプログラマーがチームを組んでハッカソンに参加して、次のようなアイデアを提案した。食物アレルギーに悩む家族のためのレシピを集めた、モバイルプラットフォームの「ライトバイト」。薬を飲む時間を子どもに踊って知らせる、ロボットの「エンゲージ」。「カンフィ・ボール」は、握ることで、医師や看護師に痛みを伝えられる〝スマートボール〟だ。

ハッカソンは、従来の勤務時間やスケジュール表を破壊する。チームワーク精神を育て、協力しあって問題の解決を目指す。言ってみれば、ミレニアル世代の時間感覚で、開発作業を行うのだ。

その時間感覚と価値観は、若い世代を超えて広がりつつある。従業員の平均年齢が36歳という、映画製作会社のドリームワークスもそうだ。1年に3作品ほどしか映画を公開しないドリームワークスでは、興行成績次第で株価が大きく変動する。そこで、共同創業者のスティーブン・スピルバーグ、ジェフリー・カッツェンバーグ、デイヴィッド・ゲフィンの3人は、職場文化をどう築くかについて熟慮を重ねた。ドリームワークスの敷地内は、いかにも南カリフォルニアらしく広い通りを風が吹き抜け、あちこちにピクニックテーブルや卓球台も置いてある。従業員を「2枚のピザ」サイズ（第6章を参照）にグループ分けして、ヨガから即興演劇までいろいろな講座も開いている。

だがそれ以上に重要なのは、スタッフの20％を占めるミレニアル世代に合わせて、企業文化を築いてきたことだろう。縦割りのサイロ化を止める。誰でも、どんな創造的活動にでも時間を割くことができる。それどころか、自分のアイデアを経営幹部に売り込む方法まで教えているのだ。だから、アニメーション映画の思わぬどんでん返しについて、会計担当者が自分の意見を述べても構わない。オスカー候補作の挿入歌を、アシスタントが推薦しても構わない。その証拠に、ドリームワークスでは映画のエンドロールに全従業員の名前を載せている。同社の離職率は5%にも満たない。人事部長もこう説明する。「我が社では、どの従業員もCEOであれ、と励まされるのです」

そして、それこそがポイントだ。アントレプレナーが経済に大きな影響を及ぼすように、ミレニアル世代は他の世代に大きな影響を及ぼす。若いエネルギー、古いものをぶち壊そうとする情熱、平等な立場で新しいものをつくり上げようとする意欲は、周囲に伝染する。シリコンバレーの一部のテック系スタートアップから始まったにしろ、ミレニアル世代に合わせて企業文化を築くというアイデアは、大きな広がりを見せている。彼らに勝てないのなら、いっそのこと、若い者に巻かれてみてはどうだろう。

時代に乗り遅れるな！

いい会社をつくる法④

家族──仕事とプライベートとの境界線を引く

従業員の意欲を刺激するために、わたしが長い時間をかけて学んだ最後の秘訣がある。それは単純だが、実行するとなるとなかなか難しい方法だ。従業員に「もっと人生を楽しもう！」と伝えるのだ。それ以上にいいのは、あなた自身が人生を楽しみ、彼らのお手本になることである。仕事中心の生活の話ではない。もちろん、プライベートの生活の話だ。

エンデバーを立ち上げて働きっぱなしの3年が過ぎた頃、わたしはブラジルのエンデバーを訪れた。サンパウロの責任者はわたし以上に仕事一筋であり、そこのオフィスは世界中のエンデバーのなかでも特に優秀である。メンバーは辣腕ぞろい。生産性の高さは群を抜いている。エンデバー・ブラジルを訪れた最初の日、わたしは全員を集めて、そのすばらしさを褒め称えた。ところがそのあと、数人のスタッフがわたしを脇に引っ張り、小声で打ち明けたのである。「ちょっとご相談したいことが」。そして、こう続けたのだ。「うちのボスに、たまには昼休みを取るように言ってもらえませんか？　わたしたち、誰も昼休みにデスクを離れられません。そんなこと、とても怖くて……」

ニューヨークに戻ると、わたしはすぐに創業以来初めてとなる休暇を取った。考えてみれば、うちのチームの誰も休暇を取っていない。わたしが休みなく働くのを見て、自分たちも休暇を取るべきではないと思っていたのだろう。だが、休暇を取って戻ってきた彼らの表情を見て、わたしはすぐにその違いに気づいた。誰もが晴れやかな顔つきをして、全身にエネルギーがみなぎっていたのだ。リーダーである自分が知らず知らずのうちに発していたメッセージに、わたし自身が気づいていなかった。

最近のわたしは、双子の娘を毎朝クルマで学校に送り届け、ほぼ毎晩、夕食の時間には家に帰っている。夜に開かれるバレエの発表会や学校の催し物には、必ず参加する。毎年、家族で休暇に旅行する。そして、そのことをエンデバーの職員にもちゃんと伝えている。時には、早朝に仕事をして夜遅くにメールを送ることもあるにしろ、ワーク・ライフ・バランスを重視している。エンデバーの職員もそうだ。

「仕事とプライベートとの境界線を引く」ことは、今日のような常にオン状態の世界を生きる私たちにとって、とりわけ重要だ。アメリカ人は年平均14日間の休暇のうち、10日間しか休みを取らない。毎年、アメリカ全体で延べ6億時間もの休暇が、消化されないままに終わる。それに引き換え、フランス人は年間30日の休暇をすべて消化したうえにまだ、「休暇が足りない」と不満を洩らすのだ。

「ワーク・ライフ・バランス」で幸せと成長は両立する

わたしの周囲では、一息入れることを真剣に考えはじめたアメリカ人が増えてきた。そんなことは、わたしの人生で初めてである。

たとえば「ズーリリー」は、子を持つ母親向けのショッピングサイトである（「ママ向けアマゾン」

とも呼ばれる）。ふたりの子どもの父親である40歳のダリル・カベンズが２００９年に創業して、わずか５年で８００人を超える従業員を抱えるまでになった。カベンズはすぐに、従業員が不安に思うふたつの要素に気づいたという。給与小切手と社内での居場所（特にどの地位にあるか）である。「どちらも台なしにしないことだ」。カベンズは言った。ところが、彼が気づくまでに長い時間がかかった、従業員を不安がらせる３つ目の要素があった。カベンズ自身の多忙なスケジュールである。土曜日の出勤は当たり前。休暇はもちろん返上。夜中のメール送信は言うまでもない。どれも日常茶飯事だった。

そして妻に指摘されて、カベンズはそれらをすべて止めた。『インク』誌に寄稿した体験談にもあるように、カベンズは自分自身を――そして彼のチームをも――へとへとになるまで酷使していたのだ。最近では、金曜日は早めに仕事を切り上げて家に帰り、毎年夏には休暇を取り、妻の生まれ育ったアイルランドへ家族で出かける。「週末にスマートフォンべったりの生活を止めてから、気分がよくなりました」。彼はそう書いている。「妻も幸せになり、チームにもいい影響が出ました。以前、うちの販売主任から聞いた話ですが、夜遅くか週末に私からメールが届くと、とても不安になったと言うんです。返信しなければならないという、大きなプレッシャーを感じた、というのがその理由です」。家族との時間を優先したからといって、企業の成長に悪い影響が出ることはなかった。２０１４年に上場したときの時価総額は、50億ドルにものぼったのだ。

近年、仕事とプライベートとの関係の変化について、活発な議論が交わされてきた。今日の従業員は、自分に喜びをもたらし、意味を与えてくれるものに価値を見出す。友だちや家族は、その最たるものである。若い世代は常に〝オン状態〟でいたいが、自分が望むときにはスイッチを切った状態でいたい。ミレニアル世代の3分の2が、フレックスタイム制を活用するか、時には自宅で働きたいのだという。この制度を望む声は、子を持つ世代ではさらに高い。36歳から42歳までの72%が、フレックスタイム制こそが生活の質《クオリティ・オブ・ライフ》を左右するカギだと答えている。ワーク・ライフ・バランスをうまく取るのが、新しいステータスシンボルなのだ。

それは、男性にとっても同じである。2013年、育児や親業に関するウェブサイトのベビーセンターが調査を行ったところ、父親の79%が毎晩のように子どもを寝かしつけていた。61%が仕事よりも家庭を優先し、75%ができるだけ自宅で夕食をとるようにしていた。しかも、どの数字も増加傾向にある。「父親であることは自分にとって重要だ」と答えた男性は、40代に比べて30代以下では20ポイントも高かったのだ。

父親が職場で家族への愛情を隠さなくなった一方、女性はいまだに家族を大切にする気持ちを隠す必要に迫られている。昇進を見送られるリスクを冒したくはないからだ。エンデバーが行ったアンケートから、女性が会社を辞めて起業する理由の上位3つが明らかになった。「1、フレックスで働く必要があるため」。「2、昇進を阻む〝ガラスの天井〟にぶつかったため」。「3、職場環境に不満があるため」の3つである。彼女たちが特に不満に思っていたのが、職場の古い体質だった。自分が〝二級従業員〟のように扱われていると感じるのだという。

第1章で紹介した、クロロックスのスザンヌ・セングルマンとメアリー・ジョー・クックを覚えているだろうか。「サム」という共通の名前を使って、部長の職務をふたりでこなしていた女性たちである。そのふたりから聞いた話によれば、クロロックスがトップクラスの女性エグゼクティブを確保できるのは、フレックスタイム制を打ち出しているからだという。「我が社が競合よりも優秀な女性を集めやすかったのは、フレックスタイム制のおかげですね。特にお子さんのいる女性にとっては、仕事を続けながら、子どもと過ごす時間もたくさん持てるからです」

競合よりも優位にあるという話を聞いて、わたしは意外に思った。クロロックスが拠点とするサンフランシスコのベイエリアは、最先端のインターネット企業がしのぎを削る激戦区だからだ。だが、セングルマンは説明する。「女性はドットコム企業に随分と引き抜かれていきました。そっちのほうがクリエイティブで魅力的なうえに、革新的で起業家精神に溢れた企業に見えたんでしょう。でもそこでは、週6日働かなければなりません。そこで我が社では、生活の質を打ち出すことで優秀な人材を確保できたのです」

家族の写真を飾ろう

2012年、わたしはウォール・ストリートのある有名企業で講演した。だがまずはその前に、トップクラスの女性エグゼクティブ30名を招いた懇談会で、司会を頼まれた。アントレプレナーでありCEOでありながら、家族との約束を果たし、仕事のスケジュールもこなしているとわたしが話すと、あちこちから驚きの声が上がった。双子の娘をしょっちゅう職場に連れて行き、スピーチやエンデバーの年次書簡に、娘の話題もたびたび盛り込んでいると伝えた。

彼女たちの反応を見る限り、ウォール・ストリートではありえない話のようだった。何よりもわたしが仰天したのは、自分の執務室に子どもの写真を飾る勇気がない、と打ち明けた女性が何人もいたことである。「そんなことをしたら、仕事よりも家庭を大切にしていると思われてしまいます」

従業員を第1に考えるということは、従業員もまずは人間だと認めることに他ならない。それが、最も重要なポイントではないだろうか。懇談会の終わりに、ひとりの女性がアドバイスを求めた。「そうね」と、わたしは答えた。「家族の写真を堂々と飾りましょうよ！」

つい最近まで、企業は自分たちのニーズに合わせて職場環境を築き、従業員のほうがその環境に合わせるように促していた。ところが今日の企業は、従業員を大切にする新しい世代のスタートアップに刺激されて、まずは従業員のニーズを見極め、そのニーズに合わせた職場環境を築こうとする。うまく機能する企業のカギは、リーダーシップだけではない。同じくらい重要な要素もあるのだ。

それが〝従業員起業家精神《エンプロイーシップ》〟である。そろそろ、その精神をうまく活かすときが来たのだ。

第9章
Go Big AND Go Home

起業家こそ、「仕事も、家庭も」
――本当の意味で「夢を叶える」ための3つの秘訣

世界を可能性溢れるものとして見るために
――イーデンとタイビーへ

あなたたちも知っている通り、このところ、ママはたくさんの時間をかけてこの本を書いてきました。新しいことに挑戦したい、という夢を持っている人のために。会社に入る人。会社を辞める人。会社を始める人。なかから会社を変えようとがんばっている人。会社に入って働くつもりのない人。リスクを負う覚悟はあるけれど、無駄なリスクを負わずに夢に挑戦したい人。そんな人たちのために、ママはこの本を書いてきました。

でも本当は、心のなかで、あなたたちふたりのために書いてきたのです。ママが最近どんなことをしていて、どんなことを学んできたかを知ってほしかったからです。とりわけ、あなたたちには、これから新しい世界に入っていく、その準備をしてほしかったからです。だからこの最後の章では、その準備について、ママは直接答えることにしました。

まず、今の状況を少し説明するわね。ママはブルックリンの自宅で、机の前に座ってこの手紙を書いています。あなたたちは下の階で、輪ゴムを使ったブレスレットづくりに熱中しているところ。この数か月というもの、ふたりはお友だちから注文を取ってきては、ブレスレットをこしらえ、トイレットペーパーの芯に巻きつけて、少しでも見栄えをよくしようと工夫してきましたね。値段も安く設定しました。1つで1ドル。2つ買うと25セント引き。「もっと値段を高くしたほうがいいわよ」とママが言うと、ふたりは反論しました。「お客さんがたくさんほしいの」。イーデンはこう言いました。「あんまり高いと、誰も買ってくれなくなるもん」

最初、ふたりは「キッズ・アクセサリーズ・オーガニゼーション（Kids Accessories Organization）」の頭文字を取って、自分たちのブレスレットづくりと販売を「KAO」と呼んでいました。でも、利益にこだわっていないと思われるのが嫌で、ちゃんと会社をつくりました。3人のお友だちを引き入れて、「BEETS（ビーツ）キッズクラフト」という会社名にしましたね（5人の名前の頭文字を並べて、BEETSにしました）。そして、ウェブサイトもつくり、第2

弾の商品として、ラミネート加工したしおりを売り出す計画も立てました。9歳の誕生日には、スクエアリーダーをほしいとねだりました。そうすれば、クレジットカードでの支払いにも対応できるからです！（ママはあなたたちのガッツは認めますが、商品を売るために近所の公園にテーブルを置くときには、最初に許可を取らなければ駄目だと注意しました）

早い話が、あなたたちはアントレプレナーになったのです。

絶好のタイミングと言えるでしょう。これから大人になるあなたたちは、ふたりのおじいちゃんやおばあちゃん、さらにはパパやママの時代とはまったく違う世界を生きていかなければなりません。おじいちゃんやおばちゃんが、あなたたちくらいの年齢のとき、ロードアイランドやメリーランドやジョージアでは、大学を卒業して仕事に就いたら、その仕事を50年続けることが普通でした。パパやママのときでさえ、たいていの人はキャリアパスに従い、ひとつずつ昇進の階段を上って行って、激しい出世競争《ラットレース》に参加することばかり話していました。

でも、もはや道はまっすぐではありません。階段はぐらついています。ラット（ネズミ）も、他人のレースに参加したくはありません。トーマス・フリードマンも言いました。「私の世代は簡単だった。仕事を〝見つければ〟よかったからだ。だが子どもたちの世代は、これまで以上に、仕事を〝つくり出さなければ〟ならなくなった」と。他人が決めた道をたどる代わりに、ますますたくさんの人が、自分が進みたい道を自分で選べるようになったのです。うまくいかなければ道を変えることもできるし、自分が望めばピボットも図れます。人生を、ひとつのキャリアパスをたどるものとみなすよりも、大切な〝スキル〟を身につけていくものと捉えたほうが、人はずっと成長できます。

それらのスキルを言い表す言葉はまだありません。でも、そのスキルがどこから生まれるかはわかっています。それはアウトサイダーのグループから生まれます。これまでとは少しばかり違う視点で世界を見つめ、従来の方法を覆そうとする人たちです。『ニューヨーカー』誌の専属ライターであるマルコム・グラッドウェルが、『逆転！——強敵や逆境に勝てる秘密』（講談社）のなかでも書いたように、そうしたスキルは、巨人ゴリアテとの戦いに挑んだ弱者ダビデから生まれます（羊飼いの少年ダビデは、剣も楯も使わずに、屈強な大男のゴリアテを、たった1個の石を相手の額に命中させることで倒したのよ）。そのスキルは、古い考え方や前例やしきたりにとらわれずに、破壊や改造や改革を行う者から生まれます。

そう、それらのスキルはアントレプレナーから生まれるのです。

ママが伝えたいのは、どんな道を選んだ場合でも、土台になるのはそれらのスキルだということです。スタートアップを立ち上げるか、会社に勤めるか、公職を選ぶか、社会運動に参加するか、どんな道を選ぶのかは関係ありません（あるいは、それらの道をうまく組み合わせるのかもしれませんね）。ふたりがどんな道を選ぼうと、ママは応援するつもり（もちろん許容範囲内で、という意味だけど）。だけどこう理解してほしい。

周囲の世界を見たままの姿で受け入れるのであれば、それなりに満足な人生を送れるでしょう。でももし、もっと充実した人生を送りたいのなら、周囲の世界を、見たままの姿ではなく、可能性を秘めた世界として見てほしいのです。そうすれば、その可能性を実現するために、1

歩も2歩も前へ進めるはずだからです。

ママは大人になってから、もう20年以上も、夢を実現しようとがんばっている人たちを助けてきました。そして、成功の可能性を高める秘訣も見つけてきました。だから、夢を叶えるために知っておくべき3つの秘訣を紹介しますね。それから、わたしがあなたたちのママだからこそ、ほとんどのアントレプレナーが忘れている大切なことも伝えておきます——愛する人と一緒に築き上げたものを、ともに楽しむ時間を、ふたりにはぜひ見つけてほしいのです。

夢を叶える秘訣①

世界を「虹色の眼鏡で見る」

たくさんの人は、何かを始めるときの第1ステップはアイデアを思いつくことだ、と考えています。でも、ママの考えは違います。最初のステップは、そのずっと前に始まっていると思うからです。それは、世界を「虹色の眼鏡で見る」ことです。あなたたちも知っている通り、虹は太陽の光が雨粒を通して反射し、屈折してできますね。太陽の光が雨粒に当たって出てくるとき、7色のスペクトラムになって見えます。あなたたちも虹の7色を覚えているでしょう。レッド、オレンジ、イエロー、グリーン、ブルー、インディゴ、バイオレット。頭文字を取って、ROY G. BIV（ロイ・ジー・ビブ。BEETSの頭文字みたいね）。

アントレプレナーとは、太陽の光にとっての雨粒のようなものです。ひとつのかたちに見えるものを、まったく違うものに変えてしまうからです。時には周囲の世界を、もっと美しく、誰もが「わおっ！」と感嘆の声を上げるものに変えてしまいます。

ママは最近、あなたたちが教えてくれた物語が気に入っています。虹《レインボー》がでてくる、あのお話です。

日産のテストエンジニアが娘と叶えた夢

チョン・チューン・アンは、デトロイトでクルマを衝突させる仕事に就いていました。日産のテストエンジニアだった彼は、壁やコンクリートフェンスやクルマなど、硬い障害物にクルマをぶつける実験を、何時間も行っていました。大学院で機械工学を学んだマレーシア移民のアンは、仕事から帰ると、思春期を迎えたふたりの娘と絆を深めようとしますが、なかなかうまくいきません。

ある夜、娘たちは小さな輪ゴムでブレスレットを編んでいました。アンは自分のデザイン経験を活かして、娘にいいところを見せようとし、見よう見まねでつくってみたものの、ずんぐりした指がうまく動きません。そこで自宅の地下から取ってきた木のボードに画鋲を刺し、口腔ケア用のデンタルピックを使って、輪ゴムを交差させて編んでいきました。すると、カラフルな輪ゴムが編み上がったのです。自転車のチェーンを細くして、伸びやすくしたような見た目でした。最後にクレジットカードを細く切って留め具をつくり、ブレスレットをこしらえました。

もちろん、娘は大喜びです。近所の女の子たちも驚きました。アンの娘は、ブレスレットを編む木のボードを売ったらどうかと提案しますが、彼の妻が首を縦に振りません。「とんでもないわ！」。ふたりは、娘の教育費として1万1000ドルを貯金していましたが、妻はそのお金に手をつけたくはなかったのです。そこで木のボードを使って、アンが妻に指輪を編んでプレゼントすると（うまい手ね！）、妻もついに折れました。まずは、1000ドルで木のボードを特許登録しました。次に、5000ドルをかけて中国でボードを生産し、5000ドルでカラフルな輪ゴムを大量に仕入れました。アンはそのボードに「レインボールーム」という商品名をつけました（訳注：ルームは英語で「織機《しょっき》」の意）。

ところが2011年夏に、アンが注文した輪ゴムと商品の織機が到着すると、本業でクルマを壁にぶつける専門家は、副業で壁にぶつかったのです。届いた大量の輪ゴムは埃まみれでした。アンはその輪ゴムを最初はバスタブで、やがて洗濯機で洗いました。今度は、中国で生産した「レインボールーム」が届きますが、大半のフックが曲がっていました。アンは何時間もかけて、ひとつずつハンマーで直していきました。「いい日もあれば悪い日もありますが」と、アンは『アントレプレナー』誌に語りました。「たいていは悪い日ですね」。そして、その悪い日はますます悪化します。ブレスレットを編むその織機に誰も関心を示さず、オンラインショップでもまったく反応がなかったのです。あるとき、アンはその理由に気づきました。あの織機の使い方を、誰もよく知らないのです。そこでアンと娘たちは、使い方を説明する動画をユーチューブに投稿しました。

ついに電話がかかってきました。玩具店をチェーン展開するラーニング・エクスプレスの、あるフランチャイズ店から、24個の注文が入ったのです。2日後、また同じ店が48個を注文してくれました。1週間後には、その同じ店が1万ドル相当のレインボールームを注文してくれたのです。アンは言いました。「私と妻は、注文してくれた店や街（ジョージア州アルファレッタ）がどこにあるのか、パソコンで調べました。ふたりして、画面を3分ほども食い入るように見つめていたものです」。アンが妻に指輪をつくった1年後には、注ぎ込んだ娘の教育費をすでに取り戻していました。

ラーニング・エクスプレスの経営者は、フランチャイズの130店舗に、レインボールームの評判を広めました。手芸用品店のマイケルズもその噂を耳にします。2012年夏、レインボールームの人気は、サマーキャンプに参加した女の子のあいだで、またたく間に火がつきました。ある小売店主は言いました。「親御さんがこれほど熱中した玩具は、ぬいぐるみのビーニーベイビーズ以来のことです」

アンは昼間の仕事をやめ、妻とともにレインボールームの仕事に専念します。700平方メートルの倉庫も借りて、2013年には、16ドル99セントの商品を350万個も売上げました。ええ、あなたたちふたりも売上げに貢献したわね。タイビーもイーデンも、それぞれ自分のレインボールームを持っていて、10個以上のブレスレットをもらったり、プレゼントしたりしましたね。パパとママも、レインボールームをとても気に入っています。手づくりができて、お友だちとの交遊にも役立つし、少なくともブレスレットをつくっているあいだは、デジタル製品からあなたたちの気を逸らしてくれるからです。もっといいことに、アントレプレナーであるアンの想像力が、ふたりにひらめきを与えてくれたからです。

レインボールームが随分と売れたことに、アンは呆然としているみたいです。「今でも毎朝、目が覚めると自分にこう問いかけて、こう言い聞かせるんですよ。『これは現実だろうか?』って。『ああ現実だ。夢が叶ったんだ』」

ビヨンセの「電撃作戦」——いつものやり方を変える

ものごとを他の人とは違う目で見ることは、アンのように起業につながります。そしてまた、いつもと同じやり方を変えることが、起業につながる場合もあります。

ビヨンセは、あなたたちの好きなアーティストのひとりね。そのビヨンセは、今の時代はどんな人でも——たとえトップの座にあっても——リスクを負わなければならないことを証明した絶好の例です。ポップスターはたいてい、いつも同じ戦略でアルバムを発売します。ラジオで新曲をガンガン流し、雑誌の表紙に登場し、TVのトークショーに出演して、大手小売業者とタイアップします。この方法にはマイナス面もあります。音源の流出、海賊版の横行、デジタルコンテンツの著作権侵害です。

でもビヨンセは、お決まりの戦略を取りませんでした(だから、マイナス面の被害にも遭いませんでした)。2013年のクリスマスを迎える10日前の真夜中に、800万人を超えるインスタグラムのフォロワーに向けて「サプライズ!」とだけ書き込み、14曲と17本のミュージックビデオで構成する『ビジュアル・アルバム』を、一切のプロモーションを行わずに、iTunesで突然リリースしたのです。

意表を突くこのやり方は、アルバムのリリースが一種の事件だと告げていました。配信開始から12時間後には、ツイート数が120万回を超えます。既存メディアを破壊したいレディー・ガガのようなアーティストも、ツイッターでつぶやきました。ケイティ・ペリーのツイートはこうです。「今日は@Beyonce以外の話はお断り」。ビヨンセのアルバムを買うことが、ステータスシンボルになりました。こう書いたジャーナリストもいます。「ビヨンセは好きだけど、ものすごく好きってわけじゃない。15ドルで他のものも買えたはずだ。だけど、アルバム発売があまりにも唐突だったから、つい衝動買いしちゃったんだよ」。しかも何の事前告知もなかったために、今後も宣伝活動は一切行われないものと思われました。ツイッターにこう書き込んだファンもいました。「ビヨンセに宣伝は必要ない。だけど、宣伝のほうがビヨンセを必要とする」

どんなアーティストにもうまくいく方法ではないけれど、問題はそのことではありません。大切なのは、計算されたリスクを負うことで、下降の一途をたどるアルバムの売上げ（ビヨンセのアルバムを含む）を彼女が食い止め、ポップカルチャーの輝く瞬間をつくり出すという、爆発的な現象を引き起こしたことです。起業家精神に溢れた、このアルバムのリリース方法は斬新でした。「いつもと同じやり方で、リリースしたくなかったの」。ビヨンセの言葉です。「そんなの、うんざりだわ」

そして、その方法は大成功しました。アルバムは90か国で売上げ1位を獲得。リリース後わずか3時間以内に、世界中で80万組のダウンロードを記録し、iTunesがクラッシュしたくらいです。初日に達成した43万ダウンロードは、ビヨンセが2年前に発売したアルバムの1週間分の売上げを上まわり、最初の週だけで100万ダウンロードを突破しました。あるDJはこう言いました。「発売と同時に不朽の名作《クラシック》になった。まさにゲームチェンジャーだ」。彼の言う通りね。アントレプレナーは、世界を映し出すのではなく、彼らのイメージのなかで世界をつくり変えるのです。

それこそが、ママがあなたたちに伝えたいメッセージです。アントレプレナーのように行動するための第1ステップは、壁の文字を読むのではなく、文字と文字とのあいだを読むことにあります。書いてある内容（あるいは起こした行動）と、書いてない内容（あるいは起こしていない行動）とのあいだで、アントレプレナーは成功をつかむのです。『アイデアを必死に求めて（*Dying for Ideas*）』（未邦訳）を著した哲学者のコスティカ・ブラダタンは、「自分が何者であるか」と「何者になれるか」とのあいだには溝があると書いています。「何であれ、歴史的な業績は、まさしくその空白ゆえ可能になった」

あなたたちにも、その溝に気づく目を持ち、空白を埋めたいという意欲を持ってほしい。

その一方で、こうも忠告しておくわ。空白を埋めようとすると、必ず反発を伴います。なぜ、空白を埋めようとするのか、わからない人もたくさんいます。あなたたちを「クレイジー」と呼ぶ人もいるはずです。そのときは、ママの言葉を思い出してください。「クレイジーと言われなければ、たいしたアイデアではないという証拠だ」

でも、もし「ママの忠告はもうたくさん」と言うのなら、カトリーナ・マークオフの話をしましょう。

クレイジーなチョコレート・ベンチャーに学ぶ「試す勇気」

テネシー州のヴァンダービルト大学で心理学と化学を学んだあと、マークオフはヨーロッパをあちこち旅しました。食べることが大好きな彼女は、パリのル・コルドン・ブルーで料理を学び、分子ガストロノミーで有名なスペインのレストラン「エルブリ」にも潜り込んで、フェラン・アドリアの下で働きました。アドリアは彼女に、世界中を旅するように勧めます。旅行中、マークオフはふたつの重要な体験をしたといいます。ひとつは、フローズン・チョコレートガナッシュを詰めたベニエ（訳注：生地を油で揚げた、ドーナツのようなペイストリー）を食べたこと。「外はドーナツみたいにカリカリで、ひと口かじると、溶けたチョコレートが口のなかに溢れ出てきたの。その瞬間ね。チョコレートに対する好奇心が猛烈にそそられたのは」。ふたつ目は、あちこちで見慣れないスパイスを買い集め、スーツケースに目いっぱい詰め込んでいったことです。

マークオフはアメリカに帰国すると、ダラスに移り住み、おじの通信販売カタログ会社で働きはじめました。おじに頼まれて、高級なチョコレートバーを探していたとき、チョコレートの世界では、ほとんどイノベーションが行われていないことに気づきました。チョコレートの世界市場は1000億ドル規模にもなります。しかも、その市場の20％をアメリカ人女性が占めています（ダークチョコレートなら、ママもそのなかのひとり！）。マークオフは思いました。「どのチョコレートも砂糖や人工調味料、抽出物をたっぷり投入して、コーティング剤を塗ってできあがり。だけどそれじゃ、何の〝ストーリー〟もないわ」

ある夜、家に帰ったとき、彼女はインド北東部に暮らすナガ族のネックレスをしていました。「わたしは、ナガ族の文化についてちょっと調べていたの。それで思い立ってキッチンに行って、カレーとココナッツミルク入りのチョコレート・トリュフをこしらえ、ナガと名づけたんだけど、そのときにこう思ったのよ。チョコレートを使って、文化やアート、人びと、世界についてのストーリーを伝えられるんじゃないかって」

マークオフはその夜、世界中で買い集めたスパイスを使って、20種類のトリュフをこしらえました。サフラン入りのホワイトチョコに、シュガークリスタルをまぶしたトリュフ（バルセロナに建つガウディの偉大な建築を表したもの）。ハンガリーのパプリカとショウガ入りのトリュフ……。でも、彼女の奇抜なアイデアを理解してくれる人はいません。「1997年のダラスは、バーベキュー一色の街だったから」。マークオフはそう言います。「みな、こんな感じだった。『カレー味のチョコだなんてとんでもない』」。でもようやく、ワサビ入りの〝スシ・スペシャル〟を味見してくれる女性をひとり見つけました。「ひと口食べると、その女性の顔が嫌悪から不安へ、そして畏敬から衝撃へと変わったの。『うわあ、すごい。思ってたよりもずっと美味しいわ』」

そのひと言は、貴重な励ましになりました。そして1998年、シカゴに第1号店をオープンさせると、それ以来、世界中で2000店ものチョコレートショップを展開してきました。年間売上げも3500万ドルに達しました。高級な「ヴォージュ・オー・ショコラ」ブランドには、カレー、サフラン、パプリカ、ワサビの他にも、オリーブやワトルシード（アカシアのタネ）、ヒマラヤ岩塩、ベーコン味などが加わりました。アフリカン・アメリカン・ミュージックに触発された「グルーブ・コレクション」や、映画『ハンガー・ゲーム』にヒントを得たシリーズも展開しました。

「ワイルド・オフェリア」シリーズはもっと大衆的な味を目指し、ビーフジャーキーやバーベキュー・ポテトチップス、ピーナッツバターとバナナといった、いかにもアメリカ人好みのチョコレートバーを4ドルで販売しています。しかもそのシリーズは、従来のように高級百貨店や洒落たショッピングモールではなく、ターゲットやウォルグリーンなどのディスカウント店やドラッグストアで買えます。

ママにとって、マークオフは恐れを知らないアントレプレナーの代表ね。奇抜なフレーバーの組み合わせと、優れた材料を追求する意欲について、彼女はこう言います。「わたしにタブーなんてないわ。オーストラリアの取引先よりも、もっといいワトルシードを分けてくれるサプライヤーがいれば、喜んで会いに行く。わたし、常にイノベーションを求めているの。進化したいの。10年後も、今と同じレシピを使ってるとは思わない」

こうした勇敢な態度は、女性にはとりわけ重要です。マークオフも言います。「女性が自分の個性に自信を持つことは、本当に大切だと思う。自分はこうあるべきだと自分で決めてしまって、その姿に自分を押し込めてしまってはいけないわ」。あなたたちにも、ぜひ彼女のように考えてほしいと、ママは思っています。

でも、ママがあなたたちにいちばん身につけてほしいのは、「自分の夢を温めるだけではなく、実際に試す勇気」です。ただ考えているだけでは駄目。行動に移さなければ。家のなかで、よくこんな歌をうたったのを覚えてる？　映画『夢のチョコレート工場』に出てくる、チョコレート工場を経営するウィリー・ウォンカのテーマソング「ピュア・イマジネーション」の歌を。純粋なイマジネーションの世界に「僕と一緒においで」。君が思い描く以上にすばらしい人生はない。「世界を変えたいかい？」。その問いに、ウォンカは答えます。「そんなことは簡単さ」。周囲を見まわして、もっとすばらしい人生を想像してみればいい。

そしてウォンカが歌ったように、「あなたたちの望むことは何でも試してみる」ことです。

夢を叶える秘訣②

すべてをシェアできる仲間を

次に、世界に変化をもたらすために必要な、ふたつ目のスキルについて書きます。そのスキルを発揮するためには、創造力だけでなく、あなたたちの〝クレイジー度〟や根気、意志の強さが必要です。自分の夢とどう向きあい、どう実現させるのか。たとえば、あなたたちのアクセサリー会社を、クラフト販売の世界的なプラットフォームに育てるためにはどうすればいいのか。あるいは、オーガニックのアスパラガス農場を始めたり（あなたたちがアスパラガスを食べれば、の話だけれど）、PTAのあり方を変えたり、実験的な楽曲をつくったり、癌の新薬を見つけ出したりすることかもしれません。でも、夢が何であれ、「大きくする」ということは、その夢の実現を精一杯目指すということです。

そのために、必要なことがひとつあります。仲間と一緒に夢の実現を目指すのです。

リスクを負い、大きな夢を追うアントレプレナーをママは支援してきました。でも彼らは、誰かと協力して働く方法をうまく学べません――仲間と一緒にアイデアに磨きをかけて、改良する。床で砕け散った夢を拾い上げて、もう1度目標に向かって挑戦する。成功を手に入れたときには、そのプロジェクトに関わった人たちと喜びを分かちあう。彼らは、そんなふうにして仲間とうまく協力しあう方法がよくわからないのです。

夢を追う人は自分の気持ちを奮い立たせるのは上手だけれど、周囲のやる気を引き出すのはあまり上手ではありませんね。なぜそれがわかるかというと、ママもそうだったから。そして起業家精神に溢れた今の時代に、新しいタイプのリーダーが登場しました。エンデバーを立ち上げた頃、ママの頭のなかにあったのは古いタイプのリーダー像でした――強くて、どんなときにも動揺せず、部下に指示を出す。ところが、そのリーダー像も大きく変わりました。無敵だったリーダーに代わって登場したのが、オープンで、時には傷つきやすくて、弱みを見せるリーダーです。頑固ではなく、融通も利きます。リーダーが一方的に命令する時代は終わりました。新しいリーダーは、従業員のなかから創造力が湧き出て、影響力が生まれる組織を目指します。

100年企業だってリーダー次第でよみがえる

そしてその恩恵を、あなたたちもあずかったのよ。ふたりは生まれたときに、ラジオフライヤーのワゴンをプレゼントに受け取りました。アメリカでは1家に1台は必ずあると言われるほど人気の、あのタイヤつきの赤いワゴンです。ふたりが1歳の誕生日を迎えたとき、パパとママはラジオフライヤーに花やおむつ、飛び出す絵本や写真を入れました。よちよち歩きができるようになると、あなたたちはワゴンの前のハンドルを握って、ラジオフライヤーを引いて家中を歩きまわりましたね。ふたりともそのワゴンが大好きでした。とても丈夫なおもちゃですが、ラジオフライヤー社のほうは、それほど丈夫ではありませんでした。

では、彼らはどうやって時代の変化を生き延びたのでしょう。その物語は、製品を〝再発明する〟必要がある時代に、成功をつかむ方法を教えてくれます。彼らはチームで夢を実現したのです。

1914年、アントニオ・パーシンは16歳のときに、イタリアからアメリカに移住しました。家具職人を父に持つパーシンは、自分もシカゴで家具をつくりはじめますが、顧客がそれ以上に興味を示したのは、彼が道具を入れて運ぶためにこしらえた木製のワゴンでした。うちの子どもにもあんなワゴンの玩具がほしい、と言う顧客がおおぜい現れたのです。そこで、パーシンも優れたアントレプレナーに倣ってピボットしました。

好況に沸く自動車産業のおかげで、金属スクラップを手に入れるのは簡単でした。パーシンはそのスクラップを使ってスチール製のワゴンを製造すると、当時の優れた発明品である「ラジオ」と「定期航空便《フライヤー》」にちなんで、「ラジオフライヤー」と名づけたのです。1933年のシカゴ万博に出品したことから、ラジオフライヤーはたちまち評判を呼び、子どものいる家庭の必需品になりました。1997年にパーシンの孫のロバートが事業を引き継いだときには、すでに1億台近いワゴンを売上げていました。

ところが、その頃、会社は経営破綻の危機に見舞われていたのです。スチール製に代わって、プラスチック製の安いワゴンが市場を席巻しはじめていたからです。ラジオフライヤーの人気は、土曜日午後のラジオ番組や、1991年に経営破綻したパンアメリカン航空と同じくらい地に堕ちていました。ロバートも言いました。「我々は製造業者であり、金型メーカーであり、それが我が社の得意分野でした。世の母親たちに、どんな新しいワゴンがほしいのかと訊ねたこともありませんでした」

会社存続の危機に陥り、ロバートのリーダーシップが試されました。組織を改革して生き延びるのか、それとも過去の栄光にすがって消えゆくのか。ロバートが取った行動からは、たくさんのことが学べます。まず、ロバートは全従業員を集めました。深刻な経営状態について正直に説明する一方、こう言って安心させたのです。「レイオフは行わず、できるだけがんばるつもりだ」と。次に、全社一丸となって、1年をかけて事業内容を見直しました。そして、プラスチック製ワゴンの販売に乗り出すとともに、近い将来にスチール製ワゴンの製造を中止するという結論を出したのです。さらに重要なことに、今回の危機は企業文化を考え直すきっかけにもなりました。

それから10年ほどが経ち、ママがロバートに会ったときには、ラジオフライヤーは好調な売れ行きを示していました。ロバートは、ＣＷＯ（最高ワゴン責任者）を名乗っていました。そして〝スマイル部隊〟を設置してイベントを開催したり、全社をあげたボランティア活動を行ったりして、積極的なチームづくりに取り組んでいたのです。「私たちが人びとの暮らしに触れるたびに、お客様はラジオフライヤーのすばらしさを感じる」というモットーも掲げていました。この考えを実践する従業員は、同僚の推薦によって毎年「リトル・レッドルール賞」を受賞します。「ワゴンＵ（ユニバーシティ）」と呼ぶ社内講座では、事業について学ぶこともできます。ロバート自身も「失敗《グーフアップ》、成長《グロース》、感謝《グラティテュード》の３つのＧを通して、新しいラジオフライヤーを再発明する」という講座を受け持っています。

ずるずると後退を許すよりも、チームに積極的に働きかけることで、ロバートは１９１７年に創業された１００歳近い会社をよみがえらせたのです。売上げは5倍の1億ドルを突破。２０１３年には、『フォーチュン』誌の「最も働きがいのある中小企業50社」の13位にも選ばれました（ロバートは、ターゲット層である母親の意見も聞くようになりました。実のところ、あなたたちのラジオフライヤーは、ママの意見を聞くためにロバートが送ってくれたものなの。ママは、「ふたり以上の子どもを乗せられるワゴンがあればいいのに」と答えました。そうすれば、あなたたちをひとりずつ乗せて、引っ張らなくても済むから。そういうわけで、次の年にロバートが双子用の「ダブル・ザ・ラブ」をプレゼントしてくれたのよ)。

タコスにイノベーションを！――仲間と挑戦する意義

ロバートが学んだ、「従業員や顧客と積極的な関係を築く」という教訓は、どんなアントレプレナーにも当てはまります。中小企業を経営している人にも、ホームレスの収容施設を見直すプロジェクトに関わっている人にも、自宅の地下で招待状のデザインと印刷を行っているフリーランスにも。もちろん、大企業のスカンクにも当てはまります。今日、起業家精神を発揮した大胆なアイデアは、企業の内部からも生まれています。成功をつかむためには、彼らもまた、グループ内の支持を得なければなりません。

創業50周年を3年後に控えた2009年、タコベルのCEOグレッグ・クリードは心穏やかではありませんでした。「うちのターゲットは20代の若者なんです」。『ファスト・カンパニー』誌のインタビューに、クリードは答えます。「創業50周年だなんて、何だか年寄りに聞こえませんか？　でも、そんなふうに思われたくはないんです」。クリードは、お祝いの言葉もケーキもいらないと周囲に伝えていました。彼が本当にほしかったのは、売れ筋となる新しいタコスだったのです。

タコスは、タコシェルと呼ばれる生地に、ひき肉や細切りレタス、トマト、チーズを挟んで食べるシンプルな料理ですが、新鮮味には欠けます。クリードも言います。「ハンバーガーショップやサブウェイでは、しょっちゅう新しいバンズやパンが登場しますね。ところがうちのタコシェルには、トウモロコシを挽いた黄色い生地しかありません。これまでたくさんのタコスを販売してきましたが、何のイノベーションもありませんでした」

クリードは、ラジオフライヤーのロバート・パーシンと同じような課題に直面しました。つまり、「ほとんどの人が、新しくする必要があるとは思わないものを〝再発明する〟必要性」に迫られたのです。そして、クリードもパーシンと同じ方法を用いました。チームを集めて、彼らの力を借りたのです。専門チームをつくって、「3年以内に新しいタコスを開発する」という任務を与えました。

チームは、カリフォルニア州アーバインの本社で、1日中ブレーンストーミングを行いました。メキシコ料理のブリトーやナチョスの要素を取り入れたらどうか、という案も出ました。ところが、非常に奇抜なアイデアが登場したのです。スナック菓子の「ドリトス」でタコシェルをつくったらどうか、という前代未聞のアイデアでした。マーケティング部長は当時を思い出します。「『おいおい、そんなのありか?』って感じでした。ドリトスでタコシェルをつくるなんて、そんなことを試した者は、それまで誰もいませんでしたから」

ところが、そのアイデアをかたちにするのは、ちょっとした悪夢でした。

「問題その1：タコシェルにドリトスのナチョチーズ味を吹きつける」。開発チームはまず、リフォームセンターのホーム・デポに出かけて、塗料用のスプレーガンを手に入れました。そして、黄色いタコシェルにオレンジ色の粉末フレーバーを吹きつけたのです。大失敗でした。工場中がオレンジ色の粉末に覆われ、ナチョチーズの〝核の冬〟が到来したかと思ったほどです。そのため、フレーバーを生地に練り込んで、焼かなければなりませんでした。

「問題その2：ドリトスはパリパリだが、タコシェルはもっとやわらかい」。最初の頃の試作品は脆くて湿っぽく、味にムラがあり、なかなか思うようなタコシェルがつくれませんでした。

「問題その3：消費者はどんな評価を下すだろうか」。消費者を招いた最初の試食会は、さんざんな結果に終わりました。チームは試作品をつくり直し、2度目の試食会には、常連客や熱心なブロガーも招きました。そのなかには、ドリトスのナチョチーズ味のタコシェルが食べたいと熱心にブログで訴えていた、アーカンソー州の男性の姿もありました。このときの評判はずっとよく、チームはおおいに勇気づけられたものです。そして40を超えるレシピのなかから、ついに試作品を発表すると、顧客は大喜びしました。その新作を味わうためだけに、ニューヨークからオハイオ州トレドまで、1450キロメートルもの距離を運転して駆けつけた、熱狂的なタコベルファンもいたほどです。

タコベル側はすぐにでも新作を発売しようとしましたが、ひとつだけ問題が残っていました。「問題その4：ドリトスの発売元であるフリトレーと、正式な契約が済んでいない」。正式な交渉成立を待つとなると、発売までにさらに数か月がかかってしまいます。そこで、クリードはフリトレーのCEOをタコベルの本社に招きました。そのときの様子を、彼はこう説明します。「弁護士に任せたら、交渉が長引いて行きづまることは、双方が理解していました。そこで、ハンドシェイク取引（口頭による約束）としたのです。誰もがこんなふうに思っていましたね。『契約書も交わさずに、新作を売り出すなんて無理に決まってる』と。でも、私たちはこう思っていました。『まあ、見てろって』」

こうして２０１２年初め、メニューに「ドリトス・ロコス・タコス」が加わり、フリトレーとの契約書にサインを済ませたときには、すでに1億個も売上げていました。あまりの凄まじい売れ行きのために、タコベルでは新たに1万５０００人もの——つまり、1店舗につき2、3人の——店員を雇わなければなりませんでした。その翌年には、ドリトスの別フレーバーを使った「クールランチ・ドリトス・ロコス・タコス」が発売になります。ドリトスフレーバーのタコスの売上げは10億ドルに達し、さらに「フリトス」入りのブリトーといった新商品も発売されました。

このように、アイデアを大きく展開するカギが、いつも「既存の箱の外で考える《シンキング・アウトサイド・ザ・ボックス》」こととは限りません。時には、「よりたくさんの人をチームに引き入れて一緒に考え、問題を解決する」ことが、大きな成長のカギになるのです。

学校では、「数が多いと安心」という考えを習いましたね。ママがその意味を訊くと、タイビーはこう説明しました。「味方がたくさんいればいるほど——ほら、革命でも、ＢＥＥＴＳキッズクラフトみたいな新しいアイデアでもそうだけど——勝つチャンスが大きくなるってこと」。あら、よくできました！

アイデアを大きく育てたいのなら、ひとりではなく仲間と一緒に挑戦することです。

夢を叶える秘訣③

愛する人のために時間を取る

最後に、いちばん大切なことを伝えておきます。「家に帰ろう」。あなたの愛する人のために、ぜひ時間を取ってほしいのです。

アントレプレナーのように生きるというとき、そのスキルを仕事生活だけに当てはめるのはとても簡単です。でも、それは間違い。アントレプレナーは、職場のルールを定義し直しています。そしてそれと同じように、仕事と家庭のあいだの高い壁も破壊しようとしています。世間の人はこう考えます。キャリアかプライベートか、そのどちらかしか手に入らない、と。でもママは、あなたたちはその両方を手に入れられると思っています。

ママ自身、常にそう信じていたわけではありません。でも、ママにそう教えてくれたのは、あなたたちふたりでした。今ではママも、他のアントレプレナーに、キャリアとプライベートの両方を手に入れようと強く勧めています。わかりやすく説明するために、ママがよく使うのはある有名なフレーズです。

1990年代初め、オートバイ部品を製造する南カリフォルニアの小さな会社が、「ポーカーズ・パイプス」という特大の排気管をつくりました。その心意気を示すために、パッケージデザイナーは「デカく行け、さもなければ家に帰れ《ゴー・ビッグ・オア・ゴー・ホーム》」というコピーを考えました。のちに、そのデザイナーはこう書いています。「社長から事務員までの、みなに同じことを訊かれたよ。

『どういう意味なんだ』って。だから、私は答えたんだ。『特に深い意味はないね』」。ところが、その特に意味のないコピーが、カリフォルニアのホットロッド（改造車）文化に入り込むと、そこから一気にエクストリームスポーツへと飛び火し、まもなく、若者たちのお洒落なスタイルを表す言葉になったのです（ナイキのロゴマーク、スウッシュをデザインした女性が当初、35ドルの報酬しか受け取らなかったように、このコピーを提案したデザイナーも、若者文化を表すキャッチコピーを考え出しておきながら、報酬はたったの50ドルでした）。

長いあいだ、ママはアントレプレナーにこのメッセージを伝え、ママ自身、そのメッセージに従って生きてきました。どんな困難にぶち当たろうと、もっとがんばり、もっと迅速に行動し、もっと大きな声で自分を励ましたのです。「大きくするか、さもなければ撤退するか《ゴー・ビッグ・オア・ゴー・ホーム》！」。ママは大声で叫びました。まるでスリルに取り憑かれた、エクストリームスポーツのスケートボーダーみたいでした。もちろん、撤退したこともあります。インドに進出したものの、地元の反対に遭ったときがそうでした。ママはそのフレーズを引き合いに出して、撤退を決定したのです。でもたいていの場合、ママには「より高く」という方向しか眼中にありませんでした。

そして、テキサス州オースティンに出張したとき、ママはパパに電話をしました。「さっき食べたワカモーレ（アボカド）ソースが悪くなってたみたい。トイレで2度も吐いちゃったわ」。でも本当は、ワカモーレソースのせいではありませんでした。あなたたちだったのです！　数週間後、パパとママは産婦人科に行き、お腹に一卵性双生児がいることを教えてもらいました。そのときのパパとママの喜びようと言ったら！　でもゆっくり喜びに浸る時間はありません。

翌日、17時間も飛行機に乗って、ママは南アフリカ共和国に出張しなければならなかったからです。その数か月後には、医師の命令で安静にしていなくてはなりませんでした。「クッションの上でお尻が快適だね」。ママがリビングのソファに座っていると、パパがそう声をかけました。お腹のなかにはあなたたちふたりを抱え、耳にはスマートフォンをふたつ当てていました。ひとり2700グラムのあなたたちをお腹のなかに抱えて、ママは38週間、そんな毎日を送りました。

そのとき、ママには新しいキャッチフレーズが必要だと気づいたのです。「仕事か家庭か、一方だけを選ぶことはできない。だからといって、どちらか一方を諦めることもできない。それならば、その両方を選ぶ方法を見つけ出さなければならない」と。

「ORの抑圧」に打ち勝ち、「ANDの才能」を目覚めさせる

『ビジョナリー・カンパニー――時代を超える生存の原則』(日経BP社)のなかで、著者のジム・コリンズとジェリー・ポラスは、成功する企業は、著者が「ORの抑圧」と呼ぶ方法――AかBかの二者択一でなければならず、AとBの両方は成り立たないという考え――で、会社を縛っていないと書いています。そして、次のような「ORの抑圧」の例をあげました。

変革か、安定か。
低コストか、高品質か。

未来に投資するか、目先の利益を追求するか。
株主に利益をもたらすか、社会に利益をもたらすか。

でも、ビジョナリー・カンパニーでは、両極端にあるふたつを同時に受け入れる「ANDの才能」で自分たちを解放したのです。「AかBのどちらか一方を選ぶのではなく、AとBの両方を手に入れる方法を見つけ出すのだ」とコリンズは書いています。

アントレプレナーの人生についても、同じようにできるとママは思います。これは、社会全体を導く方法でもあります。仕事か家庭の「どちらか一方だけ」を選ぶのではなく、仕事と家庭の「両方」を選べばいいのです。「ワーク・ライフ・バランス」ではなく、「ワーク・ライフ・インテグレーション」を目指すのです。

「大きくするか、家に帰るか」ではなく、「大きくして、家に帰る」ことを選ぶのです。

もちろん、ママにもよくわかっています。人生には、トレードオフがつきものですね。家に帰ってあなたたちの宿題を手伝うために、大事な仕事があるとわかっているのに切り上げたこともあります。ふたりがちゃんと歯を磨いたかを確かめるために、スマートフォンを見るのを止めたこともあります（それはふたりも知ってるでしょ？　こんな歌ですぐにママをからかうんだから。「マミー！　マミー！　マミーとeメール！」）。自分がとてもラッキーなことも、ママはよくわかっています。ドバイに1日半の出張に行けるのも、パパが代わりに家で働いてくれるからです。

ママは完璧な人間ではありません。でも、アントレプレナーであることの利益のひとつは、人生のいろいろな面を〝再発明の実験室〟として見るようになることだと思います。何度も試せばいいのです。そして失敗したら、もっと努力すればいいのです。

今日は、それがますます当てはまる時代です。技術が発達したおかげで、タイムシフトや権限の委譲、分担、調整などの、かつては想像もつかなかった新しい働き方ができる時代になりました。早朝に会議を開いたり深夜遅くに働いたりして、昼間を子どもと過ごす時間に充てる親も増えました。フレックスタイム制や在宅勤務、長期有給休暇の活用は、子どもと過ごす時間を確保しながら、充実した仕事生活を送るための新しい方法ですね。安定した大企業を辞めて、リスクを伴う事業を立ち上げる人も増えました。休みなしに働きつづけたくはないからです。「ANDの天才」は、あちこちで支持されています。

ワーキングマザーが生き延びるための方法

「女性には大きくするのは無理だ」と言う人もいます。でもそれが誤りであることを、ママはぜひあなたたちにはわかってもらいたいのです。女性がこれまでも、そしてこれからもアントレプレナーであることに間違いはありません。そしてまた、女性は娘であり、姉妹であり、妻であり、おばや母親や祖母でもあります。複数の役割のあいだで〝バランス〟を取らなければならない、という考えは棄ててほしいの。〝バランス〟という言葉は、フィフティ・フィフティでようやく均衡が取れるという意味であり、どちらも不完全燃焼に終わってしまう、という意味でもあるからです。

「大きくして、家に帰る」世界では、仕事と家庭の両方を最大限にうまくこなすことが求められます。

幸い、とてもいいロールモデルがあります。女優、コメディアン、脚本家、TVプロデューサーであり、母親でもあるティナ・フェイは、著書『威張りたがり屋（*Bossypants*）』（未邦訳）のなかで、男性優位の職場で働くワーキングマザーが生き延びるための方法について書いています。そして、「女性も大きくできる」という考えを猛烈に擁護しています。

シチュエーションコメディ『30ロック』のエグゼクティブプロデューサーに就任したとき、フェイは質問攻めに遭ったといいます。「ボスの役目は大変ですか？」。「製作総指揮の立場は、居心地が悪くありませんか？」。フェイは著書のなかで、挑戦的に書いています。「彼らは同じような調子で訊くのだ。『おや、ミスター・トランプ。こんなにおおぜいの人のボスを務めるのは、落ち着かない気持ちですか？』」。フェイの答えはこうです。「ドナルド・トランプの代わりに答えることはできないが、私の答えは『いいえ』だ」

彼女はさらに続けます。「よい上司になる秘訣は、優れた人材を雇い、彼らの邪魔をしないことだ」。「子どもの頃の想像とは違って、上司とは、手を振り上げて『私がボスだ！ 私がボスだ！』と、大声で叫びながら歩きまわることではない」

でも、フェイの話のなかでママがいちばん共感したのは、仕事と家庭とを両立するために彼女が大変な努力を払ったことです。『30ロック』が始まったとき、フェイは自分自身を疑っていました。「家には8か月の娘が待っている。しかも、週70時間拘束される家庭の仕事について――不祥事を起こした政治家の決まり文句ではないが――、自分が『家族の利益を最優先して』いるのかどうか自信が持てなかった」。そこで、フェイは生活を変えました。娘と一緒に朝食をとり、昼間にＴＶの仕事をこなして夜は娘と過ごし、脚本チームを自宅に招いて夜中の2時まで打ち合わせをしたのです。そのあいだ、作曲家の夫が食料品室で番組のための曲を書きました。フェイは、ときどきキッチンに行って泣いたといいます。

「年に3度はオフィスで大泣きすることを、私はもちろん認めるべきではない。なぜなら、男女同権主義者《フェミニスト》のプラスにはならないからだ。私が大泣きすると認めれば、女性はますます職場で重視してもらえなくなってしまう。世のワーキングマザーが、自分の選択を正当化しにくくなってしまう」。でもフェイには、子どもを育てる主婦の友だちもいて、彼女たちもやはり年に3度は大泣きするというのです。「だから、お互い様だと思ってるわ」。フェイの結論はこうです。仕事を諦めたくなかった。家庭も諦めたくなかった。だからこそ、両方を諦めないで済む方法を見つけ出さなければならなかった。

24時間働くという誘惑に負けない

最近では、「大きくして、家に帰る」男性も増えました。ファッションデザイナーのケネス・コールには、映画プロデューサーの妻マリア・クオモと3人の娘がいます。ある日、コールが自宅の書斎で仕事をしていると、下校した8歳の末っ子が部屋に入ってきました。「何をしてるの?」。娘が訊きます。

「仕事だよ」とコール。

「誰に仕事をもらったの？」

「パパが自分に出したんだ。片づけてしまわないといけないからね」

「でも、パパはボスじゃないの？」

「そうだよ。だから自分で自分に仕事を出したんだ。だからこそ、ちゃんと仕事を終わらせてしまわないといけないんだよ」

娘はふらりと部屋を出ていきました。そして次の日、まったく同じ時間にコールの部屋に入ってきて、「何をしてるの？」「誰に仕事をもらったの？」と、まったく同じことを訊きます。そして、またその2日後も、ふたりは同じ会話を交わすのです。

しばらくして、コールがこの話を友だちに打ち明けました。「頭のいい娘なんだが、まだよくわからないんだね」と、コールが言いました。

すると、友だちが答えました。「わかってないのは〝君〟のほうじゃないか。お嬢さんは1週間かけて君に教えようとしたのに、どうやら君のほうは学ばなかったようだね」

アントレプレナーにとってとりわけ重要なのは、24時間働くという誘惑に負けないことだと、コールは言います。「1日24時間勝つことはできないと学んだ。人生とは、うまい妥協案を見つけることだと学んだのだ」。何よりも、コールはわずかでも家庭より仕事を重視しないと決めました。ママも、あなたたちにはそう覚えておいてほしいのです。

幸いにも、ママにそのことを教えてくれたのは、あなたたちでした。ふたりが5歳のときのことです。ママはスーツケースに荷物を詰め終わり、出張に行く準備をしていました。玄関の前にタクシーが停まって出ていこうとしたとき、イーデンがママの脚を強く引っ張ってこう言ったのです。「忘れないで。ママはちょっとのあいだはアントレプレナーかもしれないけど、ママはずっとわたしの〝ママ〟なんだから」

ママには、それ以上うまくは言えないわ。あなたたちが望むなら、大きくすればいい。だけど家に帰ることも忘れないで（そして、たまにはパパとママを訪ねてきてね）。

夢を見るとき、「あなたが誰であるか」は関係ない

20年近く前、夢の実現に向けて助けを必要とする人を見つけるために、ママは世界へと飛び出しました。そして、レイラという女性に出会ったのです。ブラジルのマクドナルドでハンバーガーを売る研修を受けていたレイラには、夢がありました。生まれ育ったリオデジャネイロのスラム街で、くせ毛に悩む女性たちの役に立ちたかったのです。

初めて彼女に会ったとき、レイラはおずおずと小さな声で話し、周囲の世界に怯えているように見えました。壊れてしまうのではないかと思ったほどです。ところが、障害を乗り越え、人を雇い、一つひとつ目標を達成するたびに、たくましくなっていきました。現在、レイラが経営するグローバル企業は、年間売上げが1億ドルにも達する勢いです。従業員数は2300人。アントレプレナーのロールモデルでもあります。

先日、再会したレイラは美しく、自信に満ちあふれ、たくさんのアイデアを抱いていました。アメリカへの進出も決まり、ハーレムに開く1号店の場所も決まったと教えてくれました。そしてそのとき、ママはレイラを見て、あなたたちふたりを思い出したのです。あなたたちの世代は、これまで世界中の多くの国で、多くの世代には開かれていなかった、ありとあらゆる機会を手にできるのです。

レイラにできるのなら、ふたりにもきっとできるはず。

20世紀を代表する偉大な想像力の持ち主であるウォルト・ディズニーは、アニメーション映画『ピノキオ』の「星に願いを」という挿入歌を、自分自身のテーマソングにしていました。この歌は、アントレプレナーであることの本質を捉えています。

アントレプレナーの原動力とは、夢を見ることです――彼らは想像力のなかで生き、思い描いたものを全力を傾けて実現しようとします。他の人に見えないものを見ることは、誰にでもできます。でも、アントレプレナーはそれだけではなく、究極の飛躍をもたらします。想像したものを、かたちにして実現し、人生までも変えてしまうのです。ジムニー・クリケットがピノキオに言ったように、「あなたが誰であるかは何の関係もない」のです。

思い切って行動を起こすのです。仲間と一緒にアントレプレナーの旅に出るのです。だけど、愛する人と一緒に築き上げたものを、ともに楽しむ時間も忘れないで。

想像したことは必ず実現できると信じること。なぜなら、夢は叶うものだから。

でも、まずは試さないと。だから準備ができたら、『夢のチョコレート工場』のウィリー・

ウォンカのアドバイスに従って、息を止めて、願い事をして、3つ数えて――
ジャンプ！
ママは応援しているわ。
愛を込めて。
ママより。

謝辞　チーム・クレイジーに捧ぐ

まずは、世界中に散らばる、1000人ものエンデバーのアントレプレナーにお礼を伝えたい。あなたたちの情熱や意気込み、根気に、わたしは毎日刺激を受けている。わたしの目標は〝アントレプレナーの、アントレプレナーによる、アントレプレナーのための〟ムーブメントを起こすことだった――そして、あなたたちはそれを実現してくれた。おおぜいのアントレプレナーには（そして理事会メンバー、メンター、数多くの支援者にも）特別な感謝の意を表したい。本書に登場する人たちが体験を語ってくれ、失敗と成功とを教えてくれたのだ。

現在のエンデバーがあるのは、先駆者でありパートナーであり、大切な友だちのピーター・ケルナーと彼のビジョンのおかげである。ビル・ドレイトンは知識を授けてくれ、わたし自身が自分の足で1歩前に踏み出せるよう、背中を押してくれた。ジョージとビッキーのケルナー夫妻は、常にわたしを信じてくれた。スティーブン・シュミットハイニー、ピーター・ブルック、ビル・ソーマン、エドゥアルド・エルスタイン、ベト・シクピラ、ホルへ・パウロ・レマンは、現実的か理性的ですらないときから、わたしを支えてくれた。ジェイソン・グリーンとゲアリー・ミューラーは、創設理事を引き受けてくれ、確固たる道しるべとなってくれた。キンバリー・ブラズウェルは、何年にもわたってわたしの味方であり、共謀者だった。

わたしはよく、エンデバーをふたつの時期に分けて語る。「エドガー以前」と「エドガー以後」である。エドガー・ブロンフマン・Jr．が2004年にエンデバーの会長に就任したあと、彼のメンタリング、判断力、友情のおかげで、わたしは大きく成長した。彼のすばらしい妻のクラリッサには、心からの抱擁を贈りたい。

わたしがエンデバーを築き上げた——あるいは本書を著すことができた——のも、優れた理事会メンバーのすばらしい熱意や献身があったからに他ならない。彼らはわたしを導き、励まし、知識を与え、しかも目の前で泣かせてくれた。アントレプレナーを休むことなく支援し、アイデアを認めてくれた。マイケル・アハーン、マット・バニック、ニック・ベイム、マット・ブラウン、ウェンセス・カサレス、マイケル・クライン、ポール・フライボーグ、ファディ・ガンドゥール、ビル・マクグラシャン、アリフ・ナクビ、ジョアンナ・リーズ、ニコラス・ゼカシー、エリオット・ウェイスブラスに感謝する。1冊の本を世に送り出すという長い旅を通して、辛抱強くわたしを導いてくれたリード・ホフマンには、心からの謝意を伝えたい。

エンデバーのパートナーであるベイン・アンド・カンパニー、バークレイズ、デル、アーンスト・アンド・ヤング、GE、SAP、ナイト財団、世界経済フォーラム、ハーバードビジネススクール、スタンフォード大学経営大学院には、深い感謝の念を表したい。ピエール・オミダイヤとすばらしいオミダイヤ・ネットワーク、そしてABRAAJキャピタルのオールスター・チームには、個人的なお礼を申し上げる。あなたたちがいなければ、わたしの夢は頓挫していたに違いない。

エンデバーの心臓部は、20か国以上に及ぶ数千人の個人である。彼らは起業家精神を献身的に広めてくれた。すばらしい責任者に導かれて、これらの先駆者は理事会メンバーを務め、選考パネルで選考メンバーを務め、膨大な時間を使ってアントレプレナーのメンターとなり、事業は永遠に力になりうるという考えを全力で実現してくれたのだ。ここで全員の名前をあげるわけにはいかないが、あなた方の情熱が本書のどのページからもにじみ出ている。

　わたしが大きな喜びとするのは、毎日のように出勤して、350人のチームメンバーの熱意を感じ取ることである。メンバーはみな頭がよく、才能に溢れ、なかなかの頑固者ぞろいで、並外れて熱心に働く。そんな彼らを率いるのは、恐るべき情熱を秘めながら、涼しい顔をした指揮官のフェルナンド・ファブレである。ファブレは2011年（確か寒い2月に！）、わざわざ家族を伴ってメキシコシティからニューヨークへと引っ越してきてくれた。

　本書の執筆に合わせて、アントレプレナー分野の膨大な文献を活用するために設立した「アントレプレナー・ラボ」で、夜遅くまで働いてくれたおおぜいのメンバーにもお礼を述べたい。ラリー・ブルックス、ブライアン・チェン、ジョアンナ・ハリーズ、ジュリア・カプラン、ルーシー・ミノット、メガン・マーフィー、ベス・ロバートソン、トッド・ストーン、タンビ・バチクチ。テオ・ソアレズは、全章において貢献してくれた。意気軒昂で疲れ知らずの責任者タイラー・グウィンにも、お礼を申し上げる。

　調査部門である「エンデバー・インサイト」で、リサーチチームを率いてくれたレット・モリスとマイケル・グッドウィンにも感謝している。ベイン・アンド・カンパニーの優秀なパートナー、特にクリス・ビアリー、ビッキー・タム、エリック・アルムクイスト、クリス・ズック、ポール・ジャッジ、ポール・マルコヴィッツ、ネッド・シェル、リリー・ウエストに多大な感謝を捧げたい。

本書を世に出すために動いてくれたビアンカ・マルティネッリ、ウォルト・メイヨー、ダスティン・ポー、アルフォンス・タム、アレン・テイラー、ダニエラ・ターミネル、なかでも特にデイヴィッド・ワチャテルには謝意を伝えたい。

デイヴィッド・ブラックは、わたしの揺るぎない友人であり、優れたエージェントでもある。彼との会話は、わたしを叱咤激励して、わたしの意欲をおおいにかき立ててくれた。サラ・スミスと、デイヴィッド・ブラック著作権代理店の同僚にもお礼を申し上げる。

エイドリアン・ザックハイムに会った瞬間、わたしは本書が居場所を見つけたと感じた。エイドリアンは創造力と起業家精神（！）をもって出版社の「ポートフォリオ」社を運営し、本書のプロジェクトを、深い知識と鋭いアイデアで高めてくれた。マリア・ガリアーノは、本書を的確に、心を込めて編集してくれた。もっとプライベートな話題や、気持ちも盛り込むように背中を押してくれたおかげで、わたしは自分の物語をうまくかたちにすることができた。彼女には感謝している。ウィル・ヴァイサーはチーム・クレイジーの協力を求めるために、多くの人から粘り強く、熱心に話を聞き出してくれた。アリソン・マクリーンはエンデバーの〝スピリチュアル・リーダー〟となって、もっと大胆に行動するよう、わたしたちを励ましてくれた。ジャスティン・ハーゲット、エリザベス・ヘイゼルトン、レイチェル・ムーアにもお礼の気持ちを伝えたい。

ゴールストン&ストールズ、ロイス・カールトン、ティム・ホーキンズ、ローラ・ノーウォーク、チャドウィック・ムーア、ナタリア・スボロブスキーにも感謝申し上げる。

その他にも、経験豊かなおおぜいの方たちのお世話になった。彼らのおかげで、時には気が滅入るような執筆作業も切り抜けることができたのだ。ビル・アクマン、マーク・ベニオフ、トリー・バーチ、ベン・カスノーカ、ジョシュア・クーパー・ラモ、トーマス・フリードマン、セス・ゴーディン、ジョン・グリフィン、ジョン・ハム、メロディ・ホブソン、アディ・イグナチウス、ヴァン・ジョーンズ、ジョディ・カントー、ロン・リーバー、ロブ・リード、シェリル・サンドバーグ、クリス・シュローダー、ドヴ・サイドマン、パティ・セラーズ、ダン・セノール、ホイットニー・ティルソンの友情と支援に謝意を表したい。わたしが電話をかけるたび、マイケル・デルはエンデバーのアントレプレナーを支援してくれ、静養中のわたしを励ましてくれた。ベン・シャーウッドは何年ものあいだ、本書のプロジェクトを後押ししてくれた。カレン・キヘーラ・シャーウッドは、鋭い観察眼と大きな心で本書の完成度を高めてくれた。

この数年間に幾度となく、すばらしい同僚にアドバイスを求めてきた。次の方々にはお礼の気持ちを伝えたい。ジェニファー・アーカー、クリス・アンダーソン、サニー・ベイツ、ジーナ・ビアンキーニ、マシュー・ビショップ、アドリアナ・シスネロス、ベス・コムストック、ジョナサン・クレイニン、カタリナ・フェイク、アンディ・フレイル、ウェス・ガーデンズワルツ、サル・ギアンバンコ、デブ・ゴールドファーブ、タディ・ホール、マット・ハリス、リチャード・ハマーメッシュ、パメラ・ハーティガン、伊藤譲一、ディナ・ジョーンズ＝トルジッロ、ディヴィッド・キダー、ウェンディ・コップ、シンディ・リーブ、サイモン・レヴィーン、ナンシー・ラブリン、シーラ・マルセロ、ジャクリーン・ノボグラッツ、ポール・パーカー、アラン・パトリコフ、ディエゴ・ピアチェンティーニ、マリア・ピネリ、ダイアナ・パウエル、ガビー・ロズマン、ケビン・ライアン、ガース・サロナー、ローレン・シュナイダー、クラウス・シュワブ、スーザン・シーガル、ベロニカ・セラ、ティナ・シーリグ、フレッド・シクレ、トム・スピーチレイ。

わたしには、優しさと笑いと愛で包んでくれる生涯の友だちがいる。アンドレア・メイルの陽気な電話は毎週、わたしの心を明るくしてくれた。次の方々には抱擁と感謝を捧げたい。ノーラ・アバウステイト、ジャンヌ・アクマン、カレン・アクマン、ジェニー・リン・ベイダー、ジョナサン・バロン、パイラーヤ・ベイム、カレン・ブロック、カロリーナ・ブラウゼ、キャンベル・ブラウン、マリサ・ブラウン、ベル・カサレス、ジューン・コーエン、デイヴィッドとトレイシーのフランケル夫妻、メリッサ・グラス、マリーバ・グラボウスキー、エイミー・グリフィン、ポール・ハイラル、デイヴ・レヴィン、マリアム・ロンシャン、エヴィ・ロベット、ダニ・ルベツキー、スティーブン・メイル、ラファエル・メイヤー、ミッシェル家、キリアコス・ミトタキス、ライア・オッペンハイマー、フローレンス・パン、ディエゴ・パナマ、レベッカ・プロフカー、マリリア・ロッカ、デイヴィッド・サルツマン、ダニエル・シュワルツ、チップ・シーリグ、ケン・シュービン・ステイン、ジェフ・シュムリン、デヴォン・スパージョン、デイヴィッド・ステマーマン、マックス・シュティア、スーザン・ティルソン、マーティンとニーナのヴァスサブスキー夫妻、インチ・ヤーマン、ミシェル・イー、故ジョイ・コービイ。

チーム・ブルックリンにも感謝を述べたい。ヌアール・アルサディル、ニルズ・アンダーソン、スティーブ・ボドゥ、アリソン・カーンダフ、ニーナ・コリンズ、グレッグ・ディロン、フェリシア・カン、デイヴィッドとステイシーのクレイマー夫妻、リズ・ラケット、アンドルーとシンディのマクラフリン夫妻、アレックス・ポーゼン、キャサリン・プロフェタ、J・J・ランバーグ、サマンサ・スケイ、ヴィンス・トムキンズ。

ブルースの両親であるジェインとエドのファイラー夫妻は、わたしを義理の娘として迎え入れてくれ、ジョージア州サバンナへの愛と、驚きに満ちた不思議な週末と、タイビー・アイランドの夏を教えてくれた。アンドルー・ファイラーは、書き上がったばかりの原稿を読んで、論理が破綻している箇所を見つけ出し、すばらしい洞察力をもって完成へと導いてくれた。妹となったカリ・ファイラー・ベンダーが、フィラデルフィアにおおいに貢献してくれたことを、わたしはとても誇りに思っている。ロッド、マックス、ハリー・ベンダーのおかげで、お喋りも家族の集いも楽しく記憶に残っている。

両親のデビーとアラン・ロッテンバーグが無条件の愛を注いでくれたおかげで、わたしはクレイジーな夢を叶えることができた。キッチンテーブルの前に座ったとき、最初こそわたしを諭したものの、その後は正統的とは言えない道を進む娘を積極的に支えてくれた。そしてついに、その娘はふたりが望むものを手に入れたのだ――義理の息子。孫。それに、長女であるわたしの（まずまず）安定した生活も！　妹のレベッカ・ロッテンバーグ・ゴールドマンも同じ旅に出て、これまでもずっとわたしのいちばんの親友でいてくれた。弟のダン・ロッテンバーグは、どんな女性も兄か弟にほしがるような、賢くて、詩的で、気持ちの大きな男性である。義理のきょうだいとなった（愛する）エリッサ・ロッテンバーグとマティス・ゴールドマンは、まさしく「大きくして、家に帰る」を実践している。ネイトとマヤ・ロッテンバーグ、ジュダとアイザック・ゴールドマンは、ケープハウスを難問だらけにし、マサチューセッツ州ウエストファルマスにある、ユーリンダのアイスクリームショップを大喜びで訪ねていく。

おばのバーバラは、わたしが本書を書き上げる数日前に亡くなった。姪の〝ラ・チカ・ロカ〟が執筆を終えたという報告を聞いたら、きっと喜んでくれたはずだ。おばの精神はわたしのなかに生きつづける。

2008年、人生を変える1本の電話が、夫のブルース・ファイラーにかかってきた。「良性の腫瘍ではありません」と。それからの1年半というもの、ブルースは生き延びるために過酷な治療を受けつづけたが、そのあいだも、ふたりの娘に父親の価値を知ってもらい、自分の声《ボイス》を届けるための方法を見つけ出した。そして、癌を克服したとわかると、彼はもうひとつ、すばらしい決断を下した。わたしが文体《ボイス》を見つけるための手伝いをする、と決めたのだ。その夢は、わたしの夢になる前に、すでにブルースの夢だったのだ。アイ・ラブ・ユー。

わたしは本書を、とりわけ双子の娘のイーデンとタイビーのために書いた。ふたりはわたしの能力を限界まで広げ、わたしの意欲をかき立て、わたしを試し、1時間ごとにわたしを誇りで満たしてくれた。ふたりはすばらしい娘である。これからの数十年のあいだ、クレイジーな冒険に出かけるふたりを、応援できることを楽しみにしている。そして、ふたりが教えてくれたことを、わたしは決して忘れないだろう。ママはしばらくのあいだはアントレプレナーだけど、永遠にあなたたちのママなのだから。

の記事を参考にした。Austin Carr「Deep Inside Taco Bell's Doritos Locos Tacos」(2013年5月1日)。Anya Kamenetz「Taco Bell, the Late Todd Mills, and the Actual Invention of the Doritos Locos Taco」(2013年12月5日)。その他『タイム』誌(2013年10月16日)Courtney Subramanian「Taco Bell Sells $1B in Doritos Locos Tacos Because 'I Worked Late, I Deserve a Treat'」も参照のこと。

夢を叶える秘訣③愛する人のために時間を取る

「ANDの才能」は、ジム・コリンズとジェリー・ポラス共著『ビジョナリー・カンパニー』に詳しく紹介されている。家に帰ることの価値をわたしが強く信じるのは、クレイトン・クリステンセンの感動的ですばらしい著書『イノベーション・オブ・ライフ——ハーバード・ビジネススクールを巣立つ君たちへ』(翔泳社、2012年)に大きな影響を受けたからだ。

「デカく行け、さもなければ家に帰れ」(go big or go home)の誕生秘話について、パッケージデザイナー本人が匿名で答えている。Answers.comの次のURLを参照のこと。www.wiki.answers.com/Q/Who_coined_the_phrase_'go_big_or_go_home'

ティナ・フェイのエピソードは、面白くて考えさせられる著書『*Bossypants*』(2013年)から引用した。ケネス・コールの話については、『ハーバード・ビジネス・レビュー』誌(2011年12月)Alison Beard「Life's Work: Kenneth Cole」を参照されたい。

#チームクレイジーに参加しよう

最後にひと言。本書をお読みになってエンデバーの活動に興味が湧いたら、ウェブサイトwww.endeavor.orgに立ち寄ってほしい。調査や動画、エンデバーが及ぼす影響力に関する現在進行中の研究、世界各国のオフィス、1997年以来、一緒に活動してきたアントレプレナーの紹介など、エンデバーの多彩な活動について知っていただけるはずだ。わたし個人や本書、講演スケジュールについて知りたいときや、わたしと直接連絡を取りたいときには、www.lindarottenberg.comを訪れていただきたい。またwww.facebook.com/LindaRottenbergAuthorかwww.twitter.com/lindarottenbergにアクセスしていただければ、最新情報も受け取れる。読者のみなさんから"クレイジーな夢"を聞き、どうやって「始めて」「大きくして」「家に帰った」のか、その報告が届くことを楽しみにしている。

ァスト・カンパニー』誌（2013年8月21日）Camille Sweeney and Josh Gosfield「How a DIY Dad Took the Toy World by Storm with Rainbow Loom」。『*Crain's Detroit Business*』誌（2013年12月15日）Catherine Kavanaugh「Rainbow Loom's Creator Weaves Success from Playtime Inspiration」。『ニューヨーク・タイムズ』紙（2013年8月31日）Claire Martin「Rainbow Loom's Success, from 2,000 Pounds of Rubber Bands」。

ビヨンセの突然のアルバムリリースは、メディアの注目をおおいに集めた。Slate.com（2013年12月13日）Matthew Yglesias「How Beyonce Got Us to Pay for Music」。『ニューヨーク・タイムズ』紙（2013年12月13日）Jon Pareles「A December Surprise, Without Whispers（or Leaks）」。『ニューヨーク・タイムズ』紙（2013年12月15日）Ben Sisario「Beyonce Rejects Tradition for Social Media's Power」。BuzzFeed.com（2013年12月16日）Matthew Perpetua「Beyonce Sold Nearly a Million Copies of Her New Album in Three Days」。

哲学者のコスティカ・ブラダタンの引用は『ニューヨーク・タイムズ』紙（2013年12月15日）Costica Bradatan「In Praise of Failute」を参考にした。

カトリーナ・マークオフの物語については、以下を参照されたい。『ファスト・カンパニー』誌（2012年2月9日）David Burstein「Vosges Unwraps Chocolate's Wild Side」。『シカゴ・トリビューン』紙（2013年3月14日）Emily Bryson York「Chicago Chocolate Artisan Known for Vosges Preps Wild Ophelia for Mass Market」。『フォーチュン』誌は2011年版「40 Under 40」（最も影響力の強い40歳以下の40人）にマークオフを選んだ。CNN.com（2012年7月10日）Becky Anderson「Sweet Success」。

夢を叶える秘訣②すべてをシェアできる仲間を

ラジオフライヤーの物語を共有でき、またワゴンをプレゼントしてくれたロバート・パーシンには感謝をしている! ラジオフライヤーについては、以下を参照されたい。『インク』誌（2012年10月30日）Reshma Memon Yaqub「Backstory: Radio Flyer」。『シカゴ・トリビューン』紙（2012年7月23日）Kristin Samuelson「Office Space: Robert Pasin, Radio Flyer」。『スマートビジネス』誌（2013年1月）「How Robert Pasin Dug Deep to Help Radio Flyer Evolve Its Brand and Its Products」。『ビジネス・レジャー』紙（2010年6月10日）「Radio Flyer Toys Bring Smiles, Create Memories」。

ドリトス・ロコス・タコスの話題は、おもに『ファスト・カンパニー』誌の以下のふたつ

ハッカソンについては以下が役に立った。TheNextWeb.com（2012年5月23日）Drew Olanoff「Facebook Shares the History of Its 'Hackathon'」。『ワイアード』誌（2012年6月6日）Alyson Krueger「Hackathons Aren't Just for Hacking」。Facebook.com/Engineering（2012年5月23日）Pedram Keyani「Stay Focused and Keep Hacking」。ブリティッシュ・エアウェイズのハッカソンについては、Mashable.com（2013年6月13日）Zoe Fox「The Hottest Spot for Hackathons? 30,000 Feet in the Air」を、ボストン小児病院のハッカソンについては、www.hackingpediatrics.comを参考にした。

ドリームワークスの物語については、以下の資料を活用した。『ファスト・カンパニー』誌（2013年3月15日）Jessica Grose「The Animated Workplace」。『タイム』誌（2013年5月20日）Joel Stein「Millennials:The Me Me Me Generation」。Workforce.com（2012年8月4日）Todd Henneman「DreamWorks Animation Cultivates a Culture of Creativity」。SHRM.org（2012年7月5日）Nancy Davis「DreamWorks Fosters Creativity, Collaboration and Engagement」。

いい会社をつくる法④家族——仕事とプライベートとの境界線を引く

わたしとシェリル・サンドバーグとのつきあいは25年に及び、また彼女のことを尊敬してもいる。すばらしい著書『LEAN IN』は、エンデバー・ニューヨークはもちろん、世界中のオフィスにも大きな刺激を与えてくれた。ズーリリー(Zulily)の話題は、『インク』誌(2013年4月30日) Darrell Cavens「The Way I Work」を参考にした。BabyCenter.comの調査結果については、次のURLを参照のこと。www.babycenter.com/100_press-release-dad-survey_10383601.bc (2017年2月現在、アクセスできない)

第9章　起業家こそ、「仕事も、家庭も」

トーマス・フリードマンの言葉は、『ニューヨーク・タイムズ』紙（2013年3月30日）Tom Friedman「Need a Job? Invent It」から引用した。

夢を叶える秘訣①世界を「虹色の眼鏡で見る」

レインボールームの成功物語については、以下の資料をもとにした。『アントレプレナー』誌（2013年8月26日）Catherine Clifford「Inventor of the Wildly Popular 'Rainbow Loom' Weaves the American Dream with Rubber Bands in a Detroit Basement」。『フ

話はEdward Horrell著『*The Kindness Revolution*』（2006年）とエミリー・ロスとアンガス・ホランド共著『100 Inc.』に詳しい。ジム・コリンズの『ビジョナリー・カンパニー2』では、強いチームをつくることの価値について、すばらしい情報がたくさん得られる。『ハーバード・ビジネス・レビュー』誌（2013年6月）Reid Hoffman, Ben Casnocha, and Chris Yeh『Tours of Duty』もぜひおすすめしたい。アントレプレナー時代の採用と解雇について、学ぶべき興味深い情報が得られるだろう。

仲のいい古い友人のケビン・ライアンとは、ことあるごとに採用と解雇について意見を交わしてきた。『ハーバード・ビジネス・レビュー』誌（2012年1・2月）Kevin Ryan「Gilt Groupe's CEO on Building a Team of A Players」を参照されたい。

いい会社をつくる法③平等な職場づくり――若い者には巻かれろ!

エンデバーで働く才能に溢れたおおぜいの人材と、世界中で支援してきた若いアントレプレナーから、わたしはミレニアル世代について多くを学んできた。

最近の調査として役に立ったのは、Lynne Lancaster and David Stillmanのリサーチ「*The M-Factor*」（2010年）とJeanne Meister著『*The 2020 Workplace*』（2010年）である。どちらも、わたしの考えに大きな影響を与えてくれた。FAAとトムソン・ロイターの話題も「*The M-Factor*」から引用している。また、FAAについては『ニューヨーク・ポスト』紙（2008年7月14日）Chuck Bennett「FAA Kids Are in 'Control'」も参考にした。

ウォービー・パーカーについては、以下の資料を参考にした。『ニューヨーク』誌（2013年8月11日）Jessica Pressler「20/30 Vision」。『ニューヨーク・タイムズ』紙（2013年10月24日）Neil BlumenthalがAdam Bryantのインタビューに応えた「Corner Office」。『インク』誌（2013年7月15日）Neil Blumenthal「Give Me More Millennials」。『インク』誌（2013年6月）Leigh Buchanan「Warby Parker CEO」。

職場のミレニアル世代についてのデータは、2012年のJessica Brackの報告「Maximizing Millennials in the Workplace」www.kenan-flagler.unc.edu及び2013年のプライスウォーターハウスクーパースの報告「PwC's NextGen」www.pwc.comを参照のこと。ネットインパクトの調査は、Cliff Zukin and Mark Szeltner「Talent Report」https://netimpact.org/docs/publications-docs/talent-report-what-workers-want-in-2012-full-reportを参考にした。また、ジェネレーションXについてはBoston College Sloan Center on Aging and Workの2009年の報告、Marcie Pitte-Catsouphes, Christina Matz-Costa, and Elyssa Bensen「Workplace Flexibility」をもとにしている。www.bc.edu

いい会社をつくる法①精神的価値——ビルではなくコアバリューを

職場文化に関するエンデバーの調査の他にも、たくさんの資料を活用した。ゴア社の話題については、第5章で紹介した文献を参照のこと。またギャラップのウェブサイトのデータも活用した。『ハーバード・ビジネス・レビュー』誌（2013年5月）Rob Goffee and Gareth Jones「Creating the Best Workplace on Earth」は、ヘイグループのデータを引用している。『ハーバード・ビジネス・レビュー』誌（2012年1・2月）Shawn Achor「Positive Intelligence」も参照されたい。

ダン・アリエリーの調査については、彼の著書『予想どおりに不合理——行動経済学が明かす「あなたがそれを選ぶわけ」』（早川書房、2013年）をはじめ、アリエリーが寄稿した『ニューヨーク・タイムズ』紙（2008年11月19日）「What's the Value of a Big Bonus?」を参考にした。肩書きについては、ナンシー・ルブリン著『ゼロのちから——成功する非営利組織に学ぶビジネスの知恵11』（英治出版、2011年）の他、『ニューヨーク・タイムズ』紙（2013年8月30日）Ashley Ross「Job Titles Retailored to Fit」と、ABCニュース「*Nightline*」（2013年9月30日）「Sugar High」が役に立つだろう。

精神的価値を育てるさまざまな戦略については、『ワイアード』誌（1998年1月23日）Paul Kretkowski「The 15 Percent Solution」をはじめ、『ワイアード』誌に寄稿したRyan Tateの3つの記事「Google Couldn't Kill 20 Percent Time Even If It Wanted To」（2013年8月21日）、「Facebook's Wi-Fi Spreads in the Wild」（2013年6月18日）、「LinkedIn Gone Wild:'20 Percent Time' to Tinker Spreads Beyond Google」（2012年6月12日）を参考にした。Michipreneur.com（2013年3月5日）Amanda Lewan「Quicken Loans Innovates with a 'Small Business' Culture」、『ウォール・ストリート・ジャーナル』紙（2012年11月12日）Jessica Lessin「Apple Gives In to Employee Perks」も参照されたい。ボー・バーリンガム著『Small Giants——事業拡大以上の価値を見出した14の企業』（アメリカン・ブック&シネマ、2008年）では、ジェイ・ゴルツの話題を紹介している。

ダニエル・ピンクの『モチベーション3.0——持続する「やる気!」をいかに引き出すか』（講談社、2015年）では、働く意欲を刺激するすばらしい方法が述べられている。

いい会社をつくる法②カルチャー——一人ひとりを企業文化の発信者に

ジェン・リムがエンデバーのアントレプレナーに話してくれた戦略の多くは、トニー・シェイ著『顧客が熱狂するネット靴店 ザッポス伝説——アマゾンを震撼させたサービスはいかに生まれたか』（ダイヤモンド社、2010年）でも読むことができる。デボラ・フィールズの

「Mentoring Millennials」を参照されたい。ラリー・ペイジがスティーブ・ジョブズを訪ねたときの逸話は、『ブルームバーグ・ビジネスウィーク』誌（2012年4月4日）のBrad Stone「Google's Page:Apple's Android Pique 'For Show'」を参考にした。ウォルター・アイザックソン著『スティーブ・ジョブズ』の他、『ハーバード・ビジネス・レビュー』誌にアイザックソンが寄稿した「The Real Leadership Lessons of Steve Jobs」も役に立った。

メンター活用術④「年下のメンター」から学ぶ

2012年にわたしとディナーの席についたときに、ジョン・ドナホーはブライアン・チェスキーとのメンター関係について直接教えてくれた。のちに、同じ話を2013年7月に行われた『フォーチュン』誌の「Brianstorm Conference」でも語っている。詳しく知りたい方は、http://fortune.com/2013/07/23/video-and-transcript-brian-chesky-and-john-donahoe/を参照のこと。それ以外にも、AllThingsD.com（2013年7月29日）Mike Isaac「eBAY CEO John Donahoe on the Importance of Design」も参考にした。

この話題については、『ウォール・ストリート・ジャーナル』紙（2011年11月28日）Leslie Kwo「Reverse Mentoring Cracks Workplace」が役に立つだろう。サンガミトラ・チョウドリとラジャーシ・ゴーシュの上下逆さまメンター制度については、『*Human Resource Development Review*』誌vol.11,no.1（2015年2月）に掲載された「Reverse Mentoring」を参照されたい。P&Gの「メンター・アップ」プログラムについては、『トレド・ブレイド』紙（1998年9月10日）Tara Parker-Pope「P&G Makes Pitch to Keep Women, and So Far the Strategy Is Working」をもとにした。新しいキャリアパスの考え方については、シェリル・サンドバーグ著『LEAN IN』の他にも、『フォーチュン』誌（2009年8月6日）Patricia Sellers「Power Point: Get Used to the Jungle Gym」が参考になるだろう。

第8章　いちばん大事なのは「働きがい」

グローバント本社ビルの話は、共同創業者のうちのふたりMartin MigoyaとGuibert Englebienneと、わたしが直接交わした会話から引用した。その他『ブルームバーグ・ビジネスウィーク』誌（2011年4月8日）Ken Stier「IT Outsourcer Globant Sells Innovation, Wows Google, LinkedIn」と、ハーバードビジネススクールのMukti Khaire、Gustavo Herrero、Cintra Scottの3人によるケーススタディ（2011年）が役に立った。

ビル・キャンベルの話については、以下を参照されたい。『フォーチュン』誌（2008年7月21日）Jennifer Reingold「The Secret Coach」。Ozy.comの2部にわたるCarlos Watsonの記事「Guru of the Valley」。『ニューヨーク・タイムズ』紙に掲載されたMiguel Helftの2本の記事「Bill Campbell on Coaching RockMelt and Google vs. Apple」（2010年11月8日）と「Coaching Silicon Valley」（2010年11月15日）。

メンター活用術①アドバイスではなく「愛の鞭」を求める

ニック・ビルトン著『ツイッター創業物語——金と権力、友情、そして裏切り』（日本経済新聞出版社、2014年）では、ツイッター創業当時の興味深い話を知ることができる。『アメリカンアイドル』と『ザ・ヴォイス』の引用は、DigitalSpy.com（2011年9月14日）Lara Martin「'X Factor' USA's Simon Cowell on Judges' Role」、『ハリウッド・リポーター』（2013年12月12日）Cortney Wills「'X Factor' Finalists Alex&Sierra Notch iTunes No.1, Show Sales Potential」、Examiner.com（2012年10月27日）Carla Hay「Chistina Aguilera, Adam Levine Take Aim at Simon Cowell and 'The X Factor'」を参考にした。

メンター活用術②「へその緒」を切るタイミングをつかむ

アラ・アルサラー、ファディ・ガンドゥール、ディエゴ・ピアチェンティーニとわたしが直接交わした会話に加えて、Christopher Schroederの名著『*Startup Rising*』のアルサラーのページを参考にした。

ジェリーとメリッサのオーウェン夫妻の話題については、次の4つの資料を活用している。『*D Magazine*』（2013年9月30日）Carol Shih「Fourteen Engiteen Cofeehouse in Downtown Plano Has Already Become a Neighborhood Favorite」。『インク』誌（2013年9月17日）Peter Cohen「3Start-Up Tips from 'Yale's Professor of Coffee Shops'」。『ニューヨーク・タイムズ』紙（2013年9月15日）Mark Oppenheimer「Taste-Testing a Second Career,with a Mentor」。ダンカン・グッドールのプロフィールについては、次のURLで確認できる。www.pivotplanet.com/advisors/486

メンター活用術③「フレネミー」に電話をかける

クラムとイザベラの調査については、『*Academy of Management Journal*』誌（1985年3月）「Mentoring Alternatives」を参考にした。ブリティッシュ・テレコムの話題は、『ハーバード・ビジネス・レビュー』誌（2010年5月）Jeanne Meister and Karie Willyerd

リーダーシップ4つの「A」④オーセンティック（Authentic）——弱さをさらけ出し、ありのままの自分で

トニー・ダンジーの心を打つ物語は、彼の回想録『*Quiet Strength*』（2008年）及び以下の資料を参考にした。『ウォール・ストリート・ジャーナル』紙（2009年9月12日）Matthew Kaminski「A Coach's Faith」。ESPN.com（2009年1月12日）Pat Yasinskas「A Dungy Story You May Not Have Heard」。ESPN.com（2005年12月28日）Gene Wojciechowski「Dungy Delivers Profound Message in Son's Eulogy」。

ブレネー・ブラウン著『本当の勇気は「弱さ」を認めること』（サンマーク出版、2013年）は、弱さや傷つきやすさを擁護する、今日の代表的な1冊である。『インク』誌が主催した2013年の「Leadership Forum」でブラウンが行ったスピーチは、次のURLで視聴できる。www.inc.com/kimberly-weisul/leadership-why-the-best-leaders-are-vulnerable.html

夫のブルースは、癌が自分と妻のわたし、そして家族全体にどのような影響を及ぼしたかについてすばらしい手記を書いている。回想録『*The Council of Dads*』（2011年）をぜひおすすめしたい（TEDのプレゼンテーションでも視聴可能）。またブルースが『ニューヨーク・タイムズ』紙に書いた2本の記事も紹介しておこう。「'You Look Great' and Other Lies」（2011年6月10日）と、「Cancer Survivors Celebrate Their Cancerversary」（2013年12月6日）である。後者は、発病して5年後に癌の完治を告げられたときの話である。

第7章　メンターは多いくらいがちょうどいい

エンデバーのモデルにとってメンター制度は欠かせない要素であり、できるだけ効果的なメンタリングを行えるよう、エンデバーでは何年もかけて取り組んできた。トーマス・フリードマンは『フラット化する世界——経済の大転換と人間の未来』（日本経済新聞出版社、2010年）のなかで、エンデバーとわたしを「メンター・キャピタリスト」と呼んだ。彼の支援にはいつも感謝している。

「360°Mentoring」は、ハーバードビジネススクール出版のニュースレター「*Management Update*」（2008年3月）に掲載されたElizabeth Collinsの記事のタイトルである。キャシー・クラムが紹介するメンターのネットワークの考え方も、同じ記事から引用した。キャシー・クラム著『メンタリング——会社の中の発達支援関係』（白桃書房、2003年）も参考にした。

Bobbie Johnson「Barack Obama to Use BlackBerry as President, According to Reports」。CNN.com（2013年10月22日）Joshua DuBois「The Prayers Inside the President's BlackBerry」。BuzzFeed.com（2013年1月8日）Michael Hastings「How Obama Won the Internet」。TheVerge.com（2012年8月31日）Laura June「President Obama's Reddit AMA Reaches over 5 Million Pageviews」。オバマ自身の「AMA」はwww.reddit.com.で。

リーダーシップ4つの「A」③アウェア（Aware）――欠点を自覚して「フローサム」になる

弱気のコミュニケーションについては、アダム・グラント著『GIVE & TAKE「与える人」こそ成功する時代』（三笠書房、2014年）と、スーザン・ケイン著『内向型人間のすごい力――静かな人が世界を変える』（講談社、2015年）を参照のこと。「flawsome」という言葉を初めて知ったのは、「2012 Fortune Most Powerful Women」でコカ・コーラのWendy Clarkのスピーチを聞いたときだった。TrendWatching.comのhttp://trendwatching.com/trends/flawsome/にも詳しい。

炎上したドミノ・ピザの動画はすでに削除されているが、PizzaTurnaround.comにおいて「ピザ再生」の動画を見ることができる。それ以外にも以下のようなメディアで報道された。『ニューヨーク・タイムズ』紙（2009年4月15日）Stephanie Clifford「Video Prank at Domino's Taints Brand」。DailyFinance.com（2010年3月5日）Bruce Watson「Domino's Pizza Reborn?」。『USAトゥデイ』紙（2009年12月16日）Bruce Horovitz「Domino's Pizza Delivers Change in Its Core Pizza Recipe」。

スポレトの動画はユーチューブで視聴可能。www.youtube.com/watch?v=Un4r52t-cukとwww.youtube.com/watch?v=ebe-3s4TLfQ。わたしとダニー・マイヤーとのつきあいが始まり、彼のおもてなし哲学を知ったのは、夫のブルースがマイヤーのレストランのひとつ「ユニオン・スクエア・カフェ」で接客主任をしていたときだった。ダニー・マイヤーの「ジェイムズ・ビアード賞」受賞については、ブルースが書いた記事を参照されたい。www.gourmet.com/magazine/2000s/2002/10/therapistatthetable.html。その他にも、ダニー・マイヤー著『おもてなしの天才――ニューヨークの風雲児が実践する成功のレシピ』（ダイヤモンド社、2008年）を参考にした。

talks/bruce_feiler_agile_programming_for_your_family.html（日本語のタイトルは「ブルース・ファイラー：家族のためのアジャイルプログラミング」）

泥つきのじゃがいもを洗濯機で洗ったというハイアールの話は、ナヴィ・ラジュとジャイディープ・プラブ著『イノベーションは新興国に学べ!——カネをかけず、シンプルであるほど増大する破壊力』（日本経済新聞出版社、2013年）を参考にした。チームに対するジョージ・ロイスの考え方は、『ファスト・カンパニー』誌（2013年8月12日）Justin Rocket Silverman「Quit Your 'Group Grope' Now」から引用した。ベゾスの話題については、第1章で紹介した文献リストを参考にしてほしい。夫のブルースは2013年末にベゾスと会った際に、アジャイルなリーダーシップについて直接、意見交換している。

2013年にアメリカの企業500社を対象に、失敗に対する調査を行ったのは、アメリカ経営者協会（AMA）である。www.amanet.org/news/9206.aspx

WD-40の開発秘話については、以下の3つの資料にあたった。『フォーブス』誌（2011年6月27日）Nicole Skibora「Leadership Lessons from WD-40's CEO, Garry Ridge」。『ファスト・カンパニー』誌（2012年8月20日）Ken and Scott Blanchard「To Encourage Innovation, Eradicate Blame」。ThoughtYouShouldSeeThis.com（2011年9月22日）Helen Walters「Three Innovation Lessons from WD-40」。

スナップタックスの開発物語については、「Leadership in the Agile Age」を参照のこと。www.network.intuit.com/2011/04/20/leadership-in-the-agile-age（2017年2月現在、アクセスできない）。また、『インク』誌のMichael Hopkinsによるシリーズ「America's 25 Most Fascinating Entrepreneurs」で、スコット・クックを取り上げた特集記事（2004年4月）が役に立った。

ラタン・タタの「失敗アイデア大賞」については、HBR.orgブログ（2011年4月11日）Rita McGrath「Failure Is a Gold Mine for India's Tata」をもとにしている。

リーダーシップ4つの「A」②アクセシブル（Accessible）——リーダーにすぐアクセスできる

ジェフ・イメルトとコリン・パウエルの「ドリームフォース2012」トークショーは、www.salesforce.com/blog/2012/09/gen-colin-powell-and-ges-jeff-immelt-talk-about-leadership-and-the-economy.htmlで閲覧可能。CEOの社交性に関するウェーバー・シャンドウィックの調査は、「The Social CEO:Executives Tell All」（2013年1月15日）。

バラク・オバマの話題は、以下を参照されたい。『ガーディアン』紙（2009年1月21日）

「How LEGO Revived Its Brand」、『ニューヨーク・タイムズ』紙（2014年2月14日）Gregory Schmidt「Lego Builds and Empire, Brick by Brick」、及びウォートンスクールの「Innovation Almost Bankrupted LEGO」http://knowledge.wharton.upenn.edu/article/innovation-almost-bankrupted-lego-until-it-rebuilt-with-a-better-blueprint/ を参考にした。

ホワイトボード6か条⑤大きく夢見て、小さく成果を積み上げる

ファルハド・マンジューが書いたアメリカン・ジャイアントの記事は、Slate.com（2012年12月4日）「This Is the Greatest Hoodie Ever Made」、Slate.com（2013年3月21日）「The only problem with the Greatest Hoodie Ever Made」のふたつ。その他にも、NPR「*Marketplace*」（2013年3月26日）Kai Ryssdal「Could Being Named the 'Best Ever' Be Bad?」と、BBC.co.uk（2013年3月10日）Kate Dailey「American Giant」を参考にした。

「ブラックボックス」のスタートアップゲノム計画の詳細については、「ペンを諦める」で紹介した参考文献を参照のこと。マーク・チャンの水牛の話は、「Digital News Asia」(2013年5月）のインタビュー記事から引用した。また、ミゲル・アンヘル・ダビラについては、本人から直接聞いた話をもとにするとともに、Dan Isenberg著『*Worthless,Impossible,and Stupid*』（2013年）も参考にしている。

ホワイトボード6か条⑥1度にひと口ずつ、象を食べる

サバイバルに興味のある方には、ベン・シャーウッド著『サバイバーズ・クラブ』（講談社インターナショナル、2010年）をぜひおすすめしたい。

第6章　失敗を糧に進化するチームをつくるために

リーダーシップ4つの「A」①アジャイル（Agile）――アイデアを下から上へ

アジャイルの歴史については、夫のブルース・ファイラーがTEDでプレゼンテーション「*The Secrets of Happy Families*」（2013年）を行うために集めた資料を参考にした。ブルースはそのプレゼンテーションのなかで、「よかれ悪しかれ、我が家ではどのようにしてアジャイル手法を取り入れたのか」について、いろいろな例を紹介している。TEDのプレゼン動画は次のURLで視聴できる（聴衆のなかに、わたしの姿も見えるだろう）。www.ted.com/

『*The Great Clowns of American Television*』（2002年）、『ピープル』誌（1991年2月18日）Susan Schindehette「The Real Story of Desi and Lucy」が役に立った。

ホワイトボード6か条③ミノベートする

「ミノベート」という言葉をつくり出したのは、ダン・アイゼンバーグであり、Dan Isenberg著『*Worthless,Impossible,and Stupid*』（2013年）が初出である。

ゴア社については、以下を参考にした。『インク』誌（1982年8月1日）Lucian Rhodes「The Unmanager」。リチャード・L・ダフト著『組織の経営学――戦略と意思決定を支える』（ダイヤモンド社、2002年）。『ファスト・カンパニー』誌（2012年10月29日）Robert Safian「Terri Kelly, the 'Un-CEO' of W.L.Gore,on How to Deal with Chaos」。『ファスト・カンパニー』誌（2004年12月）Alan Deutschman「The Fabric of Creativity」。『*HR Insights*』（2012年7・8月）「Gore:Success with Simplicity」。ゴア社のウェブサイトでは、同社のすばらしい「ヒストリー」を紹介している。https://www.gore.com/about/the-gore-story/timeline

クリネックスの話題は、Robert Spector and William Wickes著『*Shared Values*』（1997年）と、『Freeman』誌（2005年12月1日）Burton W. Folsom「From Kleenex to Zippers」を参考にした。

バービー人形については、エミリー・ロスとアンガス・ホランド共著『100 Inc.』と、M.G.Lord著『*Forever Barbie*』（2004年）をもとにしている。

ホワイトボード6か条④ペンを諦める

カリフォルニアのアクセラレーター「ブラックボックス」は、2011年にふたつの報告書を発表した。Max Marmer,Bjoern Herrmann, Ertan Dogrultan,and Ron Berman「Startup Genome Report」及び「Startup Genome Report Extra on Premature Scaling」である。他にも、『ファスト・カンパニー』誌（20011年8月29日）Austin Carr「Black box's Startup Genome Compass Uses Science to Crack the 'Innovation Code'」も参考にした。

ジョブズのエピソードは、アイザックソン著『スティーブ・ジョブズ』及びアイザックソンが『ハーバード・ビジネス・レビュー』（2012年4月）に寄稿した「The Real Leadership Lessons of Steve Jobs」をもとにした。ソニーの話題については『ニューヨーク・タイムズ』紙（2012年4月14日）Hiroko Tabuchi「How the Tech Parade Passed Sony By」を参考にしている。

レゴの箇所は、『ブルームバーグ・ビジネスウィーク』誌（2010年7月23日）Jay Greene

第5章　成長のために何を行い、何を諦めるべきか?

本章で紹介する教訓は、長年に及ぶエンデバーの選考プロセスと、アントレプレナーに対する支援から導き出した。本章で紹介する6か条が役に立つことは、エンデバーのリサーチチームが行った最近の調査によって、定量的、定性的に証明されている。

ヘンリー・フォードの物語については、以下の文献をもとにした。Douglas Brinkley著『*Wheels for the World*』(2004年)。Michael Blowfield and Leon Johnson著『*Turnaround Challenge*』(2013年)。Thomas P.Hughes著『*American Genesis*』(2004年)。『ポピュラーメカニクス』誌(2008年9月25日)Lindsay Brook「Top 10 Ford Model T Tech Innovations that Matter 100 Years Later」。

ホワイトボード6か条①ドアを閉める

リキッドペーパーの開発物語については、Catherin Thimmesh著『*Girls Thinks of Everything*』(2000年)と、エミリー・ロスとアンガス・ホランド共著『100 Inc.』を参考にした。フィル・ナイトとナイキについてもっと詳しく知りたい方には、以下をおすすめする。J.B.Strasser『*Swoosh*』(1993年)。『ファスト・カンパニー』誌(2007年7月18日)Chuck Salter「Innovation :Phil Knight's 'Not Exactly Textbook' Moves」。『ハーバード・ビジネス・レビュー』誌(1992年7月)Geraldine Willigan「High-Performance Marketing: An Interview with Nike's Phil Knight」。スウッシュに対するナイトの感想は、『デイリー・メール』紙(2011年6月16日)Brian Clarke Howard「I Never Get Tired of Looking at It」をもとにした。

ホワイトボード6か条②義理の母をクビにする

ホワイトボードの第2条については、おもに以下の3つの調査を参考にした。まずはエンデバーが入念に行った調査、次にファミリー企業の統計を扱ったバーモント大学の調査(www.uvm.edu/business/vfbi/?Page=facts.html、2017年2月現在、アクセスできない)、そしてFamily Firm Instituteの調査(www.ffi.org/?page-globaldatapoints)である。

オプラによるアッシャーのインタビューはユーチューブで観ることが可能。ルシル・ボールとデジ・アーナズについては、おもにThaddeus Wawro著『*Radicals and Visionaries*』(2000年)を参考にした。その他にも、Kathleen Brady著『*Lucille*』(2001年)、Karin Adir著ランス・アームストロングについては、さまざまなメディアで報道されたが、寄付金の減少とリブストロングの広報責任者の話は、『ハリウッド・リポーター』（2013年7月25日）Eriq Gardner「Livestrong Struggles After Lance Armstrong's Fall」をもとにした。

タイプ別診断③「トランスフォーマー」——変化を起こす触媒

ハーブ・ケレハーのエピソードについては数多くの文献にあたった。とりわけ、ケビン・フライバーグとジャッキー・フライバーグ共著『破天荒!——サウスウエスト航空—驚愕の経営』(日経BP社、1997年)が役に立った。それ以外にも、以下の4つの文献にあたった。『フォーチュン』誌（2013年1月14日）Jennifer Reingold「Southwest's Herb Kelleher」。『ワイアード』誌（2008年7月）Joe Brancatelli「Southwest Airlines' Seven Secrets for Success」。CNBC.com（2013年1月24日）「'Never Say Never' on Bag Fees」。そしてTopaz Internationalの調査「Is Southwest Airlines Always the Least Expensive?」である。

バーツビーズの物語については、以下の資料を参考にした。『ニューヨーク・タイムズ』紙（2008年1月6日）Louise Story「Can Burt's Bees Turn Clorox Green」。『エスクァイア』誌（2013年9月13日）Jonathan Evans「Burt of Burt's Bees Is Living in a Turkey Coop」。『インク』誌（2004年1月1日）Roxanne Quimby with Susan Donovan「How I Did It」。ブリガムヤング大学によるケーススタディについては、次のURLで読むことが可能。emp.byui.edu/nygrenm/B283/Roxanne%20Quimby%20Case.pdf。クロロックスによるバーツビーズ買収を非難する誓願をChange.orgに行ったのはDanise Lepardであり、タイトルは「Clorox,Make Burt's Bees Products Like They Were! Keep It HONEST!」。

ベン&ジェリーの箇所は、2004年版「Social and Environmental Assessment」をもとにした。www.lickglobalwarming.org/company/sear/2004/sea_2004.pdf（2017年2月現在、アクセスできない）

タイプ別診断④「ロケット」——あらゆる面を改善しつづけるアナリスト

ベゾスの文献については、第1章を参照のこと。ビル・ゲイツについてはHarold Evans、Gil Buckland,David Lefer共著『*They Made America*』（2006年）を参考にした。ビル・アンド・メリンダ・ゲイツ財団の年次報告書と、助成金の支出先を決める方法については、www.gatesfoundation.org/How-We-Work/General-Information/Our-Approach-to-Measurement-and-Evaluation/Evaluation-Policyを参照されたい。

たって粘り強く分析と改良とを繰り返し、磨きをかけてくれた。わたしたちが開発した自己評価テストを、エンデバーの数百人ものアントレプレナーに受けてもらい、それぞれ自分のタイプを認識してもらったものの、各タイプの例としてあげた著名人は、そのテストを受けてはいない。従って、各タイプ分けは、あくまでも彼ら著名人のキャリアと評判に対する、わたし独自の評価に基づいたものである。

マイヤーズ=ブリッグズ・タイプ指標（MBTI）については、『ワシントン・ポスト』紙（2012年12月14日）Lillian Cunningham「Does It Pay to Know Your Type?」を参考にした。また、マイヤーズ=ブリッグズ財団（www.myersbriggs.org）、MBTIの管理会社CPP（www.cpp.com）、Mary McCaulley「The Story of Isabel Briggs Myers」（1980年7月）www.capt.org/mbti-assessment/isabel-myers.htmの3つのサイトにもあたった。さらにゲーリー・チャップマンのベストセラー『愛を伝える5つの方法』（いのちのことば社、2007年）と、Anthony Tjan著『*Hearts,Smarts,Guts and Luck*』（2012年）も参考にしている。

タイプ別診断①「ダイヤモンド」——人々の想像力をかき立てるビジョナリー

テスラモーターズの話については、『ニューヨーカー』誌（2009年8月）掲載のTad Friendの記事「Plugged In」と、Buxinessweek.com（2012年9月13日）にAshlee Vanceが投稿した「Elon Musk,the 21st Century Industrialist」を参考にした。イーロン・マスクが1か月ものあいだ個人攻撃した『ニューヨーク・タイムズ』紙の記者はJohn Broderであり、その記事とは「Stalled Out on Tesla's Electric Highway」（2013年2月8日）である。それ以外にも、『フォーチュン』誌（2013年12月）Chris Anderson「The shared genius of Elon Musk and Steve Jobs」もおすすめしたい。スティーブ・ジョブズの現実歪曲フィールドについて語ったのは、アップルの元エンジニア、アンディ・ハーツフェルドである。www.folklore.org/StoryView.py?story=Reality_Distortion_Field.txtを参照のこと。ジョナサン・アイブの引用は、アイザックソン著『スティーブ・ジョブズ』から。

タイプ別診断②「スター」——カリスマ性たっぷりの流行仕掛人

ウルフギャング・パックの成功物語は、おもにエミリー・ロスとアンガス・ホランド共著『100 Inc.』を参考にした。その他にも、以下の資料を参考にした。『フォーチュン』誌（2013年11月20日）Dinah Eng「Wolfgang Puck's Dining Revolution」。『インク』誌（2009年10月）のLiz Welchのインタビュー。*JustLuxe*（2012年2月）「Meet the Chef」。BrandChannel.com（2003年2月3日）Randall Frost「Wolfgang Puck:Recipe for Success」。

for an Apology Cease-Fire」、及びDov Seidman著『*How*』(2007年)を参考にした。

戦術④「O」——ルーツに戻って失ったものを取り戻す(Once upon a time)

経営史家のアルフレッド・チャンドラー・Jr.の言葉は、『ハーバード・ビジネス・レビュー』誌(2012年12月)John Seaman, Jr.,and George David Smith「Your Company's History as a Leadership Tool」から引用した。ハワード・シュルツの復帰劇については、以下の文献をあたった。ハワード・シュルツ著『スターバックス成功物語』(日経BP社、1998年)、『スターバックス再生物語——つながりを育む経営』(徳間書店、2011年)、HBR.orgのAdi Ignatius「Howard Schultz on Starbucks' Turnaroud」(2010年6月)である。シュルツの有名なバレンタインデーのメモについては、『ウォール・ストリート・ジャーナル』紙のサイトで見ることが可能。https://www.wsj.com/articles/SB117234084129218452。2012年11月に『ハーバード・ビジネス・レビュー』誌の19周年を祝う席で、わたしはハワード・シュルツ及びアンジェラ・アーレンツに対する、アディ・イグナチウスのインタビューを直接聞いた。

アーレンツについては、他にも以下の4つの文献をもとにした。『ハーバード・ビジネス・レビュー』誌(2013年1・2月)「Burberry's CEO on Turning an Aging British Icon into a Global Luxury Brand」。『ガーディアン』紙(2013年6月15日)Rupert Neate「How an American Woman Rescued Burberry, a Classic British Label」。『ファスト・カンパニー』誌(2014年2月)Jeff Chu「Can Apple's Angela Ahrendts Spark a Retail Revolution?」。『インク』誌(2013年10月16日)Jill Krasny「Why Apple Poached Burberry's CEO」。

戦術⑤「S」——変化(Shift)は起きるものとして行動する

新興市場のビジネス状況について調査を行ったのは、Mauro Guillen and Esteban Garcia-Canalである。『ハーバード・ビジネス・レビュー』誌(2012年10月)「Execution as Strategy」と著書の『*The New Multinationals*』(2011年)を参照されたい。

第4章　自分を知らずに成功はつかめない

第4章では、エンデバーが10年にわたる調査の結果、見つけ出した4つのタイプを紹介する。ベイン・アンド・カンパニーのパートナー、とりわけクリス・ビアリー、ビッキー・タム、エリック・アルムクイスト、ポール・マルコヴィッツには感謝を申し上げる。彼らは数年にわ

ナ・アヴィヴは、Independent Sectorの理事兼CEOである。アヴィヴの引用については、『ニューヨーク・タイムズ』紙（2011年3月1日）に掲載された、Catherine Rampellの記事「More College Graduates Take Public Service Jobs」を参照のこと。アメリコーとティーチ・フォー・アメリカの応募者数も、この同じ記事をもとにしている。

J・K・ローリングのエピソードはいろいろな書籍で明らかだが、ローリングは、2008年にハーバード大学の卒業式に招かれ、スピーチで自分自身について詳しく語っている。HarvardMagazine.comで読むことができる。それ以外には『ニューヨーカー』誌（2012年10月1日）Ian Parker「Mugglemarch」とローリングのウェブサイトを参考にして、『ハリー・ポッター』シリーズ誕生の逸話について調べた。

戦術③「A」――誠実な態度で失敗を認める（Admit）

L.L.Beanの物語は、エミリー・ロスとアンガス・ホランド共著『100 Inc.』（エクスナレッジ、2007年）、『ボストン・グローブ・マガジン』誌（1981年12月27日）M. R. Montgomery「The Marketing Magic of L.L.Bean」、『アントレプレナー』誌（2008年10月10日）「Leon L.Bean」の以上3つの資料をもとにした。

ボノボスのサイバー・マンデーの箇所は、次の資料を活用した。『インク』誌（2012年6月28日）Andy Dunn「Bonobos Founder」、ロイター（2011年12月21日）Alystair Barr「Bonobos Caught with Pants Down on Top Shopping Day」、Q&Aサイト「クオーラ」のJon Schlossbergの投稿「Why Did Bonobos Have Such an Epic Fail on Cyber Monday 2011?」（2011年11月29日）である。ユーザーからのフェイスブックのコメントは、2011年11月30日にボノボスのプロフィールページに投稿された。

ネットフリックスのリード・ヘイスティングの話を書くために、おもに同社のブログを活用した。「Netflix Introduces New Plans and Announces Price Changes」（2011年7月12日）、「An Explanation and Some Reflections」（2011年9月18日）、「DVDs Will Be Staying at Netflix.com」（2011年10月10日）。ジェイムズ・スチュワートに語った内容については、以下のふたつの『ニューヨーク・タイムズ』紙のコラムを参考にした。「In 2013:Rebounds, Traders and Rights」（2013年12月27日）、「Netflix Looks Back on Its Near-Death Spiral」（2013年4月26日）。

2014年初めに、わたしは「謝罪ウォッチ」についてドブ・サイドマンから直接話を聞いていた。その他にも、『ニューヨーク・タイムズ』紙（2014年2月3日）のふたつの記事、Andrew Ross Sorkin「Too Many Sorry Excuses for Apology」とDov Seidman「Calling

したCNNの記者は、ベン・ウェイドマンである。ベイオレックについてはエンデバー独自の情報に加えて、Chris Schroederの名著『*Startup Rising*』（2013年）にあたった。

マリアン・クロークの話は、『ファスト・カンパニー』誌（2013年10月）Sarah Kessler「The Surprising Link Between 'American Idol' and Text-to-Donate Fundraising」及び、クロークにインタビューしたTheDailyBeast.com（2013年10月28日）の「Helping Disaster Victims with One Simple Text」をもとにしている。

ヴーヴ・クリコについては、ティラー・J・マッツエオ著『シャンパーニュの帝国――ヴーヴ・クリコという女の物語』（中央公論新社、2012年）を参考にした。不安定な状況と逆境がいかに起業家精神を刺激するかについては、Dan Senor and Saul Singer共著『*Startup Nation*』（2009年）をおすすめする。

戦術②「H」――貪欲さに磨きをかけて、熊《ベア》をハグ（Hug）する

ウォーレン・バフェットの引用は、『ニューヨーク・タイムズ』紙（2008年10月16日）の論説「Buy American.I Am」をもとにした。カウフマン財団の調査は、Dane Stanglerの「The Economic Future Just Happened」（2009年6月9日）を、同じく1996年以降に創業した企業数の調査は、「Kauffman Index of Entrepreneurial Activity」を参考にした。http://www.kauffman.org/microsites/kauffman-index/reports/startup-activity

本書では、ジム・コリンズの著書をおおいに参考にさせてもらった。ジェリー・I・ポラスとの共著『ビジョナリー・カンパニー――時代を超える生存の原則』（1995年）、ジム・コリンズ著『ビジョナリー・カンパニー2――飛躍の原則』（2001年）、及びモートン・ハンセンとの共著『ビジョナリー・カンパニー4――自分の意志で偉大になる』（2012年、以上、日経BP社）の3冊である。本章で紹介したコリンズの引用は、CNN.com（2002年2月4日）のAllan Cohen「Forget the Recession. The Right Time to Start a Business Is Anytime You Have a Great Idea」をもとにした。

ギリシャの経済状況については、エンデバー・ギリシャとHaris Makryniotisが刊行したすばらしい報告書『*Entrepreneurship and Investment Opportunities in Greece Today*』（2013年10月）を参考にしている。その他にも『ニューヨーク・タイムズ』紙（2014年3月24日）Niki Kitsantonis「With Start-ups,Greeks Make Recovery Their Own Business」が役に立った。

ジョンズ・ホプキンス大学の調査については、Lester Salamon, S.Wojciech Sokolowski, and Stephanie Gellerによる「Holding the Fort」（2012年1月）を参照されたい。ダイア

Could Change Everything」、「Crowdsourcing Happiness」www.cocacola.com、IdeaBounty.comにDaniel Nevilleが寄稿した「Croudsourcing Beer-the Samuel Adams Crowd Craft Project」が役に立った。

スマートなリスクテイク戦略④ストーキング技術を発揮する

サム・ウォルトンのストーキングの話は、『私のウォルマート商法』に詳しい。競合をストーキングするべきだと説く、リンクトインのキャリアアドバイザーの話は、『フォーブス』誌（2013年1月22日）にMeghan Casserlyが寄稿した記事「Stalking Competitors（and Nine More Things Entrepreneurs Screw Up on LinkedIn）」を参照されたい。ポスト・イットの話は、『*3M, A Century of Innovation*』（2002年）と、CNN.com（2013年4月4日）Nick Glass and Tim Hume「'The Hallelujah Moment' Behind the Invention of the Post-it Note」が役に立った。

エスティ ローダーのエピソードは、彼女の回想録である『*Estee*』（1985年）、Harold Evans, Gil Buckland and David Lefer『*They Made America*』（2006年）、「*HBS Working Knowledge*」（2000年10月30日）Nancy Koehn「Building a Powerful Prestige Brand」を参考にした。

第3章　チャンスは「カオス」のなかに

ウォルト・ディズニーの逸話については、ニール・ガブラー著『創造の狂気 ウォルト・ディズニー』（ダイヤモンド社、2007年）をおもに参考にした。他にもTimothy S. Susanin著『*Walt Before Mickey*』（2011年）とDaniel Gross著『*Forbes Greatest Business Stories of All Time*』（1997年）が役に立った。

戦術①「C」——逆境から逃げずに敵にシャンパン（Champagne）を

カリ・ライトナーの話は、MADDのウェブサイトを参照のこと。マイケル・J・フォックスについては、次のふたつの回想録『ラッキーマン』（ソフトバンク クリエイティブ、2005年）『いつも上を向いて——超楽観主義者の冒険』（同上、2010年）を参考にした。ペトラ・ネムコバの体験談は、『ヴァニティ・フェア』誌（2005年5月）Leslie Bennetts「Petra's Story」に詳しい。

カイロの混雑ぶりについては、ドキュメンタリー『*Cairo Drive*』を参考にした。ツィートもとにした。

ケーキラブ（CakeLove）についてはおもに、ケーキラブのウェブサイトとビデオポッドキャストで、ウォーレン・ブラウン自身が語った物語を参考にした。その他にも、『インク』誌（2005年4月）Patrick Cliff「Warren Brown,Cake Love and Love Café」、『ワシントン・シティ・ペーパー』紙（2005年11月）Mike DeBonis「The Butter Business Bureau」、『*Escape from Cubicle Nation*』（2011年）のなかの「From Lawyer to Baker」が役に立った。

スマートなリスクテイク戦略②友だちの意見でアイデアを試してはいけない

メルとパトリシアのジグラー夫妻の物語は『*Wild Company*』（2012年）と、『フォーブス』誌（2013年6月24日）Adam Wren「How One Couple Turned $1,500 into a Billion-Dollar Global Brand」をもとにした。メイデン・プリザーブズの話は『ニューヨーク』誌（2012年4月15日）Benjamin Wallace「The Twee Party」を参考にした。バブソン大学とIPADAビジネススクールの共同調査は、『ハーバード・ビジネス・レビュー』誌（2013年5月）にVincent Onyemah、Martha Rivera Pesquera、Abdul Aliの3人が寄稿した論文「What Entrepreneurs Get Wrong」を参照のこと。

スマートなリスクテイク戦略③クラウドに従う

キックスターターの話は、次の資料をもとにした。『ニューヨーク・タイムズ』紙（2013年5月30日）Perry Chen and Theaster Gates「In Conversation」。GigaOm.com（2012年5月22日）Om Malik「Kickstarted」。『ファスト・カンパニー』誌（2013年4月）Max Chafkin「True to Its Roots」。『ニューヨーク・タイムズ』紙（2011年8月5日）Rob Walker「The Trivialities and Transcendence of Kickstarter」。『ボストン・グローブ』紙（2013年4月9日）Beth Teitell「Kickstarter Boosts Funding and Angst」。ペリー・チェンの「TEDxTripoli」と「Do Lectures」の動画は、ユーチューブで視聴できる。アニンジャ・ゴーシェの引用は、『*PC World*』誌（2013年9月26日）Robert Strohmeyerの記事「The Crowd-funding Caveat」を参考にした。

Do Good Busについては、StartSomeGood.comが役に立った。ゼネラル・エレクトリックとクワーキーとの連携については、GEのCMOベス・コムストックに直接訊ねるとともに、『ブルームバーグ・ビジネスウィーク』誌（20013年11月）Joshua Brustein「Why GE Sees Big Things in Quirky's Little Inventions」を参考にした。社内のクラウドソーシングについては、『タイム』誌（2014年1月）Vicror Luckerson「This New Kind of Kickstarter

so-you-can-get-work

マーガレット・ラドキンの物語は、Anthony Mayo and Nitin Nohria共著『*In Their Time*』（2005年）を参照のこと。最後に『ハーバード・ビジネス・レビュー』誌（1997年7月）に、ビル・ソーマンが寄稿した論文「How to Write a Great Business Plan」を強くおすすめする。

第2章　リスクには「正しい取り方」がある

サラ・ブレイクリーのエピソードについては、『フォーブス』誌の専属ライターClare O'Connorが書いた次の記事を活用した。「Undercover Billionaire」（2012年3月7日）及び「How Spanx Became a Billion-Dollar Business Without Advertising」（2012年3月12日）である。また『ブルームバーグ・ビジネスウィーク』誌（2007年11月21日）Stacy Perman「How Failure Molded Spanx's Founder」も参考にした。サラ・ブレイクリーは、『インク』誌が2012年1月に開催したWomen's Summitに出席している（インクのサイトで動画を観ることが可能）。また自分の成功物語を、『インク』誌のリズ・ウェルチのインタビュー（2014年2月）でも語っている。

スマートなリスクテイク戦略①全財産を賭けるな

レイ・クロックの言葉は、マイケル・マスターソン著『臆病者のための科学的起業法——起業の超プロが実践する絶対に失敗しないための10の技術』（ダイレクト出版、2013年）をはじめ、さまざまな文献で紹介されてきた。

リスクを負う方法については、エンデバーが行った独自の調査に加えて、2013年の「インク500」の調査結果もおおいに活用した。詳細については次のURLを参照されたい（www.inc.com/magazine/201309/numbers-from-inc.500-companies-first-year.html）。その他にもエリック・リース著『リーン・スタートアップ』、リード・ホフマンとベン・カスノーカ共著『スタートアップ！——シリコンバレー流成功する自己実現の秘訣』（ともに日経BP社）を参考にした。ザッポスの創業者ニック・スインマーンの話は、BBCのインタビュー（2010年6月）と、『フォーチュン』誌（2012年9月5日）Dinah Eng「Zappos' Silent Founder」を参照のこと。

MTVトップ・セレクションの話は、『ハーバード・ビジネス・レビュー』誌（2013年3月）Paddy Miller and Thomas Wedell-Wedellsborg「The Case for Stealth Innovation」を

(2006年)も参考にした。「決定的で、かつ不名誉な失敗に終わるに違いない」の箇所は、『ニューヨーク・ヘラルド』紙(1879年4月27日)から引用した。「電球を灯すと家のなかが青白く見え」という表現は、『*Gaillard's Medical Journal,vol.36*』(1883年)に掲載された。

サム・ウォルトンが、新しいディスカウントストアであるウォルマートの創業を考えていたときの話は、サム・ウォルトン著『私のウォルマート商法』を参考にした。Xboxの開発物語については、『ワイアード』誌(2011年11月)Jeffrey O'Brien「The Making of the Xbox」と、VG247.com(2011年8月)Patrick Garrat「The Xbox Story」を参照のこと。レイモンド・ダマディアンのMRI開発を「無謀」と呼んだ同僚は、ジョンズ・ホプキンス大学病院の磁気共鳴の専門家ドナルド・ホリスである。その話は上述した『*They Made America*』で触れている。Nuts.comのジェフリー・ブレイバーマンの逸話は、『ニューヨーク・タイムズ』紙(2012年4月18日)Ian Mount「Forsaking Investment Banking to Turn Around a Family Business」を参考にした。

ニッコロ・マキャベリの箇所は、社会起業家のバイブルであるデービッド・ボーンステイン著『世界を変える人たち——社会起業家たちの勇気とアイデアの力』(ダイヤモンド社、2007年)から引用した。

計画を終わりにして、行動を起こそう

事業計画について、エンデバーでは入念な調査を行っている。また本書の執筆にあたっては、Babson Collage Entrepreneurship Research Conference(2005)で、Julian Langeその他が行った講演「Do Business Plans Make No Difference in the Real World?」を参考にした。『インク』誌が2002年に実施した調査は、そのときの講演で引用されたものである。インテルの事業計画については、次のURLを参照のこと。www.businessinsider.com/intel-business-plan-from-1968-2012-12

ファイザーのジョーダン・コーエンの引用は、以下の資料を参考にした。『ファスト・カンパニー』誌(2008年2月)Arianne Cohen「Scuttling Scut Work」。『ブルームバーグ・ビジネスウィーク』誌(2009年3月)Jena McGregor「Outsourcing Tasks Instead of Jobs」。HBR.org(2010年7月)Ron Ahskenas「How to Give Time Back to Your Team」。『ハーバード・ビジネス・レビュー』誌(2013年3月)Paddy Miller and Thomas Wedell-Wedellsborg「The Case for Stealth Innovation」。及びジョーダン・コーエン自身の報告も参考にした。www.managementexchange.com/story/getting-rid-busy-work-

ザンヌ・セングルマンに直接インタビューするとともに、いろいろな二次資料にもあたった。とりわけ役に立った文献は以下の通り。『ハーバード・ビジネス・レビュー』誌（2012年3月）Leonard Schlesinger, Charles Kiefer, and Paul Brown「New Project? Don't Analyze-Act」、Danna Greenberg, Kate McKone-Sweet,and H.James Wilson共著『*The New Entrepreneurial Leader*』（2011年）、あるいは『ニューヨーク・タイムズ』紙（2008年3月26日）Felicity Barringer「Clorox Courts Sierra Club, and a Product Is Endorsed」。

アーマー・シャディの話は、Milken Institute Grobal Conference2012のトークショーで、シャディが話した内容をもとにしている。

わたしが起業するまで——否定の嵐のなか、心理的な「壁」をいかに乗り越えたか

まずは「起業家精神」という言葉について。1990年代、わたしが初めてラテンアメリカの地を訪れた頃、英語（とフランス語）の「アントレプレナー」に相当するスペイン語とポルトガル語はなかった。エンデバーの数百人のアントレプレナーを対象に、ベイン・アンド・カンパニーとともに入念なインタビューを行ったところ、1999年以前に、事業を立ち上げることを「起業家精神（アントレプレナーシップ）」と、また起業家を「アントレプレナー」と、結びつけて考えていた者は皆無に近かった。このふたつの言葉を紹介して世間に広めることが、エンデバーの重要な使命のひとつだった。

2000年代初め、世間でよく使われている『ポルトガル語-ブラジル語辞典』の編集者から、わたしのもとに連絡が入った。エンデバーの活動にヒントを得て、アントレプレナーを意味する「エンプレンデドル（*empreendedor*）」と、起業家精神を意味する「エンプレンデドリスモ（*enpreendedorismo*）」という、ふたつの言葉を辞典に加えたいという。それはちょうど、スペイン語の「*emprendedor*」と「*enpredendurismo*」という言葉が、広く使われはじめた時期でもあった。エンデバーのアントレプレナーに、メディアの注目が集まったせいでもある（スペイン語の「*emprededor*」はすでに、クリストファー・コロンブスのような探検家を指す言葉として使われ、数人のメキシコ人ブロガーによって広まっていた）。

愚かな炎を煽る——エジソンに学ぶクレイジーのすすめ

トーマス・エジソンについては、おもに次の文献を活用した。Ira Flatow著『*They All Laughed*』（1993年）、Ernest Freeberg著『*The Age of Edison*』（2003年）、Landall Stross著『*The Wizard of Menlo Park*』（2008年）、Jill Jonnes著『*Empires of Light*』（2003年）。またHarold Evans, Gail Buckland and David Lefer共著『*They Made America*』

エリック・リース著『リーン・スタートアップ――ムダのない起業プロセスでイノベーションを生みだす』（日経BP社、2012年）、クリス・ギレボー著『1万円起業――片手間で始めてじゅうぶんな収入を稼ぐ方法』（飛鳥新社、2013年）、リード・ホフマン、ベン・カスノーカ共著『スタートアップ!――シリコンバレー流成功する自己実現の秘訣』（日経BP社、2012年）の3冊である。女性が働くことの意味については、キャサリン・グラハム著『キャサリン・グラハム――わが人生』（ティービーエスブリタニカ、1997年）、Tina Fey著『*Bossypants*』（2013年）、シェリル・サンドバーグ『LEAN IN（リーン・イン）――女性、仕事、リーダーへの意欲』（日本経済新聞出版社、2013年）をおすすめしたい。

あなたのなかの"小さなレイラ"へ

本書執筆にあたっては、Julia Child, Simone Beck, and Louisette Bertholle著『*Mastering the Art of French Cooking*』に、おおいにヒントを得た。

第1章　どうやって「最初の1歩」を刻めばいいのか?

ウェンセス・カサレスとは、長年にわたって数えきれないくらい多くの会話を交わしてきた。アルゼンチン流バーベキューの"アサード"にも招いてくれ、親切にも、わたし用にベジタリアンメニューを用意してくれたことは嬉しかった!　カサレスはマスコミに登場する機会も多く、この章で紹介する彼の発言は、『ウォール・ストリート・ジャーナル』紙（2013年6月14日）掲載「Teach Your Children to Be Doers」から引用した。Sara Lacy著『*Brilliant, Crazy, Cocky*』（2011年）も参考にした。

ベゾスの「デイ・ワン」と起業家の「公式」

本書の各所で紹介するジェフ・ベゾスのエピソードは、次のような文献をあたった。ブラッド・ストーン著『ジェフ・ベゾス――果てなき野望』（日経BP社、2014年）、リチャード・ブラント著『ワンクリック――ジェフ・ベゾス率いるAMAZONの隆盛』（日経BP社、2012年）、『ファスト・カンパニー』誌（2004年8月）Alan Deutschman「Inside the Mind of Jeff Bezos」。ワシントンDCにあるThe Academy of Achievemnt によるインタビュー（2001年5月4日）は、次のサイトで視聴可能。http://www.achievement.org/achiever/jeffrey-p-bezos/#interview

クロロックス社のグリーンワークスの開発物語については、メアリー・ジョー・クックとス

を参考にした。

ロッキードのスカンク・ワークスについては、ベン・リッチ著『ステルス戦闘機——スカンク・ワークスの秘密』（講談社、1997年）が参考になる。その他の事例については、『ハーバード・ビジネス・レビュー』誌（2012年9月）に掲載された、Scott D. Anthonyの論文「The New Corporate Garage」と、同じく『ハーバード・ビジネス・レビュー』誌（2013年3月）掲載のPaddy Miller and Thomas Wedell-Wedellsborgの論文「The Case for Stealth Innovation」を参考にした。

タイプ3：ドルフィン——非営利組織

わたしとウェンディ・コップは1989年から会話を交わすようになり、今でも親交が続いている。2012年にウェンディがダートマス大学で行った卒業式のスピーチは、ユーチューブで視聴でき、ティーチ・フォー・アメリカ創設時の物語についてよくわかる。ビル・ドレイトンは、わたしがアショカで働いていたときの上司であり、今でも仲のいい友人である。本章でわたしが紹介した引用は、『*Christian Science Monitor*』紙（2011年5月16日）に掲載された、Gregory Lambによるインタビューをもとにしている。

タイプ4：バタフライ——フリーランス

ほとんど給料を受け取っていないか、無給の従業員を抱える企業の最新データは、国勢調査局のサイトで調べられる。自営業者の統計は、MBO Partnersが行った2013年9月の調査「The State of Independence in America」を参考にした。2020年の自営業者の数は、International Data Corporationの調査をもとにした。これについては、ダニエル・ピンク著『人を動かす、新たな3原則——売らないセールスで、誰もが成功する!』（講談社、2016年）にも引用されている。「俺はビジネスマンじゃないぜ、俺がビジネスだ、マン」という歌詞は、カニエ・ウエストの『ダイヤモンドは永遠に』のなかで、ジェイ・Zが歌った。

チョウの種類は『*Encyclopedia Smithsonian*』を参考にした。バタフライ効果という言葉は、ワシントンDCに事務局を置く米国科学振興協会で、1972年12月29日に、気象学者のエドワード・ローレンツが行った「予測可能性：ブラジルで1匹のチョウが羽ばたきをすると、テキサスで竜巻を引き起こすか?」という講演タイトルに由来する。

本書の構成——唯一無二の3ステップ

以上で述べた文献の他にも、起業家精神をテーマとした最近の名著を紹介しておこう。

のチームメンバーを集めて、「アントレプレナーシップ・ラボ」を結成した。チームが一丸となって1年以上をかけて、100冊以上の書籍や膨大な量の論文、調査報告書、記事を徹底的に調べ上げた。各章で参考にした文献については、以下に詳述する。

はじめに――600社、1000人の起業家《アントレプレナー》から学んだこと

サム・ウォルトンの引用は、『私のウォルマート商法――すべて小さく考えよ』(講談社、2002年)に詳しい。アール・ディクソンのバンドエイド開発物語は、Anthony Rubino著『*Why Didn't I Think of That?*』(2010年)を参考にした。スティーブ・ジョブズとボブ・ノイスの関係については、ウォルター・アイザックソン著『スティーブ・ジョブズ』(講談社、2015年)と、Leslie Berlinによるノイスの伝記『*The Man Behind the Microchip*』(2005年)を参照されたい。

起業家精神は、シリコンバレーやアントレプレナーだけのものではない

「今日、『スタートアップを立ち上げたんだよ』という言葉は、『ロックバンドをやってるんだよ』に代わる表現である」という、アレクシス・オヘイニアンの言葉は、2013年に『インク』誌上でChristine Lagorio- Chafkinのインタビューに答えたもの。

タイプ1:ガゼル――営利組織

「ガゼル」という言葉が初めて登場したのは、Lewis C. Solmon and Alec R. Levenson編『*Labor Markets, Employment Policy, and Job Creation*』(1994年)のなかで、David BirchとJames Medoffが書いた「Gazelle」の章である。もっと最近の研究については Zoltan Acs, William Parsons, and Spencer Tracy「High-Impact Firms:Gazelles Revisited」(2008年)を参照のこと。http://archive.sba.gov/advo/research/rs328tot.pdf

タイプ2:スカンク――企業内

マイケル・デルの話は、わたしがマイケル本人と、デルのCMO(最高マーケティング責任者)カレン・クイントスと直接交わした会話に基づく。企業が業界リーダーの座から転がり落ちる頻度については、2013年のDeloitteの「Shift Index」を参考としていて、これはオンラインでも読むことができる。S&P500にとどまる企業の平均的な年数については、2012年のInnosight報告『Creative Destruction Whips Through Corporate America』

参考文献

本書は、わたしが1997年以来、1000人近いエンデバーのアントレプレナーと直接交わした会話をもとにしている。彼らとは、食事の席で、インタビューで、メンターセッションで会話を交わす機会に恵まれた。それ以外にも、エンデバーのアントレプレナーについて、その経歴や、それぞれが抱える問題、戦略上の変更にまつわる詳細な記録も参考にしている。エンデバーのネットワークに加わるためには、1年に及ぶ調査と選考プロセスを経なければならない。エンデバーがオフィスを構える各国の理事が、まずは志願者を詳細にインタビューする。その後、グローバルチームが、それぞれの志願者について詳しいプロフィールを作成する。そして初めて、志願者は国際選考パネル(ISP)に出席することができる。選考メンバーを務めるCEOや投資家、ビジネス界を代表する頭脳が、3日間をかけて、志願者を徹底的にインタビューして、議論しあい、エンデバーのアントレプレナーとして承認するかどうかを検討する。たいていの場合、司会を務めるのはわたしだ。その審査記録は、アントレプレナーを選ぶ際のプロセスについて、深い洞察をもたらしてくれた。

また、調査部門である「エンデバー・インサイト」とベイン・アンド・カンパニーのチームとが、エンデバーのアントレプレナーを対象に、膨大な調査とフォローアップのインタビューを行っている。その報告書はおおいに役に立った。それは次のサイトで読むことができる。www.endeavor.org/blog/category/research

エンデバーについてさらに詳しく知りたい方には、ハーバードビジネススクールが行った、エンデバーの歴史、経験してきた成長に伴う痛み、そしてエンデバーがもたらしたインパクトのそれぞれについて書かれた3つのケーススタディをお読みになることをお勧めする(https://cb.hbsp.harvard.edu/cbmp/pages/content/cases)。スタンフォード大学経営大学院も、エンデバーのモデルを調査している。gsbapps.stanford.edu/casesを参照されたい。

本書で取り上げた著名なアントレプレナーやビジネスリーダーのなかには、エンデバーのネットワークに属する者も多く、さまざまなイベントに参加しては、わたしが最も必要とするときに個人的なアドバイスをくれた。数えきれないほど多くの会話や電話を通して、わたしが絶望の淵にあるときにも、快く知恵を授けてくれた。謝辞のなかで述べた感謝の意では、まったく充分ではないと感じている。

最後に、最近のアントレプレナーをテーマとした膨大な書籍や、たくさんの二次資料もおおいに参考にした。本書の執筆に取りかかったとき、エンデバーのネットワークに関する詳細な知識に加えて、アントレプレナー分野の膨大な資料を活用するために、エンデバー

［著者］

リンダ・ロッテンバーグ（Linda Rottenberg）

エンデバー（Endeavor）共同創業者兼CEO。

1997年、エンデバーを設立。以来、4万人を超える起業家と面談、審査の末1000人以上の起業家を支援し、その起業家たちが生み出す価値は年間70億ドル、これまでに生み出した雇用は40万人を超える。タイム誌「21世紀のイノベーター100人」、U.S. News誌「アメリカのベストリーダー」の1人に選出。

起業家精神、新興市場、技術革新、リーダーシップについて、最もダイナミックな専門家だとみなされていて、フォーチュン500に名を連ねる企業からも講演の依頼が引きも切らない。また彼女とエンデバーの事例は、ハーバード・ビジネススクールやスタンフォードなどで、ケースとして扱われている。

数々の通り名が存在するが、その中でも特筆すべきものはトーマス・フリードマンによるもので、彼はリンダのことを、ベンチャーキャピタリストならぬ、人類初の「“メンター”キャピタリスト」だと名づけた。

夫はベストセラー作家でニューヨーク・タイムズ紙コラムニストのブルース・ファイラー。夫、双子の娘とともにニューヨーク、ブルックリンに住んでいる。

［訳者］

江口泰子（えぐち・たいこ）

法政大学法学部卒業。編集事務所、広告企画会社を経て翻訳業に従事。主な訳書に『道端の経営学』（ヴィレッジブックス）、『ビッグバン・イノベーション』『考えてるつもり』（ともにダイヤモンド社）、『使用人たちが見たホワイトハウス』（光文社）、『ケネディ暗殺 50年目の真実』『21世紀の脳科学』（ともに講談社）、『マイレージ、マイライフ』（小学館）、共訳に『真珠湾からバグダッドへ』（幻冬舎）など。

THINK WILD
あなたの成功を阻むすべての難問を解決する

2017年５月24日　第１刷発行

著　者——リンダ・ロッテンバーグ
訳　者——江口泰子
発行所——ダイヤモンド社
〒150-8409　東京都渋谷区神宮前6-12-17
http://www.diamond.co.jp/
電話／03･5778･7232（編集）　03･5778･7240（販売）

ブックデザイン—新井大輔
校正————鷗来堂
製作進行——ダイヤモンド・グラフィック社
印刷————勇進印刷（本文）・加藤文明社（カバー）
製本————ブックアート
編集担当——廣畑達也

ISBN 978-4-478-06686-7